Pancho Campo

SMILE

imago mundi

Pancho Campo

SMILE

El método antiestrés para superar el miedo y lograr el equilibrio

Ediciones Destino Colección Imago Mundi **Volumen 384**

Ediciones Destino, un sello editorial de Editorial Planeta, S. A.
Avda. Diagonal, 662-664, 08034 Barcelona (España)
www.planetadelibros.com
www.edestino.es

Primera edición: abril de 2025
ISBN: 978-84-233-6742-9
Depósito legal: B. 4.329-2025
Composición: Realización Planeta
Impresión y encuadernación: Limpergraf, S. L.
Printed in Spain - Impreso en España

A Melissa, Andreah y Christian

ÍNDICE

Introducción

EL MÉTODO SMILE

La gestión del estrés y la confrontación con los propios miedos no se enseñan ni en la escuela, ni en la universidad, ni en el entorno empresarial. Al comenzar a desarrollar el método SMILE mi principal propósito era y sigue siendo inspirar y ayudar a las personas a manejar el estrés y a enfrentar sus miedos con el fin de mejorar sus habilidades, tanto en lo personal como en lo profesional; para ello me inspiro en cómo lo he logrado yo mismo a lo largo de la mayor parte de mis sesenta y tres años.

Mi vida ha estado marcada por una variedad de vivencias, encuentros enriquecedores y experiencias extraordinarias con personas fascinantes, de quienes he aprendido mucho y cuyas lecciones plasmo en este libro. También me siento afortunado de haber podido formar un fantástico matrimonio y una hermosa familia. Por eso, y a pesar de los desafíos que he tenido que superar, en todos los ámbitos de mi vida, me considero una persona sumamente feliz.

¿Por qué lo he llamado SMILE?

> La risa es la mejor terapia contra el miedo y el estrés. Además, la risa es universal, ya que no reconoce razas, ideas, géneros o idiomas.
>
> Pancho Campo

Decidí que nuestro método se llamara SMILE por dos motivos.

Por un lado, porque en él se otorga una importancia fundamental a la liberación de endorfinas para reducir el estrés y la ansiedad, para ser más felices y para rendir más y mejor. Y resulta que sonreír o reír a carcajadas es probablemente el mayor estímulo para liberarlas. Las endorfinas son analgésicos producidos por nuestro organismo, y nos ayudan a combatir cualquier dolor que tengamos, tanto físico como mental, ya que nos proporcionan rápidamente una sensación de paz, tranquilidad y bienestar. Así pues, la risa es una de las mejores terapias contra el estrés, la ansiedad y el miedo. Es prácticamente imposible reírse y estar de mal humor al mismo tiempo. La risa tiene también la capacidad de desviar nuestra atención de pensamientos negativos o preocupaciones, ayudándonos a encontrar una perspectiva más positiva. Además, reír juntos refuerza los vínculos sociales, fomenta la empatía y propicia la creación de una atmósfera de camaradería. La risa compartida puede crear un ambiente positivo y mejorar las relaciones interpersonales. Asimismo, la risa tiene ese carácter de remedio universal, ya que no distingue culturas, orientaciones políticas o sexuales, razas o idiomas.

Por otro lado, SMILE son unas siglas. La S representa el estrés; la M se refiere al miedo y la motivación; la I, a la inspiración; la L, al liderazgo y la E, a la energía, conceptos todos ellos de suma importancia en nuestro método.

SMILE
TRAINING CONCEPT

El método SMILE, un método que viene aplicándose desde hace años con resultados ampliamente contrastados en deportistas, artistas, alumnos en edad escolar y universitarios, empresarios y celebridades, ha sido desarrollado sobre la base de tres pilares esenciales.

En primer lugar, mi propia experiencia personal, pues a lo largo de mi vida he tenido que enfrentarme al miedo y al estrés en numerosas ocasiones. Un ejemplo de ello, que explico en uno de los capítulos del libro, es que, a pesar de haber finalizado mis estudios de Medicina, nunca pude ejercer como médico. Otro podría ser el hecho de que, cuando era tenista, mis problemas para controlar la ira y mis nervios me impidieron asimismo llevar adelante mi carrera. Incluso en el mundo empresarial me ha tocado padecer varias crisis, incluyendo las provocadas por los atentados terroristas del 11 de septiembre, la recesión económica de 2008 y la pandemia del COVID-19. Y por si estos condicionantes no fueran suficientes, he tenido que superar también dos experiencias que han supuesto, posiblemente, mi mayor desafío como ser humano: haber sido incluido en la lista de las personas más buscadas por Interpol durante más de diez años —por un delito que no había cometido— y vivir de cerca la muerte cuando fui secuestrado en Ciudad del Cabo, Sudáfrica.

Mi espíritu aventurero también me ha llevado a colocarme en situaciones extremas de estrés y miedo. Practicando submarinismo he realizado inmersiones entre tiburones, he explorado el fondo marino bajo el hielo de Groenlandia y me he dejado fascinar por las cuevas de México. Y últimamente he saltado en paracaídas desde alturas superiores a los 7.000 metros, soportando además temperaturas de más de 30 grados bajo cero.

El segundo elemento que nos ha inspirado a la hora de elaborar el método SMILE son mis años como deportista profesional y *coach*. Cuando me retiré del tenis decidí convertirme en entrenador de jugadores profesionales, centrándome en la parte mental y emocional del juego. Mis pupilos obtuvieron numerosos éxitos, por lo que tuve la fortuna de poder ser *coach* en el circuito ATP, en los Juegos Olímpicos de Barcelona 92 y en la Copa Davis. Comencé en una época en que a este aspecto no se le daba excesiva importancia, por lo que se me puede considerar como uno de los pioneros en el entrenamiento mental para tenistas. Más adelante amplié mi campo de acción, colaborando también con otros deportistas profesionales y con empresarios.

Por último, el tercer pilar que ha configurado nuestro método, y uno de los más importantes, es el que se deriva de mi relación con diferentes celebridades, pues me ha permitido conversar con destacados líderes y personalidades de varios ámbitos sobre cómo han gestionado el estrés y se han enfrentado al miedo en situaciones difíciles. A lo largo de más de treinta años como organizador de actos, he tenido la suerte de colaborar personalmente con figuras tan importantes como el presidente Barack Obama; el secretario general de la ONU, Kofi Annan; el emir de Qatar, Sheikh Tamim al Zani; el exvicepresidente de Estados Unidos, Al Gore; y Nasser Al-Khelaïfi, presidente del PSG, quienes me han transmitido de primera mano sus experiencias. También he tenido el honor de trabajar con deportistas de renombre como Andre Agassi, Stefan Edberg, Éric Cantona y el paracaidista profesional Ernesto Gainza. Asimismo, he aprendido mucho sobre relajación y rituales gracias a mis contactos con Sting, Enrique Iglesias, Roger Waters de Pink Floyd o Tom Jones, entre muchos otros.

Estrategia

El método SMILE tiene como base la gestión del estrés y la superación del miedo en diferentes parcelas de la vida, y se nutre, como he dicho anteriormente, de experiencias personales y de algunas de mis conversaciones y vivencias con figuras públicas. Por ejemplo, en el capítulo dedicado a los rituales, compartiré mis charlas con Sting antes de sus actuaciones en Dubái, durante las que el cantante me explicó cómo integra el yoga como ritual esencial tanto antes de sus conciertos como en su vida diaria para relajarse, reducir el estrés y sentirse mejor.

Teniendo en cuenta lo anterior, dentro del método SMILE se distinguen seis áreas de mejora sobre las que yo mismo he experimentado, tanto personalmente como con mis alumnos. En ellas nos enfocamos, trabajándolas a fondo con nuestros clientes para alcanzar los objetivos que se describen más adelante. Nuestro propósito es lograr el máximo rendimiento personal y profesional, pero con una única meta final: la felicidad.

Esas seis áreas son las siguientes:

1. **Miedo y estrés como parte de nuestra vida**
   Debemos entender y aceptar que el miedo, los nervios y el estrés forman parte de nuestra vida personal y laboral, y que, por tanto, son desafíos que debemos aprender a manejar. Mal gestionados pueden convertirse en el principal obstáculo para alcanzar nuestras metas e impedirnos ser felices. Por el contrario, si los aceptamos y aprendemos a gestionarlos, nos permitirán crecer profesionalmente y mejorar como personas.
2. **Equilibrio**
   El método SMILE nos enseña que la mejor manera de alcanzar la felicidad personal y el éxito profesio-

nal es buscar un equilibrio entre las cuatro facetas de nuestra vida, que también son nuestras cuatro fuentes de energía más importantes:

- equilibrio y energía física
- equilibrio y energía mental
- equilibrio y energía emocional
- equilibrio y energía espiritual

Al igual que en la historia de los tres mosqueteros, que en realidad eran cuatro, aquí también aparece un quinto elemento: el equilibrio entre la energía profesional y económica. En este apartado aprenderemos que lo importante en la vida no es tanto la búsqueda del equilibrio perfecto, sino detectar y corregir cualquier desequilibrio, ya que ese tipo de situaciones puede generar estrés y agotarnos.

3. **Energía**
Todas las actividades que realizamos requieren energía, que debe ser renovada constantemente y de forma adecuada. Lo importante es cómo gestionamos nuestra energía, no nuestro tiempo, como se ha dicho siempre. Aprenderemos cuáles son las actividades que más nos consumen, pero también qué podemos hacer para recargar nuestras baterías. En este apartado se incluyen nuestra alimentación, la hidratación, técnicas de relajación y el descanso diurno y nocturno.
4. **Endorfinas**
Conoceremos cuáles son las principales endorfinas y hormonas del placer. Cuando los niveles de estos neurotransmisores se elevan, nos ayudan a reducir el estrés y la ansiedad, ayudándonos a experimentar sentimientos de paz, estabilidad, satisfacción y placer. Con el método SMILE aprenderemos qué actividades son las más efectivas para liberar endorfinas de

una forma equilibrada y cómo podemos incorporarlas a nuestra vida diaria.

5. **Rituales**
   Los rituales son actos simbólicos y repetitivos que se realizan antes, durante o después de competiciones, conciertos, conferencias o reuniones. Estas acciones, en apariencia sencillas, tienen un impacto considerable en nuestro estado emocional y mental, por lo que afectan positivamente a nuestro rendimiento. Estos rituales funcionan como anclas emocionales, pues asocian gestos o conductas específicas con estados mentales positivos, lo que resulta especialmente beneficioso en situaciones de mucho estrés. Asimismo, reducen la ansiedad y mejoran la confianza de quienes los practican.
6. **Motivación e inspiración**
   Un objetivo fundamental del método SMILE es que aprendamos a motivarnos, especialmente en momentos en los que esa motivación escasea. Además, en esta sección se detallan procedimientos para hallar inspiración cuando encaramos los desafíos que surgen a lo largo de nuestra vida o para superar momentos complicados.

OBJETIVOS Y METAS

Los principales objetivos que me he propuesto ayudarte a alcanzar con este libro y con el método SMILE son los siguientes:

1. Aceptar que tanto el miedo como los nervios y el estrés forman parte de nuestra vida personal y laboral.
2. Aprender a utilizar el miedo, el estrés y los nervios a tu favor, en lugar de permitir que te colapsen.

3. Entender los diferentes tipos de equilibrio y energía, dado que cuanto más equilibrado estés, mejor será tu rendimiento.
4. Mejorar tu forma de descansar y que aprendas a relajarte para mejorar tu rendimiento.
5. Aprender cómo motivarte e inspirarte, pero también que seas capaz de motivar e inspirar a tus colaboradores, empleados o familiares.
6. Mejorar tus dotes de liderazgo.
7. Entender que cualquier desequilibrio conlleva un gasto de energía (aunque también te enseñaré a gastar tu energía de manera más eficiente y a recargarla).
8. Descubrir los beneficios de las endorfinas y aprender cuáles son las mejores formas de liberarlas.
9. Llevar una alimentación efectiva y, al mismo tiempo, agradable.
10. Comprender la importancia de la hidratación y saber cómo mantenerte bien hidratado.
11. Respirar de manera más efectiva e incorporar técnicas de respiración para combatir el estrés.
12. Comprender la importancia del deporte para mejorar tu salud mental y física.
13. Aprender a viajar de una forma más efectiva y menos estresante.
14. Entender la importancia de los rituales y cómo incorporarlos en tu vida.

¿A quién va dirigido el método SMILE?

Ante todo, una advertencia: tanto el método SMILE como este libro tienen como objetivo promover el desarrollo personal y profesional, mientras que la terapia psicológica se enfoca en la salud mental y emocional, abordando problemáticas más complejas. Ambas disciplinas son complementarias y pueden ser beneficiosas según las necesidades específicas de cada individuo.

Nuestro método se basa en el entrenamiento a deportistas de élite, así que su objetivo, en primera instancia, es que tú también te mentalices para entrenar y prepararte como un atleta; sin embargo, mis colaboradores y yo lo hemos adaptado para que cualquier persona pueda incorporarlo en su vida personal y profesional. Por lo tanto, este libro y el método SMILE pueden ser de utilidad para cualquier persona que quiera mejorar su rendimiento, desde empresarios hasta alumnos de colegios.

No obstante, me gustaría recalcar que, si tienes cualquier tipo de problema físico o mental que pueda ser considerado una patología, nuestra recomendación es que visites a un médico especialista o a un psicólogo. El método SMILE y este libro no pretenden sustituir los consejos de los profesionales, ya que, al ser un método de desarrollo personal, lo que busca es mejorar tu rendimiento y calidad de vida, pero no curar ningún tipo de dolencia.

¿Cómo saber si este libro y SMILE son para ti?

En principio, cualquier persona que quiera mejorar su desarrollo personal puede beneficiarse de este libro y del método SMILE. No obstante, a continuación te dejaré una serie de preguntas; si la respuesta a más de tres de ellas es sí, significa que la lectura del libro o participar en el método online o en persona te resultaría de muchísima utilidad.

1. ¿Te gustaría ser emprendedor, empresario o autónomo, pero tienes miedo?
2. ¿Te gustaría tener objetivos y metas mejor definidos?
3. ¿Te gustaría conocer mejor tus fortalezas y en qué áreas puedes mejorar?
4. ¿Te gustaría ser más productivo para rendir más y mejor?
5. ¿Sientes que te falta tiempo al final del día?
6. ¿Tienes poca confianza en ti mismo?
7. ¿Te gustaría poder resolver tus problemas y situaciones difíciles de una forma más efectiva?
8. ¿Te traicionan los nervios antes de un examen o una prueba importante?
9. ¿Sufres cuando tienes que hablar en público?
10. ¿Sientes que te falta energía o que querrías tener más?
11. ¿Te gustaría poder mejorar tu automotivación?
12. ¿Sientes que no dispones de suficiente tiempo para ti mismo?
13. ¿Consideras que no estás explotando todo tu potencial?
14. ¿Te gustaría llevar una dieta más equilibrada?
15. ¿Te gustaría pasar más tiempo con tu familia y amigos?
16. ¿Sientes que te falta autoestima?
17. ¿Tus miedos te impiden afrontar ciertos deportes o actividades extremas o arriesgadas?
18. ¿Te gustaría poder hacer más deporte o ejercicio físico?
19. ¿Te gustaría estar más saludable física y mentalmente?
20. Y ¿consideras que tu vida amorosa y sexual podría ser mejor?

MI HUIDA DE DUBÁI

Lo primero que recuerdo de mi huida de Dubái es el viaje hacia Mascat, la capital de Omán, junto a mi conductor, Yassin, la persona que me ayudó a escapar de los Emiratos Árabes. En aquel tiempo, el trayecto desde la frontera de los Emiratos Árabes hasta Mascat se llevaba a cabo por una carretera solitaria y bastante oscura. Era una noche tranquila, atípicamente fresca para la región del Medio Oriente, tanto que no fue necesario encender el aire acondicionado y circulábamos con las ventanillas bajadas en el antiguo Mercedes-Benz de Yassin. Ese momento representaba el fin de mi etapa en Dubái, ciudad en la que me había visto envuelto en una maraña de falsas acusaciones. Aunque sentía algo de alivio, también tenía un fuerte dolor de cabeza, quizá debido al estrés prolongado provocado por una situación tan difícil. Justo en ese momento, Yassin me recordó que tenía que llamar a Melissa, mi mujer, para decirle, usando una clave previamente pactada, que habíamos pasado la frontera sin complicaciones, que ya iba camino de ser libre y de dejar atrás esa situación tan complicada.

Aunque logré escapar, era consciente de que aún tendría que enfrentarme a otros desafíos, algunos mayores de los que ya había superado. De manera inmediata, necesitaba viajar desde Omán a Europa para acabar por fin con aquella experiencia tan traumática y estresante, además de garantizar que mi mujer y mi hija pudieran regresar a España una vez que yo hubiese vuelto a Europa. Mi objetivo era dejar atrás una de las mayores injusticias que he tenido que vivir y comenzar prácticamente desde cero, ya que no tenía empleo ni ahorros y las perspectivas resultaban muy poco halagüeñas. Regresar a casa después de una década en Oriente Próximo, habiendo perdido todo lo que había logrado con tanto esfuerzo, me hizo sentir como un fracasado que volvía con la cabeza gacha y el rabo entre las piernas.

Quizá te preguntes cuáles fueron los motivos que me llevaron a tomar la drástica decisión de escaparme de los Emiratos Árabes de una forma digna de cualquier película de Tarantino. Te lo cuento. Después de mi retirada del tenis profesional, fundé en Dubái una empresa especializada en la gestión de escuelas deportivas y la organización de eventos, que prosperó gracias a la exitosa Adidas Sports Academy, ofreciendo formación en disciplinas como el tenis, la gimnasia, el baloncesto, la natación y el fútbol para jóvenes y niños. No solo eso, también destacamos en la organización de eventos deportivos de renombre como el Pro Beach Soccer o la Pepsi Football League y de exhibiciones de tenis con destacados profesionales como Emilio Sánchez Vicario y Stefan Edberg. Tuvimos tanto éxito en ese ámbito que llegamos incluso a montar conciertos con nombres legendarios de la música como Sting, Enrique Iglesias, Pink Floyd, Tom Jones y muchos otros.

Por aquella época, la madre de uno de nuestros alumnos de tenis expresó su interés en invertir en nuestro proyecto con el objetivo de expandirlo, especialmente en el ámbito de los conciertos. Yo era algo reticente, porque se trataba de una empresa pequeña y familiar que mi mujer y yo gestionábamos muy cómodamente, así que nos daba miedo que alguien que no fuese de la familia pudiese interferir, sobre todo en los programas deportivos. Tras unas intensas negociaciones, y siguiendo el consejo de mi abogado, decidimos lanzarnos vendiéndole menos del 40 por ciento de la empresa, y así poder mantener el control sobre ella. Este respaldo financiero nos ayudó a organizar nuestro primer concierto con Enrique Iglesias, quien en ese momento lideraba las listas de éxitos con una canción junto a Whitney Houston titulada *Could I Have This Kiss Forever*. ¿Te suena?

El concierto, que tuvo lugar en el prestigioso Aviation Club de Dubái, fue un gran éxito, el estadio de tenis se llenó con más de siete mil espectadores. A partir de entonces, nuestra empresa se centró casi en absoluto en la organización de conciertos de artistas internacionales. Tuvimos el honor de organizar dos noches consecutivas con Sting, disfrutamos al máximo con Tom Jones en Dubái y Abu Dabi, y también contamos con el artista jamaicano Shaggy, además de celebrar varias ediciones del festival de música tecno para jóvenes conocido como Beat Machine, en las cuales participaron más de veinte artistas internacionales.

El día 11 de septiembre de 2001, alrededor de las 19.00 horas, teníamos previsto anunciar la mayor gira de espectáculos en vivo del Medio Oriente. El calendario incluía conciertos de música pop, clásica y rock, festivales y competiciones deportivas, con más de veinte actos programados entre septiembre de 2001 y julio de 2002. A solo una hora del inicio de la rueda de prensa de presentación, la jefa de Comunicaciones, Sian Roberts, entró en mi oficina para informarme que un avión acababa de estrellarse contra el World Trade Center. En aquel momento asocié el nombre de los edificios con los de Dubái, así que abrí la ventana para comprobarlo, pero fui corregido de inmediato por Sian, que me explicó que el suceso había ocurrido en Estados Unidos y no en Dubái. La conmoción que produjo la noticia en todo mi equipo nos llevó a reunirnos en mi oficina, donde observamos atónitos por televisión cómo se estrellaba el segundo avión.

Jamás imaginé las profundas repercusiones que tendría el atentado del 11 de septiembre. Aquel día no solo cambiaría el curso de la historia del mundo, sino que también influiría significativamente sobre mi propia vida. Los días y semanas posteriores a los ataques fueron trágicos, a causa de la incertidumbre sobre el paradero de muchos de nuestros colaboradores y artistas residentes en Nueva York. Nos vimos obligados a suspender la organización de espectáculos, cancelando la mayoría de los conciertos programados para los siguientes seis meses, ya que pasamos a vivir en un contexto de inminente conflicto armado en Oriente Medio que complicaba la operatividad de la empresa. Dada esta situación, mi suegro, el doctor James Butler, nos ofreció asesoramiento empresarial y respaldo financiero. Lamento no haber seguido su sabio consejo de, anticipando la complejidad del escenario en esa región, detener las actividades comerciales, regresar a la residencia familiar en España y aguardar tiempos más favorables.

Así pues, y a pesar de las advertencias de mi suegro, decidí mantener la empresa en funcionamiento. Esta elección se debió en parte a mi deseo de evitar el despido de los diez o doce colaboradores que formaban parte de nuestro equipo, y también a mi confianza en que podríamos superar los inconvenientes que se producirían durante el conflicto y la invasión de Irak. Además, Jackie Wartanian, la socia que poseía el 40 por ciento de la empresa, insistió en continuar. Lamentablemente, esta decisión resultó ser un grave error que nos llevó a sufrir pérdidas no solo en los fondos de la empresa, sino también en nuestros propios ahorros, acumulando una deuda superior a los 250.000 dólares.

Es importante que sepas que en los Emiratos Árabes el impago de un cheque conlleva sanciones severas, incluida la posibilidad de prisión, y las empresas no cuentan con protección legal frente a la bancarrota.

La situación se volvió casi insostenible a finales de 2001, cuando Jackie, tras haber sufrido una crisis de ansiedad como consecuencia de la situación y de la presión de los acreedores, optó por escapar a Estados Unidos. Nosotros la entendimos. Ahora bien, perdimos el control de una de las cuentas bancarias de la empresa, que necesitaba su firma para poder operar con ella. En ese momento no nos importó, las circunstancias eran extremas, así que centramos nuestros esfuerzos en sobrevivir a las llamadas de los acreedores, que se producían cada dos o tres horas. Sin parar.

Durante las Navidades de 2001, después de cumplir con las obligaciones salariales, pagar parte de nuestras deudas y liquidar algunos cheques emitidos por Jackie en nombre de la empresa, tocamos fondo económicamente. Recuerdo en especial el 23 de diciembre, día en el que oficialmente se nos acabó el poco dinero que nos quedaba. Íbamos a salir de casa cuando telefonearon de uno de nuestros bancos. Aunque estábamos habituados a las llamadas de los acreedores, en aquel momento no tenía el ánimo necesario para contestar, estábamos en la mierda, con perdón de la expresión, y fue mi mujer quien respondió al teléfono. Para nuestra sorpresa, el banco nos ofreció una tarjeta de crédito con una disponibilidad de 5.000 dólares como reconocimiento a nuestra puntualidad en los pagos, tanto del alquiler de la vivienda como de la cuota del automóvil. Eso nos permitió sobrevivir algunos meses más, aunque quizá esas hayan sido las peores Navidades de nuestra vida, asfixiados económicamente y con una hija de tan solo ocho meses de edad.

Dado lo irremediable de la situación, tanto nuestro abogado como nuestra familia nos recomendaron cerrar la empresa. Así lo hicimos. Informamos a Jackie y echamos el cierre. Aunque poseíamos un 60 por ciento de la empresa y no requeríamos su aprobación para proceder con la liquidación, le comuniqué nuestro precario panorama y nuestra decisión de no continuar, y le solicité su consentimiento para vender los activos de la empresa, a lo cual ella accedió por correo electrónico.

A pesar de lo que habíamos sufrido, intentamos seguir adelante, aunque de manera más modesta, en especial para continuar pagando a los acreedores. Para ello, mi suegro nos hizo un préstamo de 75.000 dólares norteamericanos, aunque con una condición: ese capital únicamente podía gestionarlo Melissa y no iría destinado a la empresa que acabábamos de cerrar, sino a una nueva sociedad que iniciaría su actividad de cero.

Esa suma no era suficiente para organizar espectáculos de gran magnitud como conciertos o competencias deportivas, pero nos permitió seguir trabajando para liquidar algunas de las deudas que aún teníamos. Insisto en destacar que en los Emiratos Árabes no hay una legislación sobre quiebra o bancarrota y tienes que pagar todas tus deudas o vas a la cárcel.

Cuando mi ya exsocia Jackie se enteró de la ayuda financiera proporcionada por mi suegro y de nuestra decisión de relanzar las actividades decidió coger un vuelo, regresar de Estados Unidos y presentarse directamente en nuestras oficinas para «colaborar en favor de los nuevos proyectos». Nos quedamos perplejos. Habíamos afrontado la crisis con entereza y habíamos entendido que ella no fuera capaz de quedarse en los Emiratos Árabes luchando con nosotros codo con codo, pero de ahí a querer empezar de nuevo la aventura...

Después de darle algunas vueltas, decidimos aceptarla en el nuevo proyecto; habíamos trabajado muchos años juntos y confiábamos en ella, y, al fin y al cabo, los socios deben apoyarse en las buenas y en las malas, ¿no? No imaginábamos el giro que iba a dar la historia.

Fue pasando el tiempo y la posición económica privilegiada de mi suegro provocó que Jackie, influenciada por su hermana, supusiera que la ayuda del padre de Melissa había sido mucho mayor de lo que realmente fue, y, borrachas de su propia avaricia, decidieron demandarnos para intentar recuperar el capital que habían invertido inicialmente. Esto era absurdo, ya que del capital inicial no solo no quedaba nada, sino que además habíamos tenido que hacer lo imposible para liquidar las deudas de la anterior empresa.

Después de varios intentos de recuperar su inversión original, y ante la negativa de nuestros asesores legales, tanto Jackie como su hermana desaparecieron de la noche a la mañana. Previamente nos habían advertido de que emprenderían acciones legales por el cierre, supuestamente ilícito, de la empresa. Cumplieron su amenaza: unas semanas más tarde, mientras me dirigía a Jordania por invitación de la casa real para la organización de varios actos en Petra, fui retenido en el aeropuerto de Dubái debido a una causa legal presentada en mi contra, lo que conllevó la confiscación de mi pasaporte chileno, que además incluía mi permiso de residencia en los Emiratos Árabes. Este incidente marcó el inicio de una larga pesadilla que todavía hoy sigue coleando.

Mi abogado, al conocer la noticia, se sorprendió de que un tema puramente financiero implicase la retención de mi pasaporte y de que un juez en Dubái considerara el caso como penal. Mi exsocia y su hermana exigían, entre la devolución de la inversión y la compensación por daños, la friolera de un millón de dólares.

Éramos conscientes de que los sistemas judiciales de las naciones del golfo Pérsico y otros países árabes son famosos por su falta de transparencia y por la violación de los derechos humanos. Lo que desconocíamos era la estrecha relación de la familia de Jackie con el jeque fundador de los Emiratos Árabes Unidos. Además de este hecho, de crucial importancia, Jackie había contratado a una prestigiosa abogada que resultaba ser también una figura muy influyente en la región. Empezaban las curvas. Nos vimos obligados a contratar abogados, asesores e investigadores, y yo mismo acudí en dos ocasiones a la oficina del fiscal, que me indicó claramente que el conflicto, en su opinión, se limitaba a disputas económicas entre socios y que nunca debería haber llegado tan lejos, sugiriendo que probablemente sería archivado.

Asimismo, me ocupé de obtener testimonios de contables, asesores legales, proveedores y personal de mi empresa, quienes ratificaron totalmente mi versión de los hechos. A medida que reuníamos información relevante para apoyar nuestra causa, íbamos ganando confianza: sabíamos que la situación era difícil pero no imposible; sin embargo, por aquel entonces sucedió algo que nos puso los pelos de punta. En un acto que para nosotros era ya casi rutinario, llevamos testimonios nuevos al Departamento de Policía, y, una vez allí, nos informaron que todas las declaraciones previamente presentadas habían desaparecido. Sin más. Como por arte de magia.

Mi desesperación y la falta de avances en el caso me llevaron a solicitar la ayuda de Adrian Cole, un exmilitar británico y buen amigo que había supervisado la seguridad de nuestros actos en Dubái. Tras un exhaustivo análisis que duró varias semanas, Adrian me puso al corriente de que mi teléfono había sido *pinchado* y estaba siendo vigilado, y me advirtió de la poderosa influencia de la familia de mi exsocia en el más alto nivel de las autoridades locales.

Un año después de la confiscación de mi pasaporte y del comienzo del procedimiento legal, siguiendo las recomendaciones de Adrian Cole y de mi abogado, llegamos a la conclusión de que lo más prudente sería huir de Dubái. La incógnita residía en determinar el método más efectivo para salir de los Emiratos Árabes, dada la presencia de mi nombre en los registros fronterizos y de la incautación de mi pasaporte chileno, que como he explicado incluía el permiso de residencia necesario para salir del país.

Se me presentaron las opciones más extremas y variopintas para abandonar el país, desde viajar como polizón en un barco mercante rumbo a Somalia hasta escapar en una embarcación que me dejaría cerca de las costas de la India, lo que implicaba nadar hasta la costa para luego tomar un avión a Europa, todo ello con unos costes desorbitados. Sin embargo, fue Adrian Cole quien me presentó a Fouad, un ciudadano de Omán que había ayudado recientemente a salir de Dubái a un británico que estaba sufriendo un caso muy similar al mío.

Mi mujer y yo nos reunimos con Fouad, quien nos confirmó que, hacía pocas semanas, había ayudado a un ciudadano inglés a escaparse de los Emiratos Árabes por tierra para luego volar desde Mascat a Europa. El plan implicaba cruzar la frontera con Omán por carretera durante el Oman Shopping Festival, aprovechando las facilidades que las autoridades omaníes proporcionaban a los visitantes y los contactos que el hermano de Fouad tenía en aquella región. Acordamos tomarnos una semana para pensarlo con calma, ya que, una vez tomada la decisión, sería irrevocable.

Dado que la situación no mejoraba y nuestros fondos se agotaban rápidamente, mi mujer y yo decidimos que la única opción era escaparme a través de Omán. Nos encontramos de nuevo con Fouad, quien nos explicó que a partir de entonces tendría que estar disponible y preparado para que él me recogiese en cualquier momento. Pasaron aproximadamente ocho días antes de recibir su llamada con el código convenido: «Señor Campo, la agencia de viajes ha organizado el itinerario que solicitó; nos vemos mañana a las seis de la tarde». Según lo acordado, yo simularía que iba a jugar al tenis, como solía hacer a diario. No podía llevar más que mi bolsa de deporte, debía vestir de forma deportiva e informal y evitar despedirme de manera efusiva de mi familia cuando me recogieran en casa. Luego me llevarían a un lugar sin determinar donde me encontraría con Yassin, el hermano de nuestro contacto, y allí cambiaríamos de vehículo y continuaríamos hacia la frontera con Omán para, desde su capital, volar a Londres.

A pesar de que han transcurrido más de veinte años, este recuerdo sigue muy vivo en mi cabeza, y soy capaz de rememorarlo con gran claridad. Me costó mucho decirles adiós a Melissa y a Andreah sin poder abrazarlas, con la incertidumbre de lo que nos depararía el futuro y con la preocupación de dejarlas atrás sin despertar sospechas, ya que estábamos siendo vigilados. Una vez dentro del automóvil, dimos vueltas por Dubái antes de dirigirnos a Omán. Tras unos cuarenta minutos, hicimos una parada en una gasolinera, donde nos esperaba Yassin; y me alegró verlo, sentado en el asiento del conductor y al volante de un Mercedes-Benz. Era de noche, y en un tono jovial bromeamos Fouad, su novia, Yassin y yo acerca de «escapar de los Emiratos en un Mercedes..., con estilo». Antes de irnos, Fouad se despidió con un abrazo y me sugirió que llamara a mi mujer una vez que cruzara la frontera de Omán para decirle que *había ganado el primer set*, y luego, de camino a Londres, para contarle que *había ganado el partido* y que llegaría pronto a casa.

Mi nerviosismo crecía con cada kilómetro que avanzábamos, y Yassin, una persona extremadamente amable y simpática, se esforzaba por hablar conmigo para tranquilizarme. No pasó mucho tiempo, solo unos cuarenta y cinco minutos, antes de que divisáramos la frontera entre los Emiratos Árabes y Omán. En ese momento me entraron todas las dudas de golpe, y, agobiado, le dije a Yassin que estábamos locos, que cómo íbamos a entrar en Omán con mi pasaporte español si no tenía ni siquiera visado de residencia. Su respuesta fue tranquilizadora: «Mafi mushkila habibi», que en árabe significa «No hay ningún problema, querido». Me explicó que, dado que se celebraba el Oman Shopping Festival, las autoridades estaban facilitando la llegada de visitantes, y que, además, él tenía buenas relaciones con los policías fronterizos. Respiré para intentar relajarme.

El protocolo requería que saliera del vehículo, me presentara en la ventanilla de inmigración, enseñara mi pasaporte y pidiese un visado que me permitiera entrar en Omán para participar en el festival. Cuando llegó mi turno, el corazón me latía con fuerza, la cabeza me dolía y no podía dejar de pensar en las posibles consecuencias negativas si algo salía mal. Mi cerebro fue capaz de crear, en milésimas de segundo, decenas de situaciones, y ninguna de ellas era favorable. Tras examinar mi pasaporte, el oficial se volvió hacia nosotros y solicitó ver mi permiso de residencia. En ese instante sentí que perdía el control. Eché de menos a Melissa y a Andreah, las competiciones deportivas que habíamos organizado al principio de nuestra aventura empresarial, eché de menos a mi perro y hasta a mi suegro.

No lograba entender cómo, sin comerlo ni beberlo, me encontraba en un lugar inhóspito del mundo huyendo como si fuera un delincuente. Sentí la necesidad de darme la vuelta y salir corriendo hacia ninguna parte; total, ¿qué más daba ya todo? Fue entonces cuando Yassin, con una sonrisa, pero a la vez con firmeza y seguridad, se dirigió al oficial en árabe. Tras una breve negociación, el oficial se volvió hacia mí y, con seriedad, me solicitó algo también en árabe. Me quedé mirándolo fijamente, con una tremenda sensación de angustia y miedo, hasta que lo repitió en inglés: «Dame 150 riales para pagar tu visado de visitante». No me lo podía creer, pero la estrategia de Yassin estaba dando resultados.

El oficial estampó el sello en mi pasaporte y me deseó una feliz estancia en Omán.

De regreso al Mercedes, estaba loco por gritar de alegría y telefonear a Melissa, pero Yassin me aconsejó mantener la calma y no llamar la atención, porque aún teníamos que pasar la inspección de aduana. Nos revisaron el vehículo, abrieron las puertas y el maletero, pero fue un mero formalismo gracias a la familiaridad de Yassin con los oficiales, y el papeleo en aduana resultó sencillo. Nos pusimos de nuevo en camino y, después de unos treinta minutos conduciendo por una carretera solitaria y oscura rumbo a Mascat, Yassin me aseguró que lo peor ya había pasado. Entonces sí, pude dar un grito de satisfacción y alivio. Me sentí como Nadal ganando un primer set contra Federer en Wimbledon. Llamé a Melissa con el teléfono de Yassin, ya que el mío estaba intervenido, y le dije: «Soy yo. Acabo de ganar el primer set y estoy jugando bastante bien. Te llamaré cuando termine».

Después de cuatro horas, aproximadamente, llegamos a Mascat, y nos registramos en el mismo hotel donde se había alojado el empresario inglés al que habían ayudado unas semanas antes. Para atraer la buena suerte, cenamos en el mismo restaurante en el que lo había hecho el británico, y pedimos también la misma comida. La velada en compañía de Yassin y sus sobrinos fue agradable, y me ayudó mucho a distraerme. Esa noche apenas pude conciliar el sueño, tenía un dolor de cabeza insoportable. Pensaba en el día siguiente, en lo que había ocurrido y, sobre todo, en Melissa y Andreah, que aún tenían que salir de Dubái. Al día siguiente, mi vuelo a Baréin no despegaba hasta las once de la noche, lo cual anticipaba que sería un día interminable, una larga espera con un nivel de estrés enorme hasta que llegase la hora de embarcar hacia la libertad definitiva.

Los sobrinos de Yassin me recogieron por la mañana y me llevaron a visitar la capital, y después al Oman Shopping Festival. Era un poco surrealista pasearme por la ciudad haciendo turismo dadas las circunstancias, pero fueron muy amables conmigo y tuve la oportunidad de conocer aspectos de la cultura árabe que ignoraba. Aprendí mucho de ese lugar del mundo, de su gastronomía y de su gente, tanto que, hoy en día, y pese a todo, lo considero el más bello e interesante país de todo el golfo Pérsico.

Mi ansiedad había aumentado a medida que las horas del día pasaban, así que, alrededor de las cuatro de la tarde, les pedí, por favor, que me llevaran al aeropuerto. Aún no había comprado mi billete de avión, entre otras razones, para evitar las sospechas de las autoridades. Estábamos siendo muy cuidadosos, incluso más de la cuenta, pero se daba el caso de que mi exsocia y su equipo trabajaban en una agencia de viajes. Al llegar al aeropuerto de Mascat, compré un billete de ida a Londres con escala en Baréin y, con el corazón acelerado por los nervios, me encaminé hacia el control de pasaportes temiendo que esta fase final pudiera complicarse. Al despedirme de Yassin y sus sobrinos me regalaron dos monedas omaníes para que me sirvieran como amuletos: «Estas monedas te traerán buena suerte, Pancho. Todo irá muy bien, pero has de saber que nunca volverás a esta parte del mundo». Con el corazón encogido y un nudo en la garganta, pasé el control de pasaportes y me dirigí a la puerta de embarque, pero antes llamé a Melissa para decirle que había ganado el segundo set y que el partido era mío.

Después de hacer escala en Baréin, y ya lejos del golfo

Pérsico, me sentí libre por primera vez desde que esa pesadilla había empezado, especialmente cuando aterrizamos en Londres, donde por fin pude descansar y recuperarme, no sin pensar todo el rato que todavía faltaba que Melissa y Andreah saliesen sanas y salvas de Dubái al día siguiente. Aquella mañana me desperté muy temprano, nervioso. Para distraerme, y siguiendo fielmente el hilo argumental de mi huida, decidí contactar a mi amigo Rupert de Laszlo, quien anteriormente había trabajado para mí como monitor de tenis. Planeamos encontrarnos para jugar al tenis en el prestigioso Queens Club, sede de un torneo homónimo que se celebra justo antes de Wimbledon, donde había tenido la oportunidad de participar años atrás durante mi época de *coach* de la ATP.

Mi intención era jugar al tenis para desconectar y mantenerme ocupado mientras mi familia embarcaba en Dubái para volar a mi encuentro. Melissa y yo habíamos acordado que ella me llamaría una vez que pasaran el control de pasaportes, alrededor de las cinco de la tarde hora de Londres. Al llegar ese momento, estaba tan nervioso que me resultaba difícil concentrarme y disfrutar del partido, así que dejé que mi amigo continuara jugando con otro contrincante y me senté a pie de pista a esperar ansiosamente la llamada de mi mujer. Tras más de una hora sin noticias, opté por llamar a su móvil. Melissa respondió y, con voz nerviosa y alterada, me dijo: «Ahora te llamo, tenemos problemas en el aeropuerto», para luego colgar abruptamente. En ese instante, el miedo invadió mi mente, las imágenes pasaban a toda velocidad, me imaginaba armas y militares reteniendo a mi mujer y a mi hija y llevándolas a una prisión emiratí, con la mala fama que tienen.

Abandoné la pista de tenis alterado y me refugié en un lavabo; tenía náuseas y el corazón a más de 120 pulsaciones, sentía una abrumadora impotencia y me invadía un sentimiento de culpa por haberlas conducido a aquella situación. ¿Cómo había llegado todo tan lejos? Transcurrieron otros cincuenta o sesenta minutos antes de que sonara el teléfono. Era Melissa comunicándome que solo había sido un malentendido y que todo estaba bajo control. Resulta que, al pasar por el nuevo control electrónico de pasaportes en Dubái, mi hija había activado las alarmas al colocar el dedo en el detector de huellas digitales justo en el momento en que yo llamaba. Me invadió una sensación de alivio tremenda; parecía imposible, pero era cierto: saldríamos de esta. Al menos, de momento.

Cuando Melissa me llamó, ya estaban a punto de despegar hacia Londres, donde nos reuniríamos los tres, finalmente liberados de la horrible experiencia que habían supuesto aquellos últimos catorce meses. Decidí volver a jugar al tenis para correr, sudar y golpear la pelota con fuerza, buscando aliviar la gran carga de agobio y ansiedad que sentía, y también para desahogarme con mi amigo Rupert, a quien le había confiado lo que estaba sucediendo ese día. Después de tomar una cerveza juntos, me dirigí a casa de mis suegros, donde finalmente pude descansar con bastante más tranquilidad de lo que lo había hecho en mucho tiempo. Al día siguiente, el encuentro con Melissa y Andreah fue muy emotivo. Nunca olvidaré la sensación de seguridad y calma que me dio el hecho de estar descansando en nuestra cama junto a Melissa y con la pequeña Andreah durmiendo entre ambos.

Por fin era libre..., éramos libres, habíamos dejado atrás una tremenda injusticia, aunque después de haberlo perdido casi todo, excepto la libertad y la dignidad, a causa de una acusación completamente falsa e injusta. Sin embargo, por aquel entonces no podíamos imaginar que, a pesar de haber salido de los Emiratos Árabes sanos y salvos, lo peor todavía estaba por llegar.

¿QUÉ PUEDO APRENDER DEL MÉTODO SMILE CON ESTA HISTORIA?

- En esta historia podemos identificar diversos factores causantes de estrés que pueden desequilibrar considerablemente a una persona. El método SMILE describe cuatro tipos de equilibrios y fuentes de energía para afrontar el estrés.
- Tanto el equilibrio físico como la energía física peligran por el riesgo de ir a la cárcel o ser capturado durante la huida.
- El equilibrio y la energía emocional se ven amenazados por el peligro que corren mi mujer y mi hija.
- El equilibrio mental sufre a causa de la sobrecarga de información y parámetros a los que hay que hacer frente.
- El equilibrio espiritual resulta gravemente mermado debido a que este episodio atenta contra mi integridad, mi reputación y mis planes de futuro.
- Y por último, el quinto mosquetero, el equilibrio profesional y económico:
    - Se produce un gran desequilibrio al perder mi empresa, mis ahorros y mi fuente de ingresos.
    - Mi integridad profesional y mi reputación resultan afectadas.
- Aunque las cosas vayan perfectamente en la vida y en los negocios, siempre es recomendable, necesario, diría yo, tener un plan B.
- Al hacer negocios en otros países, es fundamental conocer a fondo la legislación local, la idiosincrasia de la población y las prácticas comerciales del lugar.

I

ESTRÉS Y ANSIEDAD

> El estrés es como la especia: en la proporción correcta realza el sabor de un plato. Muy poca produce una comida insípida y sosa; demasiada puede ahogarte.
>
> Donald Tubesing

Según diferentes expertos y organizaciones internacionales, la mala salud mental y algunas de sus manifestaciones, como el estrés y la ansiedad, son la principal causa de discapacidad y enfermedades en la sociedad occidental. En una reciente encuesta del Eurobarómetro sobre salud mental se reveló que el 46 por ciento de los europeos habían experimentado algún problema emocional o psicosocial, por ejemplo, sentimientos depresivos o ansiedad, en los 12 meses anteriores. Los costes totales de los problemas de salud mental se estiman en más del 4 por ciento del PIB en los 27 países de la UE y el Reino Unido.

Las preocupaciones, la ansiedad y la depresión provocados por los efectos de la pandemia, la guerra de Ucrania, los conflictos en Oriente Medio, el cambio climático, el desempleo y el aumento del coste de la vida, así como las presiones del ámbito digital y las redes sociales, han degradado unos niveles de salud mental que ya eran pobres, especialmente en el caso de los niños y los jóvenes. El acoso escolar se ha convertido en un problema global, ya que, en todo el mundo, unos 130 millones de estudiantes de entre trece y quince años (aproximadamente uno de cada tres) sufren *bullying*.

Si todos estos problemas son tan graves y evidentes, ¿cómo es posible que en escuelas, universidades y empresas no se enseñe a jóvenes y adultos a gestionar el estrés, manejar el miedo, reducir la ansiedad y rechazar el *bullying*? Esta cuestión fue la que nos impulsó a desarrollar el método SMILE Training Concept y ha sido la principal motivación para escribir este libro.

En este capítulo abordaremos qué son el estrés y la ansiedad, así como sus síntomas y tipos, y descubriremos las hormonas implicadas en esos procesos. Ahora bien, no nos centraremos específicamente en cómo enfrentarse a ello por dos motivos. Primero, consideramos que un cierto nivel de estrés es esencial para el crecimiento personal y la evolución del ser humano, siempre que sepas cómo gestionarlo y adaptarte. En segundo lugar, todos los capítulos de este libro ofrecen fórmulas y estrategias para lidiar con el miedo y manejar el estrés. No hay una solución universal, ya que cada persona es única; sin embargo, sí espero que podamos ayudarte a diseñar tu propia estrategia utilizando las herramientas que te proporcionaremos.

¿Qué es el estrés?

Según la Organización Mundial de la Salud, el estrés se puede definir como un estado de preocupación o tensión mental generado por una situación difícil. Todas las personas experimentamos un cierto grado de estrés, ya que se trata de una respuesta natural a las amenazas y otros estímulos. Tanto es así que es la forma en que reaccionamos al estrés lo que determina su impacto en nuestro bienestar. En realidad, podríamos decir que el estrés no existe como algo tangible, sino que se trata más bien de la interpretación que nuestra mente hace de una situación supuestamente preocupante o difícil, así como de la respuesta que nuestro organismo presenta ante esa situación.

Otro concepto que nos gustaría promover como parte de la filosofía del método SMILE es aceptar que el estrés y el miedo son parte de nuestra vida y no deben ser necesariamente percibidos como algo negativo. Al contrario, los profesionales que se encargan de nuestro método y yo mismo creemos que para evolucionar y crecer necesitamos un cierto nivel de estrés, mientras que el miedo es lo que nos mantendrá alerta. Ahora bien, cuando el estrés y el miedo están mal gestionados sí pueden adquirir connotaciones negativas y afectarnos de manera adversa.

Por ejemplo, si vas al gimnasio a hacer ejercicios para bíceps y utilizas una pesa demasiado ligera, el músculo no crecerá ni mejorará su potencia o resistencia. Por el contrario, si usas un peso excesivo, podrías dañar el músculo, agotarlo o incluso provocar una rotura muscular. Con el estrés puede ocurrir lo mismo: si algo no nos motiva ni nos estresa lo suficiente, caeremos en el aburrimiento y la apatía. Sin embargo, si el nivel de estrés supera nuestra capacidad para manejarlo, tendrá repercusiones físicas y psicológicas negativas.

Estrés vs. ansiedad

La diferencia entre el estrés y la ansiedad es muy sutil, ya que ambos son respuestas emocionales. No obstante, el estrés suele ser causado por un desencadenante externo. Este desencadenante puede ser a corto plazo, como una fecha límite para entregar un trabajo o una pelea con un ser querido, o a largo plazo, como la incapacidad para trabajar, la discriminación o una enfermedad crónica. La ansiedad, por su parte, consiste en albergar preocupaciones persistentes y excesivas que no desaparecen, ni siquiera en ausencia de un factor estresante. No obstante, el estrés y la ansiedad suelen presentar un conjunto de síntomas muy similares. De ahí que una situación estresante pueda generar ansiedad, aunque también pueda manifestarse de otras formas, como la irritabilidad, el dolor de cabeza o la depresión.

La ansiedad es una especie de sistema de alarma de tu cuerpo, que se dispara cuando algo te preocupa o sientes miedo. Por ejemplo, puede activarse cuando presientes que algo malo va a ocurrir o ante un peligro inminente. En cambio, el estrés es ese amigo pesado que llega cuando piensas que no tienes las herramientas o el tiempo necesarios para lidiar con una situación. En resumen, el estrés aparece cuando hay un desfase entre lo que se requiere y lo que tienes en tu arsenal para enfrentarse a esa dificultad.

Estrés agudo o las 4 F

Aunque tradicionalmente los expertos han descrito la respuesta al estrés agudo como la reacción de *lucha o huida* (*fight or flight* en inglés), a mí me gusta hablar de las 4 F: *fight* ('pelear'), *flight* ('huir'), *freeze* ('paralizar') y *face* ('afrontar'). Además de pelear o huir, ante un estrés muy agudo, una persona también puede *colapsar*; sin embargo, esa misma situación de estrés puede llevarnos a sacar lo mejor de nosotros, ayudándonos a enfrentarnos al problema sin tener que pelear ni huir, pero solucionándolo a nuestro favor.

Inicialmente esta reacción fue descrita como un recurso de los animales mediante el cual su organismo, ante un peligro, producía una descarga general del sistema nervioso simpático que los preparaba para luchar o escapar. Aunque tradicionalmente esta reacción se ha relacionado con la secreción de adrenalina en las suprarrenales, hoy se sabe que la hormona responsable es la osteocalcina, que se genera en los huesos. Este hallazgo cambió por completo la forma de entender la fisiología del sistema nervioso simpático, pues hasta entonces se creía que la reacción se iniciaba en la médula adrenal, donde se desencadenaba la liberación de adrenalina y noradrenalina.

Hormonas del estrés

Cuando alguien experimenta un hecho estresante, la amígdala, un área del cerebro que contribuye al procesamiento emocional, envía una señal al hipotálamo. Esta área del cerebro funciona como un centro de control, comunicándose con el resto del cuerpo a través del sistema nervioso para que la persona tenga la energía necesaria para reaccionar ante la situación de peligro. Tras recibir una señal de angustia de la amígdala, el hipotálamo activa el sistema nervioso simpático, enviando mensajes a través de los nervios autónomos hacia las glándulas suprarrenales. Estas glándulas responden liberando adrenalina en el torrente sanguíneo. A medida que la adrenalina se distribuye por el cuerpo, se generan una serie de cambios fisiológicos que preparan al organismo para la respuesta de lucha o huida. Al mismo tiempo, durante la reacción aguda al estrés, el cerebro emite una señal para aumentar en el organismo la circulación de osteocalcina, que una vez liberada suprime el sistema nervioso parasimpático, permitiendo la respuesta al estrés.

El ritmo cardiaco se incrementa y la presión arterial se eleva para garantizar que fluya suficiente sangre hacia los músculos y otros órganos vitales necesarios para responder al peligro. Además, la frecuencia respiratoria se intensifica y las vías respiratorias se expanden completamente, lo que permite a los pulmones absorber, en cada inhalación, el máximo oxígeno posible, que se envía al cerebro para potenciar el estado de alerta y afinar los sentidos, como la vista y el oído. A su vez, el cortisol eleva los niveles de glucosa en la sangre, mejora su utilización por parte del cerebro y aumenta la disponibilidad de sustancias que reparan tejidos en el organismo. El cortisol también disminuye las funciones que no se consideran esenciales o que pueden llegar a ser perjudiciales durante estas situaciones, modificando las respuestas del sistema inmunitario e inhibiendo las actividades de los aparatos digestivo y reproductor y los procesos de crecimiento. Este complejo y natural sistema de alarma también se conecta con las áreas del cerebro que regulan el estado de ánimo, la motivación y el miedo.

Una vez que cesa la primera descarga de adrenalina, el hipotálamo activa un segundo componente de la respuesta al estrés, conocido como el *eje HPA*, que incluye el hipotálamo, la glándula pituitaria y las glándulas suprarrenales. Si el cerebro continúa identificando una amenaza, el hipotálamo segrega una hormona que propicia la liberación de corticotropina (CRH), que se dirige a la glándula pituitaria, provocando la liberación de hormona adrenocorticotrópica (ACTH). Esta hormona viaja a las glándulas suprarrenales, instándolas a secretar cortisol, lo que mantiene el cuerpo en un estado de alerta máxima. Cuando la amenaza desaparece, los niveles de cortisol disminuyen, y es en ese momento cuando se activa el sistema nervioso parasimpático, que ayuda a moderar y suavizar la respuesta al estrés.

Estrés crónico

El estrés crónico se presenta cuando nuestro cuerpo está expuesto a factores estresantes de manera tan frecuente o prolongada que el sistema nervioso autónomo no tiene la oportunidad de apagarse y activar adecuadamente una respuesta de relajación. Esto ocasiona un estado permanente de excitación fisiológica. Este fenómeno influye, de manera directa o indirecta, en la mayoría de los sistemas del organismo. Los seres humanos están diseñados para manejar el estrés agudo, que es temporal, pero no el estrés crónico, que persiste durante un extenso periodo y puede tener repercusiones muy perjudiciales para nuestra salud.

Reconocer el estrés crónico suele ser complicado y, en muchos casos, nos acostumbramos tanto a él que aceptamos los primeros indicios como parte de nuestro día a día y solo buscamos ayuda cuando los síntomas son más graves. Algunas preguntas que puedes hacerte para determinar si estás desarrollando un cuadro de estrés crónico son las siguientes:

- ¿Te sientes constantemente cansado y con falta de energía?
- ¿Sientes que siempre estás preocupado por algo?
- ¿Te sientes abrumado, como si todo te costara más de lo normal?
- ¿Te levantas por la mañana sin motivación ni entusiasmo?
- ¿A menudo estás de mal humor o irritado?
- ¿Te cuesta divertirte y relajarte?
- ¿Te parece que solo tienes tiempo para trabajar o para resolver problemas?
- ¿Sientes que eres propenso a las enfermedades o las lesiones?

- ¿Te cuesta mantener una dieta adecuada y recurres con frecuencia al alcohol o al tabaco?

Algunos de los signos y síntomas más comunes del estrés crónico son:

- falta de energía, cansancio o fatiga
- dificultades para conciliar el sueño
- lesiones frecuentes
- problemas respiratorios
- palpitaciones
- presión arterial elevada
- azúcar elevada o prediabetes
- aumento del colesterol y los triglicéridos
- disminución de la libido
- disfunción eréctil
- irregularidades menstruales
- sensación de digestión pesada
- diarrea o estreñimiento
- acidez estomacal
- flatulencia
- mal humor e irritabilidad
- dolores de cabeza
- dolores o tensión muscular
- dificultad para concentrarse
- nerviosismo o ansiedad

Estrés crónico y el método SMILE

Como he mencionado anteriormente, en el método SMILE reconocemos que el estrés agudo es parte de nuestra vida, y te enseñamos a transformarlo para que, en lugar de afectarte negativamente, se convierta en una herramienta beneficiosa. También hemos señalado al inicio del capítulo que las estrategias que proponemos para enfrentar el estrés están presentes en cada uno de los capítulos de este libro, lo que te permitirá diseñar tu propio plan en función de tus necesidades, capacidades, tipos de actividad y estilo de vida, entre otros factores. Sin embargo, es importante subrayar que, en casos extremos y graves de estrés, es fundamental consultar a un profesional de la salud. Además, aunque la mayoría de nuestras estrategias pueden ser útiles para gestionar el estrés crónico, las consecuencias a largo plazo de este tipo de estrés pueden afectar significativamente a tu salud; por lo tanto, es recomendable acudir a un especialista.

En el siguiente capítulo hablaremos de la importancia que tiene mantener un perfecto equilibrio entre tus partes física, mental, emocional, espiritual y laboral. También subrayaremos que lo fundamental es aprender a detectar el más mínimo desequilibrio en una de estas cinco áreas para ponerle remedio lo antes posible. Cualquier factor que cree un desequilibrio en alguna de ellas debe ser considerado como una causa de estrés o un estresor. Por lo tanto, y sobre la base del sistema de los cuatro equilibrios (más uno) del método SMILE, identificaremos los siguientes tipos de estrés:

- **Estrés físico.** Producido por enfermedades, lesiones o cualquier alteración que repercuta sobre nuestra salud, nuestro estado físico, etc.
- **Estrés mental.** Producido por problemas de tipo mental o psicológico.
- **Estrés emocional.** Problemas con la pareja, hijos o familia que nos afecten emocionalmente.
- **Estrés espiritual.** Cualquier factor que altere nuestra motivación o inspiración, que nos haga cuestionar nuestros valores o nos afecte socialmente.

- **Estrés laboral.** Problemas económicos o en el trabajo.

Como estudiaremos en el capítulo siguiente, el equilibrio perfecto solo se consigue en momentos muy puntuales de nuestra vida, y es un objetivo difícil de alcanzar, ya que constantemente estamos sometidos a diferentes estresores que pueden afectar en cualquier momento a una o varias de las áreas mencionadas. Como he dicho antes, lo importante es que permanezcamos lo más atentos posible para reconocer qué tipo de estresores pueden desequilibrar cualquiera de estas áreas y así poder aplicar inmediatamente alguna de las técnicas que te enseñaremos en este libro.

También debemos tener en cuenta que, en muchos casos, más de una de estas áreas se verá sometida a estrés y, por tanto, sufrirán un riesgo de desequilibrio. Esto se debe a que las diferentes parcelas de nuestra vida están interrelacionadas. Por ejemplo, cuando tenemos una enfermedad, esto repercute en nuestro equilibrio físico, pero al mismo tiempo puede imposibilitarnos desarrollar bien nuestro trabajo, lo cual crearía un desequilibrio en la parte laboral y profesional. Esto, a su vez, puede hacer que disminuyan nuestros ingresos, afectando al terreno emocional y espiritual. Cuantas menos áreas estén sometidas a estrés y, por ende, a desequilibrios, más fácil será encontrar una solución y menos nos afectará.

Eustrés o estrés positivo

Se refiere a situaciones que tienen connotaciones positivas y nos motivan a mejorar y a trabajar cada vez con más intensidad. Puede ser el estrés que nos genera participar en una competición deportiva, obtener una promoción en nuestro trabajo, asistir a un curso o aprender una nueva habilidad. El eustrés también puede presentarse en situaciones como una boda o el nacimiento de un hijo, o al recibir una cantidad de dinero inesperado, hacer nuevos amigos o graduarse.

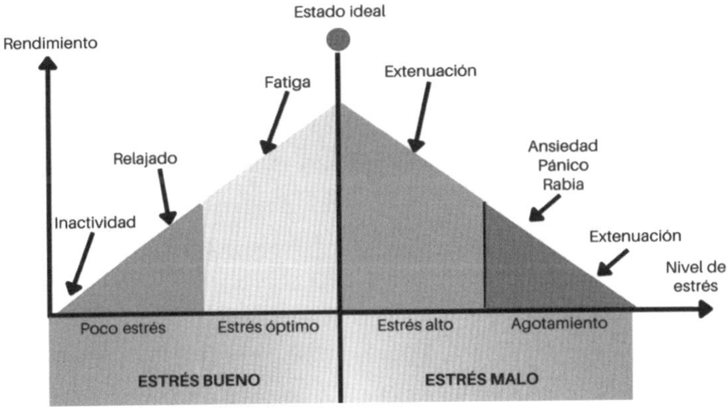

NOTIFICACIÓN ROJA

Después de mi huida de Dubái, logré reconstruir, con mucho esfuerzo y tesón, mi vida profesional y personal. Trasladamos la sede de la empresa de los Emiratos Árabes a Marbella y organizamos conciertos, no tan grandes como los del golfo Pérsico, con artistas como Joaquín Cortés y los Gipsy Kings, entre otros. Con el tiempo, nuestras actividades se enfocaron principalmente en el sector vitivinícola, una de mis grandes pasiones. Creamos The Wine Academy of Spain, que se dedicaba a la organización de cursos para profesionales y, dado que la gestión de eventos era nuestra especialidad, de congresos vinícolas.

En el año 2009 organizamos un congreso internacional, el Wine Future Rioja 09, orientado a abordar los desafíos a los que se enfrentaba la industria del vino a raíz de la crisis económica del 2008. Este congreso generó un interés excepcional a nivel mundial, al lograr la participación de una de las personalidades más influyentes y reconocidas en el sector: el crítico de vinos estadounidense Robert Parker, famoso por crear la primera clasificación mundial de vinos usando un sistema similar al de notas escolares. El señor Parker nunca había participado en un congreso de este tipo en Europa.

En marzo de 2009, Parker me invitó a reunirme con él

en Baltimore para organizar minuciosamente su participación en el Wine Future. Acepté de inmediato y gestioné las reservas pertinentes para mi viaje desde Málaga a Baltimore. El recorrido transcurrió sin contratiempos hasta mi llegada al aeropuerto de Chicago, la última escala antes de Baltimore. El vuelo de Air France aterrizó alrededor de las seis de la tarde, y me bajé del avión para pasar por inmigración y cambiar de terminal para continuar mi viaje dentro de Estados Unidos. Al salir del avión, me sorprendió encontrarme con varios oficiales de inmigración estadounidenses revisando pasaportes. Dado que el mío era nuevo y todas sus páginas estaban en blanco, llamé la atención de los oficiales, quienes me condujeron a lo que se conoce como *segunda inspección*, asegurándome que era un procedimiento habitual y que mi conexión no se vería afectada, pues aún faltaban unas cuantas horas para mi próximo vuelo.

Sé que este tipo de inspecciones son habituales en los aeropuertos estadounidenses, porque ya había visitado el país más de una vez en los últimos cinco años, así que no me preocupé. Me senté a esperar leyendo el periódico y revisando temas para mi reunión con Parker. No obstante, y tras aproximadamente una hora, la oficial que me acompañaba se dirigió a mí para pedirme que tuviese paciencia, informándome de que estaban tratando mi caso. Pese a sus palabras, y con el riesgo de perder mi conexión cada vez más cerca, sí que empecé a preocuparme. En ese momento fui llamado a la oficina del supervisor, y apareció un policía de inmigración con el típico aspecto estadounidense: alto, rubio, bien uniformado y con un marcado acento. Tras explicarle mis razones para viajar a Estados Unidos, el oficial observó que mi mujer era ciudadana estadounidense y me preguntó sobre mis entradas previas al país, a lo que respondí sin problemas. Sin embargo, su siguiente frase fue impactante: «Señor Campo, lamento informarle que esta vez no podrá entrar en Estados Unidos. Hemos descubierto que existe una notificación roja de Interpol en su contra emitida por los Emiratos Árabes Unidos, y mi supervisor prefiere no permitir su entrada en el país».

Me imagino que muchos de los lectores habrán oído hablar de Interpol, la Organización Internacional de Policía Criminal. Dentro de Interpol existen diferentes tipos de notificaciones, de las que la roja es la más grave y la más conocida. Pero ¿qué es una notificación roja? Se trata de una solicitud dirigida a las autoridades policiales de todos los países que la forman, con el fin de localizar y detener provisionalmente a una persona a la espera de su posterior extradición, entrega o acción judicial similar. No se trata de una orden de arresto internacional. Los individuos son buscados por el país que realiza la solicitud o por una corte internacional, pero cada país aplicará posteriormente su propia legislación nacional para determinar si procede detener a dicha persona o no.

Generalmente, las notificaciones rojas solo pueden ser atendidas por las entidades encargadas de hacer cumplir la ley. Ahora bien, si un país concreto lo solicita, pueden hacerse públicos datos relacionados con esa notificación, por ejemplo en el caso de que el país considere que la colaboración ciudadana es necesaria porque el sujeto en cuestión supone un riesgo para la seguridad pública. Este es el motivo por el que algunas notificaciones rojas aparecen en la web de Interpol.

En este punto de la historia, debo admitir que el oficial que me atendió fue muy amable y comprensivo. Me informó que tenía dos opciones: una era quedarme arrestado en el aeropuerto durante la noche y esperar a que alguien de mi embajada me brindara asistencia al día siguiente. La otra alternativa era volver a la ciudad de la que venía en el próximo vuelo, es decir, en el mismo avión en el que acababa de llegar, que regresaba a París en menos de una hora. Me aconsejó que no pasara la noche en una celda, porque no sería agradable ni útil, ya que finalmente las personas en mi situación tenían que irse de todas formas. También me informó que, de ahora en adelante, necesitaría obtener un visado cada vez que quisiera viajar a Estados Unidos. Me pidió que firmara una declaración conforme había sido tratado con respeto, algo que hice sin dudar. Por último, me agradeció que hubiera mantenido la calma y la compostura, ya que muchos otros ciudadanos perdían el control y causaban incidentes.

Tras la firma del documento, fui acompañado por dos policías hasta el avión. Aunque no iba esposado, la situación resultó bastante incómoda, ya que tuve que entrar en el avión y me ubicaron en la parte trasera después de recorrer el pasillo custodiado por los agentes, mientras el resto de los pasajeros me observaba y cuchicheaba. Una vez a bordo, consulté a la azafata sobre mi pasaporte, me comentó que sería retenido por el piloto y devuelto justo antes de aterrizar en París. La fatiga era abrumadora, dado que ya había volado de Málaga a París y de allí a Chicago, además de las dos horas de espera en el aeropuerto y las diez que me faltaban de retorno a Francia.

Durante la primera parte del viaje, la adrenalina me mantuvo alerta, ansioso y tratando de comprender la situación, pero finalmente el agotamiento se apoderó de mí y me quedé dormido hasta casi aterrizar, momento en que la azafata me despertó para ofrecerme el desayuno. Fue entonces cuando pregunté sobre mi pasaporte y, para mi sorpresa, me informaron de que el piloto debía entregárselo a los gendarmes de la policía francesa que vendrían a recogerme a nuestra llegada. Conseguí línea en mi teléfono móvil y avisé a mi mujer de la situación, ya que habían pasado más de veinte horas sin que yo diera señales de vida, por lo que tanto ella como mi familia estarían muy preocupados.

Cuando aterrizamos, tuve que esperar a que el resto de los viajeros bajaran del avión antes de dirigirme hacia la puerta, donde me encontré, junto con otro pasajero, con dos agentes de la policía francesa. Uno de los gendarmes, se presentó como Ricardo, hablaba español con fluidez. Durante nuestro recorrido por el aeropuerto, Ricardo me aseguró que, al ser ciudadano de la Unión Europea, el proceso de inmigración sería un puro trámite y que pronto podría continuar mi viaje hacia Málaga. También me explicó que el otro pasajero que nos acompañaba no tenía ningún tipo de problema legal, pero su familia había informado al aeropuerto de la muerte de su padre durante el vuelo, y habían pedido que no se le diera a conocer la noticia hasta que estuviera de nuevo con ellos para evitar que sufriera el trance solo y en mitad de un vuelo transoceánico. Una vez en las oficinas de la policía francesa, Ricardo me indicó que esperara mientras él gestionaba mi entrada en Francia. Para calmarme, intenté seguir leyendo *Perdiendo mi virginidad*, de Richard Branson. Aproveché la oportunidad para esconder el teléfono entre las páginas del libro mientras escribía a mi mujer y a mi familia, a quienes les había pedido ya que se pusieran en contacto con nuestro abogado.

El tiempo pasaba sin tener noticias sobre mi pasaporte. Mientras tanto, Melissa, mi hermana Paulina y mi cuñado Rony no paraban de enviarme mensajes desde España para saber cómo iba todo. No sabíamos cómo funciona el proceso de extradición —desconocíamos que no es instantáneo y puede llevar años—, lo cual nos sumía en la incertidumbre. Más tarde descubrí la angustia que mi hermana y mi cuñado habían sufrido al comprobar en el ordenador que había un avión que salía con destino a Dubái al cabo de pocas horas, por lo que pensaron que sería extraditado de Francia hacia los Emiratos Árabes directamente.

Ricardo me había asegurado que estaban investigando mi caso y me había pedido paciencia, porque habían detectado algo inusual: la situación se estaba complicando. Tras casi dos horas de espera, apareció para decirme que tenía derecho a una llamada telefónica, y me ofrecía la posibilidad de recibir asistencia médica y de proporcionarme un abogado de oficio. Cuando le pregunté, me reveló que Interpol me buscaba con una notificación roja emitida por los Emiratos Árabes con una gravedad de estatus equiparable a las que anteriormente se habían decretado contra figuras como Osama Bin Laden o terroristas de la ETA.

Acepté la asistencia legal y la llamada telefónica, optando por prescindir de la atención médica a pesar de sentirme extremadamente agotado y de tener un nivel de estrés muy elevado. Sorprendentemente, descubrí que la llamada telefónica solo se podía realizar dentro de Francia y no al extranjero. Informé a Rodrigo que mi estancia en Francia era temporal y que mi familia residía en España. Él lamentó no poder autorizarme a llamar al extranjero, pero me insinuó discretamente que podía enviar SMS con mi teléfono móvil.

Seguí su sugerencia hasta que la batería del teléfono se agotó, aunque para entonces mi familia ya había contactado con mi abogado y con la embajada de España en París. Desde mi punto de vista, esta experiencia ha supuesto el mayor desafío de mi vida, pues tuve que ver como un episodio traumático que creía cerrado se reabría inesperadamente. Temí una posible extradición a los Emiratos Árabes, y me preocupaba cómo afectaría eso a mi familia y a la nueva empresa, por la que habíamos trabajado duramente. No soy una persona creyente, pero, en medio de la incertidumbre, recuerdo haber implorado a mi padre,

«Papá, estés donde estés, por favor, ayúdame y no me dejes solo».

Transcurrió otra hora hasta que un oficial me llamó para dirigirme a la oficina de la supervisora, cuyo nombre no recuerdo. Resultó ser una mujer relativamente joven, de unos treinta y pocos años, con el cabello corto y gafas, y llevaba el característico uniforme de los gendarmes franceses. Su sonrisa amable fue reconfortante en aquel momento. Al entrar, me ofreció la ayuda de un traductor, pero como el español de la intérprete dejaba mucho que desear hablamos en inglés. Me invitó a sentarme y me ofreció café. Me informó de que había estado trabajando en mi caso desde que había llegado a su puesto de trabajo esa mañana, pero que a pesar de que existía una alerta roja a mi nombre, no había logrado recabar más información. Explicó que habían contactado con la central de Interpol en Lyon, con la policía de Dubái e incluso con el Departamento de Extradiciones de Francia sin obtener resultados. Así que, aunque tenía la capacidad para detenerme durante veinticuatro horas, había decidido no hacerlo, pues había constatado que era un empresario respetable y padre de familia sin antecedentes en España. Sin embargo, necesitaría que su superior, una tal madame Orange, confirmara mi liberación.

Mientras esperábamos a madame Orange, la oficial se interesó por mi familia y mi trabajo. Me ofreció de nuevo café y me recomendó con énfasis que una vez de regreso en España contratara a un abogado, ya que, pese a ser libre para moverme por territorio francés, la notificación roja seguiría vigente, y en algunos países podría interpretarse como una orden de detención. Después de unos treinta minutos por fin llegó la llamada telefónica de madame Orange. La oficial le informó sobre el procedimiento que había seguido, explicándole con todo detalle las gestiones que se habían llevado a cabo, tras lo cual la señora Orange la autorizó a dejarme en libertad para continuar mi viaje a Málaga.

El gendarme Ricardo me facilitó los billetes de avión para mi regreso a casa y me deseó suerte. Mi vuelo saldría dentro de diez horas, así que, durante la espera, llamé a mi familia para anunciarles mi regreso y comí algo en una cafetería del Charles de Gaulle. Revisé la página web de Interpol para asegurarme de que no habría rastro de mí en aquel sitio, pero descubrí con sorpresa que mi nombre figuraba en la sección de notificaciones rojas con la etiqueta de WANTED. Esta revelación me produjo tal angustia que tuve que ir al baño para vomitar. La pesadilla que creía haber dejado atrás al escapar de Dubái me perseguía de nuevo. Lo que aún desconocía es que esta vez tardaría más de trece años en probar mi inocencia y lograr que se eliminara mi nombre de la lista de personas buscadas por Interpol.

Más adelante relato las tremendas repercusiones de mi lucha contra esa notificación roja, cuya resolución favorable no llegaría hasta diciembre de 2017.

¿QUÉ PUEDO APRENDER DEL MÉTODO SMILE CON ESTA HISTORIA?

- Esta es una de las experiencias más duras que he sufrido en toda mi vida, ya que afectó al equilibrio de prácticamente todas las áreas que describe el método SMILE:
  - **Físico.** Por el riesgo de ser arrestado y extraditado, por lo extenuante del viaje y por el nivel de estrés experimentado.

  - **Mental.** A causa del nivel de estrés, los temas legales, las acusaciones, las diversas legislaciones implicadas, etc.
  - **Emocional.** Se pusieron a prueba muchas de mis emociones, y además afectó a mi familia directa e indirectamente.
  - **Espiritual.** Dado que se cuestionaron mi honestidad y mi integridad.
  - **Económico-profesional.** Ser buscado por Interpol y aparecer en su página web tuvo repercusiones muy negativas sobre mi empresa.
- Una de las lecciones más importantes que debemos aprender y, sobre todo, transmitir a las generaciones venideras es que en la vida es casi seguro que sufriremos fracasos y caídas, pero lo esencial es siempre levantarse y aprender de esas experiencias.
- Al adoptar esta mentalidad, seremos capaces de reinventarnos sin importar nuestra edad.
- Siempre es altamente recomendable dirigirnos a las autoridades o a la policía con calma y máximo respeto, evitando cualquier forma de confrontación y apelando a su lado humano. Esta actitud no solo nos evitará momentos desagradables, sino que también facilitará que nos ofrezcan su ayuda.

2

EQUILIBRIO Y ENERGÍA. LAS CLAVES DEL ÉXITO Y LA FELICIDAD

> Lo mejor y más seguro es mantener un equilibrio en tu vida. Reconoce los grandes poderes que nos rodean y que están dentro de nosotros. Si puedes hacer eso y vivir así, realmente eres un hombre sabio.
>
> EURÍPIDES

La gran mayoría de las personas desean encontrar la felicidad en sus vidas y, si son aún más generosos, aspiran no solo a alcanzar la propia felicidad, sino también a poder hacer felices a los demás. Sin embargo, para lograr esto es fundamental abordar ciertos interrogantes que son comunes a todos los seres humanos, y que acaban surgiendo en algún momento de nuestra existencia: ¿cuál es el verdadero significado de la felicidad?, y ¿cómo podemos alcanzarla? Desde el origen de los tiempos, filósofos, líderes religiosos, escritores y famosos pensadores como Aristóteles, Confucio, Sófocles, Benjamin Franklin o Abraham Lincoln se han hecho estas preguntas, a las cuales han intentado dar respuesta.

A lo largo de mis cuarenta y cinco años de experiencia laboral en distintos sectores he tenido la oportunidad de conocer a personas que han logrado grandes éxitos en el deporte, la música y los negocios —también a triunfadores en el ámbito personal—, y he observado un patrón común: por lo general, han alcanzado sus logros más significativos en momentos en los que sus vidas estaban en perfecta armonía en diversas áreas. Tanto si se trata de gente corriente como si son figuras públicas reconocidas, todos comparten una característica esencial: el equilibrio. Creo que mantener un equilibrio óptimo en todos los aspectos de nuestra vida es fundamental para alcanzar la felicidad y el bienestar. Sin embargo, lograrlo puede ser complicado, y a menudo requiere cuestionar nuestras propias creencias y pensamientos.

Mantener un estilo de vida equilibrado es una poderosa herramienta para hacer frente al estrés, los desafíos y las adversidades, y, por tanto, para plantar cara a nuestros temores. Cuando los distintos tipos de equilibrio que se exponen en este capítulo se alcanzan plenamente es más sencillo resolver nuestros problemas, el impacto negativo del estrés disminuye significativamente y podemos afrontar nuestros miedos con mayor optimismo.

Es muy importante que definamos qué es el *equilibrio*. Una buena definición podría ser: condición en la que las fuerzas contrapuestas se igualan, evitando que alguna se imponga sobre las otras. No obstante, esta definición clásica se contradice en cierta manera con el espíritu del método SMILE, que dice que no podemos evolucionar como personas o como seres humanos si no aprendemos a salir de nuestra zona de confort. Y, como ya hemos visto en el primer capítulo, para eso es imprescindible añadir algo de estrés a nuestra vida; se trata, sin embargo, del estrés positivo, que hará que crezcamos y mejoremos si lo manejamos adecuadamente.

Otro concepto crucial que debemos comprender es la interrelación entre equilibrio, tiempo y energía. Mantener un equilibrio adecuado entre energía y tiempo es primordial para lograr un rendimiento óptimo. Todo lo que realizamos demanda energía y tiempo. Nuestros pensamientos, emociones y acciones generan consecuencias energéticas, ya sean positivas o negativas. La clave no radica en la duración de nuestra vida, sino en la energía que utilizamos durante el tiempo que pasamos en la tierra. Aunque las horas del día son invariables, la cantidad y calidad de la energía disponible fluctúan. Debemos valorar, por tanto, la energía, pues se trata de nuestro recurso más preciado.

Todavía es muy frecuente escuchar a empresarios y profesionales hablar de lo bien o mal que gestionan su tiempo. Ahora bien, en el método SMILE lo importante no es cómo gestionemos nuestro tiempo, sino la forma en que administramos nuestra energía. Por muy bien estructurada que tengamos nuestra agenda, si al final del día nos falta la energía no lograremos cumplir las tareas que nos hemos propuesto o lo haremos de una forma poco efectiva o improductiva. Hay muchos trabajadores que dedican toda su energía a la parte profesional, pero se olvidan de que, tras la jornada laboral, han de llegar a casa, donde deben ejercer como cónyuges y hacerse cargo de sus hijos, además de dedicarse algo de tiempo a sí mismos.

Los auténticos líderes son una fuente de inspiración para otros gracias a su eficaz gestión de la energía personal y a su habilidad para movilizar, concentrar, invertir y revitalizar la energía colectiva de su equipo.

Equilibrio y gasto energético

Aunque solo existe una energía, que además ni se crea ni se destruye, el método SMILE distingue, como veremos más adelante, diferentes tipos de energía según su origen. En cualquier caso, debemos partir de algunas premisas muy importantes para gestionar nuestro equilibrio y nuestra energía. En primer lugar, debemos entender que esa energía disminuye tanto con el uso excesivo como con el uso inadecuado. Por otra parte, es necesario equilibrar el gasto energético mediante la renovación de la energía. Por tanto, debemos aceptar que a lo largo del día nuestro organismo tendrá un gasto energético que necesita ser renovado, y que dependiendo del tipo de energía de que se trate la forma de reponerla será diferente.

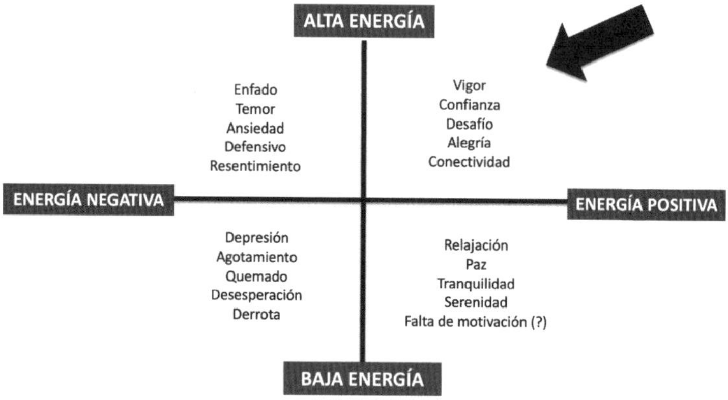

Fuente: Jim Loehr y Tony Schwartz, *The Power of Full Engagement*.

Equilibrio o una mesa de cuatro patas

Dentro del método SMILE me gusta distinguir cuatro tipos de equilibrios, que están directamente relacionados con cuatro tipos de energías. Tenemos que imaginar el equilibrio como una mesa de cuatro patas sobre la cual se encuentran nuestros valores más preciados, como pueden ser nuestro matrimonio, nuestros hijos, la familia, nuestro hogar e, incluso, nuestras posesiones materiales más valiosas. Es decir, básicamente, todas las cosas que son realmente importantes para nosotros como seres humanos, pero también como profesionales. Al igual que pasaba con los tres mosqueteros, que no eran tres, sino cuatro, en el método SMILE distinguimos solo cuatro patas o tipos de equilibrio, pero debemos añadir un quinto elemento fundamental: el equilibrio económico o profesional.

¿Existe el equilibrio perfecto?

Es extremadamente importante que entendamos que el equilibrio perfecto entre todas las patas conlleva un gran trabajo, resulta muy difícil de conseguir y, además, es algo efímero. Lo importante es estar muy atentos para detectar cualquier posible desequilibrio, pues la más mínima descompensación conllevará estrés, ansiedad, miedo y un gasto energético innecesario. No obstante, cuando se consiguen esos momentos de equilibrio perfecto se alcanzan la felicidad, el éxito y los grandes logros que nos hacen evolucionar como personas y como seres humanos.

Otra característica muy importante del sistema de equilibrio y energía de SMILE es que todas las ramas están interconectadas. Por lo tanto, cualquier desequilibrio en una de las áreas que vamos a describir puede afectar a las otras, así como a nuestros seres queridos, amigos y colegas profesionales.

Por ejemplo, si padecemos alguna enfermedad, esto influirá en nuestro equilibrio físico, por su puesto, pero también puede afectar a nuestro equilibrio mental. Asimismo, la energía emocional de nuestros seres queridos también se resentirá. Por otra parte, nuestro equilibrio espiritual flaqueará a causa de esa debilidad física y de la incapacidad para rendir al máximo mental y profesionalmente, pero sobre todo porque nuestras familias están sufriendo por nosotros.

Como hemos visto anteriormente, existen diferentes tipos de estresores en función de las áreas de nuestro sistema que se vean afectadas. Así, para el equilibrio físico, con su respectiva fuente de energía, le corresponde un estrés físico. Lo mismo ocurre con los equilibrios mental, emocional, espiritual y económico-profesional.

Por último, cabe destacar que para desarrollar y mejorar nuestros equilibrios y energías debemos superar nuestros límites normales, entrenando de la misma manera que lo hacen los atletas de élite. El trabajo para mejorar, evitar los desequilibrios y recargar la energía que gastaremos en estos procesos tendrá, en cada caso, una forma diferente, que ahora pasaremos a analizar.

Equilibrio y energía física

El primer tipo de equilibrio y energía que a mí me gusta distinguir es el físico. El equilibrio físico abarca todo lo relacionado con nuestro organismo, y los factores clave que influyen en él incluyen la salud, la nutrición, el ejercicio, la recuperación y el sueño. Las principales fuentes de energía para recuperarlo y mantenerlo son las provenientes de la interacción entre el oxígeno y la glucosa, reguladas por la respiración y la alimentación.

Los siguientes son los factores más importantes relacionados con el equilibrio y la energía física:

- salud
- alimentación y nutrición
- ejercicio y deporte

- recuperación y relajación
- dormir

Por lo tanto, el estrés físico se producirá cuando estemos enfermos, tengamos alguna lesión, no llevemos una alimentación adecuada, no practiquemos deporte, seamos sedentarios, no nos relajemos o no durmamos correctamente. Esto generará un desequilibrio en nuestro estado físico, lo que conllevará un mayor gasto de energía o nos impedirá recuperar la energía consumida. Mantener un buen equilibrio en la parte física y contar con cantidades adecuadas de energía en este aspecto es fundamental y puede ayudarnos enormemente a estabilizar el resto de las áreas de nuestra vida.

No debemos olvidar que el ejercicio físico también ayuda a potenciar nuestra capacidad cognitiva —está demostrado, por ejemplo, que mejora los resultados académicos de los estudiantes—. Además, hacer ejercicio en familia o con amigos tiene efectos positivos en nuestro equilibrio emocional. Asimismo, el deporte puede ser una fuente de inspiración y motivación, repercutiendo de manera muy beneficiosa en el ámbito espiritual. Y por supuesto, en el caso de los deportistas profesionales, también influirá en el equilibrio económico. Así pues, cuanto mejor sea nuestra condición física mayor será su impacto en nuestra salud y longevidad.

Equilibrio y energía mental

El equilibrio mental es básico para mantener la estructura de nuestra vida, ya que incluye elementos como la preparación mental, la visualización, el diálogo interno positivo, la gestión eficaz del tiempo y la creatividad. Una buena educación y una sólida base académica nos preparan para afrontar mejor los retos profesionales, por lo que ayudan a evitar el miedo, la ansiedad y el estrés. En el terreno académico, el nivel de ansiedad y estrés aumenta cuando menos se ha estudiado y no se está adecuadamente preparado. Lo mismo ocurre en el ámbito corporativo cuando hay que realizar una presentación a unos clientes o impartir una conferencia ante colegas; cuanto mejor preparado esté el tema, menor será la ansiedad experimentada.

Incluso en el mundo del deporte, una de las mejores estrategias para enfrentarse a las situaciones que causan miedo es entrenar adecuadamente, así como visualizar y comprender a fondo las actividades peligrosas o de riesgo que vamos a realizar y que nos generan esa inquietud. Cuando he llevado a cabo inmersiones de buceo a gran profundidad, si mi preparación mental ha sido la adecuada, he estudiado los parámetros de dicha inmersión, sé cómo utilizar el equipo y conozco a fondo los protocolos de seguridad, mi miedo es menor, al igual que mi ansiedad. Esto no significa que no me ponga nervioso, sino que lo estoy de una forma que indica que estoy altamente motivado, pero bajo control.

Además, desafiar constantemente al cerebro actúa como un mecanismo protector contra el deterioro mental asociado al envejecimiento. Usamos el equilibrio o capacidad mental para organizar nuestras vidas, e incluye los siguientes factores:

- estudios académicos
- preparación mental
- visualización
- diálogo interno positivo
- gestión eficaz de la energía y el tiempo
- creatividad

El estrés mental y los elementos de desequilibrio que pueden surgir en esta área están relacionados con nuestras capacidades cognitivas y mentales. Así pues, entre los factores que pueden afectar negativamente a este ámbito vital se hallan la ausencia de una educación adecuada para llevar a cabo una tarea específica, los pensamientos negativos, una preparación insuficiente para nuestras actividades diarias, la falta de visualización, no practicar o ensayar debidamente y la carencia de un plan alternativo, así como la escasez de tácticas y estrategias en diversos aspectos de nuestra vida profesional e incluso personal.

Equilibrio y energía emocional y familiar

El concepto de equilibrio emocional dentro del método SMILE difiere ligeramente de su descripción en la psicología tradicional. En nuestro caso distinguimos dos tipos. Por un lado, se encuentra el equilibrio entre las distintas reacciones que podemos experimentar bajo presión. Identificamos, al igual que en el ámbito deportivo, cuatro reacciones emocionales a las que debemos enfrentarnos:

a. **La ira.** Aunque es una emoción negativa, quizá es la menos mala, porque la ira y la rabia que nos invaden en momentos difíciles y estresantes demuestran por lo menos que estamos motivados y que nos interesa lo que hacemos. El ejemplo perfecto de un atleta que ha logrado rendir al máximo sobre la base de su ira y sus emociones negativas es el tenista John McEnroe.
b. **El miedo.** Esta es una respuesta muy común entre deportistas, artistas e incluso empresarios: el temor a la derrota, a hacer el ridículo o a la exposición pública. Las sensaciones más frecuentes asociadas al miedo

son los temblores en las piernas y las manos, el aumento de la sudoración, las molestias en el estómago y, a menudo, náuseas o incluso vómitos. Los pensamientos van a gran velocidad, resulta imposible concentrarse y es evidente que el cuerpo se halla en un estado de total aceleración. Se trata de una de las emociones más desagradables, tanto física como mentalmente. El miedo se ha convertido en un elemento tan importante a la hora de llevar a cabo nuestras actividades profesionales —tanto en el caso de deportistas y artistas como en el de alumnos o empresarios— que le hemos dedicado un capítulo completo en este libro y dentro del método SMILE.

c. **La rendición.** Aunque la reacción de miedo, también conocida como *choking*, es la más desagradable, el hecho de rendirse —o *tanking*— indica que alguien ha llegado a un punto en el que ha perdido la motivación. Estas personas, afectadas por el estrés, la ansiedad y los nervios, pierden el interés y consideran que abandonar o *tirar la toalla* las liberará de estos sentimientos negativos.

d. **El desafío.** Esta es la actitud que suelen tener todos los grandes campeones, artistas, empresarios y líderes. Cualquier adversidad la toman como un reto y la enfrentan sin perder el control de sus emociones. Son esas personas que entienden que la derrota es parte del éxito, que en la vida nos caeremos una y otra vez, pero es la fuerza con la que nos levantamos la que determinará nuestro carácter. Aunque hay muchos ejemplos en todos los ámbitos, quizá su mayor exponente sea el tenista Rafa Nadal.

Es fundamental aprender a identificar cuáles son nuestras reacciones emocionales más comunes para intentar evitarlas o aprender a manejarlas, ya que generan desequilibrios significativos. Las emociones negativas actúan como mecanismos de defensa ante la adversidad, pero tienden a requerir un consumo energético desproporcionado y generan mucha ansiedad, nerviosismo, miedo, estrés, incomodidad, etc.

También es muy importante entender que los mejores resultados, tanto en el ámbito deportivo como en el académico o empresarial, siempre se logran a partir de emociones positivas. Son raros en la historia los casos de atletas o empresarios que han conseguido grandes éxitos basándose en emociones negativas, y, aunque puedan lograrlos, a la larga pagan un precio muy alto debido al desgaste propio y de las personas que los rodean.

En cuanto al segundo tipo de equilibrio emocional que distingue el método SMILE, se trata del derivado de las relaciones con nuestra pareja, nuestros hijos y nuestra familia. En él influye la habilidad para gestionar las emociones vinculadas con nuestra vida familiar y nuestras relaciones sentimentales. Mantener este equilibrio es uno de los retos más difíciles, ya que no depende solamente de nosotros. Por ejemplo, la enfermedad de un hijo o un familiar va a afectarlo profundamente. Aunque no sea culpa nuestra y el resto de nuestras áreas vitales estén perfectamente compensadas, lo que le ocurra a un ser querido consumirá nuestra energía y creará un desequilibrio emocional.

El estrés emocional familiar es uno de los que puede originar mayores desequilibrios, llegando a consumir una gran cantidad de energía. Los problemas con nuestra pareja o los que afectan a nuestros hijos y familiares más directos son los que suelen generar más estrés, ansiedad, preocupaciones y desequilibrios. Además, el enorme consumo energético que provocan es difícil de recuperar, dado que no solo depende de nosotros, sino también de las personas de nuestro entorno. Por otro lado, la motivación y la energía que podemos recibir en nuestro ámbito familiar suele ser significativa. Los sacrificios y esfuerzos que un padre o una madre pueden realizar por un hijo solo son comprensibles gracias a la intensa energía que los lazos emocionales nos brindan.

El equilibrio emocional familiar es tan importante que los grandes deportistas, especialmente en deportes individuales como el tenis o el golf, suelen viajar acompañados de sus parejas. Además, cuentan con un equipo que no solo los ayuda en el aspecto técnico, sino que también les brinda apoyo emocional. Esta tendencia se observa igualmente entre artistas, políticos y empresarios.

Veremos diferentes ejemplos de desequilibrios en el plano emocional familiar en varios capítulos de este libro. Por ejemplo, en mis encuentros con el vicepresidente de Estados Unidos, Al Gore, aunque quisiera destacar lo que aprendí durante mis conversaciones con el tenista Andre Agassi, el perfecto ejemplo de una carrera profesional profundamente marcada por la relación con su padre.

Equilibrio y energía espiritual

La energía espiritual en nuestro método no está vinculada con la religión. Definimos lo espiritual como la conexión con principios fundamentales y con un propósito que trasciende nuestro propio interés. Se trata, en realidad, de esa energía presente en el espíritu humano que nos motiva a abandonar nuestra zona de confort, nos impulsa a progresar como individuos y nos capacita para alcanzar objetivos y éxitos que nunca habríamos creído posibles.

Fue la energía espiritual la que ayudó a los dieciséis jóvenes jugadores de rugby a sobrevivir al accidente aéreo de

1972 en la cordillera de los Andes. Y cuando el corredor keniata Eliud Kipchoge logró terminar una maratón de más de cuarenta y dos kilómetros en menos de dos horas, lo que se consideraba imposible hasta entonces, fue su energía espiritual la que le dio ese último empujón. Lo mismo ocurre con el trabajador que se levanta cada día de madrugada para sacar adelante a su familia y poder educar e inspirar a sus hijos.

La energía espiritual es la principal impulsora de la motivación, la perseverancia y la orientación hacia los objetivos. Sus componentes esenciales son la pasión, el compromiso, la motivación, la integridad y la honestidad. Si alguno de estos elementos falta, se produce un uso ineficiente de esa energía espiritual, que, además, en determinadas ocasiones, puede compensar la falta de energía física.

La parte económico-profesional

La parte económico-profesional no puede considerarse propiamente como una de las patas sobre las cuales se sustenta nuestra mesa, pero, como he dicho antes, en este caso ocurre como con los tres mosqueteros, que en realidad eran cuatro. No la incluimos como una quinta pata porque este ámbito económico-profesional abarca a todas las demás áreas y puede influir en ellas tanto positiva como negativamente.

Tener un buen trabajo y una buena remuneración favorecerá significativamente nuestra energía espiritual, pues hará que nos sintamos realizados. Asimismo, nos permitirá acceder a una mejor alimentación y a mejores condiciones de salud y descanso, así como participar en actividades deportivas con mayor facilidad, lo cual repercutirá en nuestro equilibrio físico. Al disponer de recursos económicos, tendremos también la oportunidad de asistir a conciertos, realizar viajes, participar en cursos y llevar a cabo formaciones y carreras que influirán positivamente en nuestro equilibrio mental. Por último, podremos ofrecer mayores posibilidades en cuanto a la salud, la educación y los cuidados a nuestra familia, mejorando así nuestro equilibrio emocional.

Si, por el contrario, no contamos con un trabajo que nos proporcione una remuneración extraordinaria, debemos ser capaces de mantener el equilibrio en las otras cuatro áreas de nuestra vida, pues la felicidad y el equilibrio no pueden depender únicamente de la cantidad de dinero que tengamos. Ahora bien, y aunque es verdad que el dinero no garantiza la felicidad, debemos ser conscientes de que, sin duda, resulta de gran ayuda. Sin embargo, por otro lado, es importante también tener en cuenta que hay numerosos casos de éxito económico que se han enfrentado a grandes problemas con sus familias, divorcios, enfermedades, adicciones, etc.

EL MASTER OF WINE BUSCADO POR INTERPOL

El vino se convirtió en una de mis pasiones desde pequeño. Mi padre, que era médico, fue uno de los pioneros de la utilización de la anestesia epidural en Chile. Él era anestesiólogo especialista en obstetricia, y empezó a utilizarla en mujeres embarazadas durante el parto. La epidural, por si no la conoces, es un tipo de anestesia regional en la que se introduce un analgésico con una aguja en la columna vertebral para bloquear el dolor. Generalmente de la cintura hacia abajo, lo que incluye el abdomen, la espalda, la pelvis y las piernas. Una buena analgesia epidural o peridural alivia el dolor materno durante el parto, pero también permite a la madre participar activamente en el proceso de dar a luz.

En una ocasión, mi padre utilizó esa anestesia en el parto de la mujer del propietario de una de las bodegas más importantes de Chile. La satisfacción de la mujer fue tal que a las pocas semanas mi padre recibió en casa un cajón de vino etiquetado con su nombre, junto con una invitación para visitar la bodega o viña, como se las llama en Chile, como gesto de agradecimiento. Tengo un recuerdo nítido sobre la visita que hicimos mis padres y yo a la bodega. Sus propietarios nos introdujeron en todo el proceso de elaboración del vino, desde las viñas hasta el producto embotellado, incluidos la vendimia, la selección de las mejores uvas, la elaboración, el envejecimiento en barrica y el etiquetado. Desde el primer momento quedé fascinado por este producto, a pesar de no poder probarlo porque apenas tenía catorce años. Un detalle que me cautivó fue la explicación del propietario acerca de cómo hay personas en el mundo capaces de identificar la uva utilizada, la región de origen y el proceso de elaboración del vino solamente oliéndolo y degustándolo, lo que se conoce como *cata a ciegas*.

A partir de aquella visita, empecé a leer artículos o libros relacionados con el tema cada vez que tenía la oportunidad. A los diecisiete o dieciocho años, comencé a degustar distintos tipos de vinos de la mano de mi padre, quien me brindaba explicaciones detalladas. Sin embargo, por aquella época yo ya estaba completamente inmerso en la práctica del tenis. Competía a un alto nivel y el consumo de alcohol no era recomendable. Probaba el vino de manera esporádica, y mi deseo de comprender cuáles eran los mejores vinos que pedir en un restaurante se convirtió casi en una obsesión. No fue hasta que empecé a estudiar la carrera de Medicina, y, sobre todo, tras mi retiro de la alta competición y mi transición a entrenador, cuando pude disfrutar del vino de forma más habitual, comprar algunas botellas y asistir a algunas catas.

Años después, tras huir de Dubái y establecerme en Marbella, mi mujer me sugirió que buscase un pasatiempo que me ayudara a distraerme para no centrarme solo en el trabajo. Me animó a participar en cursos de cata de vinos. A mí me pareció buena idea, así que, además de devorar todo el material impreso que llegaba a mis manos en forma de revistas o libros, comencé a asistir a cursos y catas en una pequeña tienda en Estepona, cerca de Marbella. En aquel entonces, mi instructor era el presidente de la Asociación de Sumilleres de Málaga, mi querido Pepe Roldán, quien tenía la habilidad de ayudarme a comprender y apreciar los vinos que probábamos de una forma muy didáctica. Un día me invitó a participar en un concurso de cata a ciegas que consistía en identificar tanto la variedad de uva con la que se había elaborado el vino como su región de origen sin disponer de ninguna información más allá de la que proporcionaba el contenido de la propia copa. En ese concurso estaban presentes unos cincuenta profesionales locales —sumilleres de restaurantes, distribuidores...—, y yo era el único aficionado. Para mi sorpresa, ¡fui proclamado campeón!

Animado por los resultados de mi última cata a ciegas, seguí asistiendo a catas y aprendiendo. En una de ellas se presentó una pareja de extranjeros que no hablaba español, por lo que me ofrecí a ejercer como traductor debido a mi buen dominio del inglés. Al finalizar la sesión, el propietario de la tienda me propuso impartir catas y cursos introductorios al mundo del vino en inglés, y, en menos de un mes, mis clases se volvieron tan populares que casi todos los días, de lunes a viernes, tenía sesiones. En ese momento decidimos alquilar un local y crear una pequeña empresa denominada The Wine Academy of Spain. Nuestra academia empezó a crecer rápidamente, aprovechando además la vasta experiencia que teníamos en la organización de eventos para llevar a cabo conferencias, cursos e incluso un congreso internacional del sector del vino.

En el primer gran congreso internacional que organizamos en Marbella, uno de los grandes expertos mundiales del sector vinícola me sugirió que intentara convertirme en Master of Wine, ya que eso me ayudaría a ganar credibilidad y a ofrecer un servicio de primera calidad. Entendí que para conseguir ser un referente me hacía falta algún tipo de titulación. Siempre he sido una persona a la que le gustan los grandes retos, así que empecé a investigar en qué consistía el título de Master of Wine. Se trata de una certificación considerada como el máximo referente en el ámbito del vino. Aunque no es una titulación académica propiamente dicha, en la práctica significa mucho más que eso, ya que son muy pocos los que pueden presumir de ella: solo unos cientos en todo el mundo. En el sector del vino, obtener el título de Master of Wine es equivalente a lograr la excelencia en esa materia. Además, y como amante de los retos, me di cuenta de que podía ser la primera persona de habla hispana que ostentara ese título.

El primer desafío fue ser admitido en el programa para obtener el título de Master of Wine (MW). Se requiere demostrar una conexión directa con el sector y poseer un sólido conocimiento que abarque desde la viticultura hasta la enología, pasando por aspectos como la comercialización, el marketing y la gestión del negocio vinícola en general. Además, es necesario presentar dos cartas de recomendación de profesionales con una reputación destacada en el sector, así como aprobar un examen de admisión.

Una vez completado este proceso, es obligatorio participar en un programa de formación y entrenamiento de una duración mínima de tres años para prepararse adecuadamente para los rigurosos exámenes teóricos y prácticos. Tras aprobarlos, se debe redactar una tesis o disertación. Todo este proceso implica que se necesita un periodo mínimo de cuatro años para alcanzar el título de Master of Wine, aunque el promedio está en seis o siete años en el caso de quienes lo obtienen, porque cada año cientos de candidatos fracasan.

Tras pensármelo muy mucho y estudiarlo detenidamente con Melissa y mi equipo, tomé la decisión de embarcarme en esa apasionante aventura. Éramos conscientes de que aquel desafío requeriría un gran esfuerzo, principalmente por mi parte, aunque nos implicaba a todos. Personalmente, también me motivaba pensar que lograrlo me ayudaría a superar una gran decepción que sufrí durante la carrera de Medicina (historia que relataré en otro capítulo).

Inicié entonces exhaustivas sesiones de estudio que abarcaban todos los campos y áreas del sector vinícola. Pasé innumerables horas catando vinos de todo el mundo, dado que el riguroso examen práctico es uno de los más exigentes a nivel mundial. Durante tres días consecutivos se tienen que catar doce vinos diarios a ciegas, identificando tanto su procedencia como las variedades de uva utilizadas, y comentando detalles sobre el proceso de elaboración. Todo ello basándose únicamente en las características organolépticas presentes en la copa, sin información adicional, y con la correspondiente justificación de cada respuesta. Los exámenes teóricos, por su parte, se llevan a cabo en cuatro días, durante los cuales deben redactarse respuestas en forma de ensayo a las preguntas planteadas por los examinadores. Cada día está dedicado a un área diferente del sector.

Mi preparación fue una tarea ardua. Tuve que cumplir con mis responsabilidades como esposo y padre de dos hijos, uno de ellos recién nacido, además de mantener mi rol como empresario. Durante más de dos años me desperté diariamente a las cinco y media de la mañana para estudiar durante un par de horas antes de ir a trabajar. Por las tardes, me dedicaba a profundizar en los distintos tipos de uvas y regiones vinícolas, a la par que cataba alrededor de veinte vinos al día. En cada viaje en tren o avión aprovechaba para estudiar, repasar mis apuntes y continuar con mi tarea. Mi preparación avanzó sin contratiempos y tuve la suerte de visitar numerosas regiones vinícolas de renombre en todo el mundo. Participé en destacadas catas de vino, recorriendo bodegas legendarias y conociendo a prominentes figuras del sector, sobre todo a través de actos vinícolas organizados por mi empresa.

En junio de 2007 llegaron los exámenes en Londres. Me enfrenté a ellos nervioso y lleno de dudas. El material de estudio era muy extenso y la amplitud de los temarios casi inabarcable, así que esos cuatro días resultaron muy intensos. Por las mañanas hice los exámenes prácticos, mientras que las pruebas teóricas se realizaban después de comer. La dificultad añadida en mi caso consistía en redactar las respuestas en inglés. El resultado fue que en septiembre de ese mismo año recibí una llamada telefónica de la directora ejecutiva del Institute of Masters of Wine, Siobhan Turner, informándome de que había obtenido un aprobado condicional: había logrado superar la parte práctica y, de los cuatro exámenes teóricos, solo había fallado en uno. Tendría que examinarme de nuevo de la materia que no había logrado aprobar, pero podía comenzar a redactar mi disertación.

En marzo de 2008 presenté mi disertación sobre un tema que dominaba perfectamente: el impacto del cambio climático en la industria vinícola. En junio realicé el examen restante en la ciudad de Napa, en California. En septiembre de ese mismo año recibí nuevamente una llamada telefónica de Siobhan Turner, informándome de que había aprobado tanto la disertación como el examen pendiente y que ya era oficialmente un Master of Wine. La alegría que sentí fue inconmensurable, al igual que la de mi mujer, que estaba conmigo. Inmediatamente, compartimos la noticia con mi familia y con mi equipo, especialmente con mi querido amigo y mano derecha, Javier Arauz, que en paz descanse. Recibí numerosos mensajes de felicitación de todas partes del mundo. Sin embargo, fue en ese momento cuando comencé a percibir cierto lado oscuro en el sector, ya que surgieron voces cuestionando la validez de mi titulación e insinuando posibles tratos de favor.

Con el tiempo, mi equipo, mi mujer y yo nos dimos cuenta de que el sector vinícola es muy elitista y posee costumbres muy arraigadas, especialmente en los dos países con los que yo tengo más relación, España y el Reino Unido (donde tiene su sede el Institute of Masters of Wine). Cuando entré a formar parte del mundo del vino era un completo desconocido que, en tiempo récord, se convirtió en el primer Master of Wine español. Mi pasado como jugador de tenis y organizador de conciertos de rock y pop, así como el hecho de vivir en una ciudad poco asociada al vino como es Marbella, contrastaban con el perfil típico de los profesionales de la industria. Mi estilo de vida aventurero tampoco encajaba con el estereotipo tradicional del sector, lo que me llevó a recibir críticas por mi afición a los deportes extremos y la adrenalina. Por último, mi franqueza al expresar opiniones sobre los problemas del sector se percibía más como un ataque que como una propuesta de mejora. Todo este caldo de cultivo hizo que algunas de las *vacas sagradas* de la industria se sintieran amenazadas por las actividades de mi empresa y mi enfoque innovador, dado que resaltaban sus propias deficiencias y les restaban el protagonismo al que estaban acostumbrados.

Sin comerlo ni beberlo me convertí en una figura polémica y controvertida. Eso no supuso un impedimento para que nuestra pequeña empresa subiera como la espuma. Nos dedicamos a la formación de miles de profesionales del vino de España y creamos programas de promoción de los vinos españoles que ofrecimos en más de ochenta ciudades de casi treinta países, durante los que educamos a más de tres mil miembros del sector. Organizamos numerosos encuentros para profesionales y asesoramos a multinacionales, consejos reguladores y organismos de promoción vinícola. En el año 2008, con la crisis económica que se había originado en Estados Unidos, pensé en organizar un gran congreso para analizar esta problemática y aportar soluciones e inspiración a los miles de profesionales del vino que estaban sufriendo sus consecuencias en todo el mundo. Ese fue el origen del congreso internacional denominado Wine Future.

La clave del éxito del Wine Future no radicaba tanto en la temática como en tratar de convencer al mundialmente famoso crítico Robert Parker para que participase en el congreso. En aquella época, Parker se había convertido en el personaje más influyente del sector del vino, en especial por ser considerado un pionero al crear la primera clasificación con verdadero peso internacional. La guía de Parker, conocida como *The Wine Advocate*, se había convertido en un punto de referencia para todos los consumidores, importadores y distribuidores del planeta. Con la intención de orientar a los compradores norteamericanos sobre qué vinos eran superiores o inferiores, Parker había diseñado una clasificación análoga a las calificaciones académicas en Estados Unidos, es decir, de 0 a 100 puntos. Su influencia era tan significativa que recibir más de 92 o 95 puntos de Parker implicaba un aumento notable en el precio y la venta inmediata del vino. Sin embargo, para que participara en nuestro congreso era necesario persuadirlo, ya que nunca había hecho una aparición pública en Europa, y mucho menos en un congreso accesible para todos los profesionales del vino a escala mundial.

En noviembre de 2008, tuve la oportunidad de conocerlo y hablar con él para intentar convencerlo de la importancia de que acudiera a ese congreso. Le expliqué sus objetivos y la motivación que me había impulsado a organizarlo. Su única objeción fue su preocupación por la situación económica global, pues temía que el congreso no pudiera llevarse a cabo debido a una posible falta de financiación o a la reticencia de los potenciales asistentes a pagar la correspondiente matrícula. Le aseguré que la financiación estaba garantizada y que nuestra empresa tenía más de veinte años de experiencia organizando encuentros similares, incluso en épocas muy difíciles. Asimismo, le ratifiqué mi certeza de que el evento sería un éxito si él confirmaba su participación. Tras esta conversación, Parker accedió a participar como conferenciante y a dirigir una importante cata para los profesionales inscritos.

Una vez anunciada la asistencia de Robert Parker al Wine Future de La Rioja, se desencadenó una avalancha de correos electrónicos y llamadas por parte de destacadas personalidades del sector interesadas en formar parte del congreso, así como de bodegas y empresas de todo el mundo que querían ejercer como patrocinadores. La respuesta fue extraordinaria: todas las entradas para la cata magistral dirigida por Parker se agotaron en menos de un mes, lo que nos obligó a cambiar la sede por otra con mayor capacidad.

No todo fue color de rosa, ya que Parker, a pesar de contar con numerosos seguidores, también tenía una gran cantidad de detractores. Además, dado que la reunión estaba patrocinada por el Consejo Regulador de La Rioja y el Gobierno de la región, la presencia de Parker se vio automáticamente enturbiada por cuestiones políticas. La oposición al Gobierno regional, con el respaldo de algunos periodistas locales, comenzó a buscar inconvenientes y a criticar el apoyo a nuestro evento. Por otra parte, mis detractores personales se preguntaban cómo era posible que yo hubiera confirmado su presencia y cuestionaban la participación de Parker, dado que habían intentado convencerlo para que asistiera a diversos actos muchísimas veces, incluso con una invitación del rey de España, sin éxito.

La expectación no hacía más que crecer, y todo el sector vinícola mundial hablaba del Wine Future riojano. Habíamos logrado confirmar la asistencia como conferenciantes de más de cincuenta de las personalidades más influyentes del sector, provenientes de casi veinte países diferentes. Teníamos más de quinientas inscripciones para la cata magistral de Parker, y cerca de mil congresistas habían confirmado su presencia y habían pagado cuando todavía faltaban varias semanas para el acontecimiento. Tampoco hubo ningún problema para vender todos los estands de la zona de expositores, e incluso nos dábamos el lujo de rechazar propuestas de patrocinio. Su majestad el rey don Juan Carlos I confirmó que recibiría a Robert Parker en el palacio de la Zarzuela. Pero toda esta alegría no nos duraría demasiado, e incluso hubo un momento en el que casi todo se vino abajo y estuvimos a punto de tener que cancelarlo.

Como recordarás, en un capítulo anterior he explicado que en el aeropuerto de Chicago me impidieron la entrada a Estados Unidos porque las autoridades de la Homeland Security habían detectado que Interpol había emitido una notificación roja contra mí. Ese episodio había ocurrido en mi viaje para entrevistarme con Robert Parker en Baltimore. No habían pasado ni diez días de mi regreso a España cuando se hizo público que me buscaba Interpol, lo que desató una avalancha de comentarios y críticas en la prensa especializada del vino y en las redes sociales. Tuve que dar explicaciones al presidente del Consejo Regulador de La Rioja, así como a los principales patrocinadores del evento. En cambio, para mi sorpresa, ningún miembro de los organismos oficiales cuestionó la continuidad del congreso. Fundamentalmente, por dos motivos: el primero y principal, que la presencia de Parker en La Rioja marcaría un hito histórico para la región, y el segundo, que era público y notorio que los Emiratos Árabes abusaban de las notificaciones rojas.

Sin embargo, no tuvimos tanta suerte con el resto de los elementos que rodeaban el congreso. No podíamos imaginar que la oposición política local, junto con la insistente cobertura del periodista Alberto Gil y de su editor, José Luis Prusén, del diario *La Rioja*, desembocarían en una persecución contra mí. Para ello, se aliaron con un bloguero del Reino Unido llamado Jim Budd, reconocido por sus campañas para desenmarañar controversias en el sector vinícola, y con otros escritores del ámbito, como el madrileño Víctor de la Serna.

A pesar de los intentos por dialogar con ellos y explicarles lo sucedido en Dubái, con el tiempo me percaté de que no les importaban en absoluto mis explicaciones; lo que realmente les inquietaba era el potencial éxito del Wine Future y la presencia de Parker en La Rioja, lo que supondría un triunfo para el presidente del Consejo Regulador, Víctor Pascual, y el presidente de la comunidad, Pedro Sanz. El partido de la oposición ejerció una presión tal que el escritor Alberto Gil llegó a decirle al presidente Pascual que Wine Future nunca llegaría a buen puerto y que Parker no vendría a La Rioja porque ellos se encargarían de impedirlo. El presidente le respondió: «Aunque sea lo último que haga, Parker vendrá a La Rioja y Wine Future será todo un éxito».

Por mi parte, yo recibía mensajes y acusaciones a diario, especialmente en las redes sociales, donde se había formado un grupo de blogueros cuya única intención era impedir que Parker visitara La Rioja y que Wine Future se llevara a cabo. Tanto Alberto Gil como el periodista Jim Budd se dedicaron a inventar las historias más descabelladas para presentarme como un delincuente. Según ellos publicaron, yo había escapado de diversos aeropuertos con violencia y era un mafioso. La hostilidad fue tan intensa que investigaron mi vida, llegando incluso a cuestionar la integridad de mi suegro, que no tenía nada que ver ni con mi empresa ni con el sector. También asustaron a mi hija, que entonces tenía solo nueve años, mediante una llamada telefónica anónima. La situación se volvió insoportable, sobre todo porque la mayoría de mi equipo está formado por miembros de mi familia. Llegó un punto en el que la tensión fue tan grande que tomamos la decisión estratégica de que yo renunciara a mi cargo como director del congreso para designar a otra persona que actuaría como testaferro, y así aplacar un poco la presión de la prensa.

Finalmente, el Wine Future se celebró. No solamente logramos superar las dificultades, sino que consiguió unos resultados fantásticos en cuanto a participación, con todas las entradas vendidas y sin un solo metro cuadrado disponible para estands, además de contar con muchos más patrocinadores de los que hubiéramos imaginado. La polémica que me rodeaba a mí y, por ende, al encuentro solo hizo que se hablara más de él. En este caso funcionó aquello de «que hablen de mí, aunque sea mal». Toda mi familia, incluidos mis suegros y mi madre, decidieron viajar a Logroño para apoyarnos.

Robert Parker llegó a España como si fuera una estrella de Hollywood. Fue recibido por el rey Juan Carlos I en Madrid, y por Pedro Sanz, el presidente de la Comunidad Autónoma de La Rioja, en Logroño. Aunque habíamos acordado que yo no haría acto de presencia en el escenario y mantendría un perfil bajo, supervisaba todo el evento desde una oficina del palacio de congresos Riojaforum equipada con cámaras, teléfonos y *walkie-talkies*.

Durante el primer día del congreso, vinieron a buscarme al lugar donde teníamos nuestro centro de operaciones representantes del Consejo Regulador y el presidente de la

Real Academia Española de Gastronomía, Rafael Ansón, junto a dos guardias de seguridad. Me pidieron que los acompañara sin revelarme el destino. Al atravesar la zona de expositores fui testigo del animado ambiente que rodeaba a la cita. Asimismo, notaba las miradas de muchos de los asistentes; algunos murmuraban a mi paso, pero fue reconfortante escuchar docenas de felicitaciones por el éxito del congreso.

Llegamos al otro extremo del Riojaforum, subimos al tercer piso y, al abrirse la puerta, me encontré con el presidente del Consejo Regulador, Víctor Pascual, y el consejero de Agricultura, Iñigo Nagore. No comprendía ni el motivo de su presencia ni qué sentido tenía todo aquello. Nagore me estrechó la mano y me informó de que el presidente de la comunidad querría haberme felicitado en persona, pero prefería hacerlo en privado para evitar llamar la atención y las posibles críticas de los periodistas y de la oposición. Entramos en una sala en la que había varios representantes del Gobierno de La Rioja rodeando al presidente Sanz, quien inmediatamente se puso de pie y se acercó a saludarme mientras me decía: «Querido Pancho, no podía dejar pasar la oportunidad de felicitarte, darte las gracias y pedirte perdón». No entendí a qué se refería.

Pedro Sanz estaba entusiasmado por la calidad del encuentro y por la repercusión que había tenido; también porque hubiéramos logrado que Robert Parker visitara La Rioja y, además, porque, en medio de una crisis económica —y especialmente durante el mes de noviembre, que suele ser bastante flojo para la economía regional—, logramos que todos los hoteles y los restaurantes de la zona estuvieran completos, y que las empresas de coches de alquiler y otros negocios aprovecharan el impacto del Wine Future. Por último, se disculpó por el intenso acoso que tanto mi familia como yo —al ser el eslabón más débil—

habíamos sufrido por parte de la prensa local y los partidos de la oposición, a la par que achacaba ese comportamiento a la politización que, en gran medida, había sufrido el acontecimiento a causa de su relevancia. También recibí muestras de afecto por parte del consejero de Agricultura y el presidente del Consejo Regulador. Agradecí enormemente al presidente ese gesto. Pese a la tormenta que rodeó aquella aventura, el resultado supondría mi rápido ascenso en la industria vinícola.

¿QUÉ PUEDO APRENDER DEL MÉTODO SMILE CON ESTA HISTORIA?

- Es fundamental para el equilibrio personal tener hobbies y participar en actividades lúdicas o recreativas placenteras, ya que estas nos ayudan a distraernos y relajarnos al fomentar la liberación de endorfinas. Este tema lo analizo detalladamente en otro capítulo.
- El vino es mucho más que una bebida, ya que posee importantes connotaciones culturales e históricas. Es el compañero ideal en encuentros sociales y complementa magníficamente comidas y cenas de trabajo o en familia. No obstante, nunca se nos debe olvidar que es una bebida alcohólica, por lo cual se ha de consumir con gran moderación.
- Con disciplina, determinación, entrega y motivación es posible alcanzar todas las metas que te propongas.
- Una de las mejores estrategias en el ámbito empresarial es ofrecer servicios o productos que suplan una carencia o solucionen un problema a tus potenciales clientes.

3

ENDORFINAS: LAS HORMONAS DE LA FELICIDAD

> Los hombres deben saber que desde el cerebro, y solo desde el cerebro, surgen nuestros placeres, alegrías, risas y bromas, así como nuestras penas, dolores, angustias y lágrimas.
>
> HIPÓCRATES

En un capítulo posterior compartiré cómo, aunque no he llegado a ejercer, acabé con éxito la carrera de Medicina. Mi motivación fue en gran parte el legado de mi padre, un destacado médico anestesiólogo especializado en la técnica conocida como epidural o peridural, como ya he explicado antes. Esta técnica, ampliamente reconocida por su efectividad y seguridad en el alivio del dolor durante el parto, se administra de manera voluntaria, y consiste en bloquear temporalmente, con anestésicos locales, los nervios que conectan el útero y el canal vaginal con la médula espinal, reduciendo las sensaciones en la parte inferior del cuerpo, mientras que la madre permanece despierta y colabora activamente en dar a luz al bebé.

Aunque el trabajo del parto y el alumbramiento son procesos naturales, las mujeres experimentan una gran cantidad de molestias y un dolor significativo. La presencia del miedo durante el proceso de parto puede llevar a la madre a sentir un aumento de la sensación de dolor. Cuando el útero se contrae debido al temor, su capacidad para funcionar se ve obstaculizada por la tensión, lo que puede originar contracciones más irregulares de lo que sería deseable.

El miedo asociado al parto es algo bastante común en nuestra sociedad, por lo que es poco frecuente encontrar casos en los que las mujeres no experimenten dolor al dar a luz. No obstante, es un dolor que no genera temor ni ansiedad relacionados con la salud, ya que tenemos pleno conocimiento de lo que está sucediendo. Sin embargo, esa sensación dolorosa conlleva la liberación de hormonas como la adrenalina, que, como vimos en el capítulo sobre el estrés, es parte del mecanismo de defensa del cuerpo cuando se presenta algún tipo de peligro. Esta hormona envía sangre a los músculos, provocando un incremento de su tensión, aumenta la frecuencia cardiaca y puede inhibir las contracciones, intensificando la percepción del dolor. Cuando hay un alto nivel de adrenalina en el cuerpo, la persona está preparada para luchar o huir.

El dolor en una mujer que está dando a luz puede llegar a ser considerable, y a veces los partos tienen una duración prolongada, con liberaciones elevadas de adrenalina y otras hormonas del dolor. Aun así, las mujeres han dado a luz a lo largo de la historia sin mayores complicaciones y sin ningún tipo de analgesia hasta la aparición de la anestesiología y, sobre todo, de las epidurales. Mi padre partió del siguiente razonamiento, que lo llevó al estudio de las endorfinas: el organismo humano es sabio y nuestro cerebro ha evolucionado más que el de cualquier otra especie; por lo tanto, en el momento en que comienzan las contracciones, alguna sustancia debe de liberarse para ayudar en el parto, disminuyendo el dolor y el posible sufrimiento de la madre y del feto.

Con estas premisas, el doctor Campo Rivera, mi padre, llevó a cabo un estudio en el que se extraían muestras de sangre desde que comenzaban las contracciones de una parturienta hasta el momento del nacimiento del bebé. El verano en que ese estudio se llevaba a cabo lo pasé realizando mis prácticas de Medicina en el Hospital Clínico de Barcelona, el mismo en el que trabajaba mi padre. Por las mañanas colaboraba con diferentes departamentos, pero por las noches, cuando mi padre estaba de guardia, me iba al hospital a ayudarle. Mi función era tomar las mencionadas muestras de sangre para llevarlas al laboratorio, que se encontraba en la otra punta del hospital. Después de estudiar a cientos de mujeres durante el parto y realizar los correspondientes análisis, descubrimos que, coincidiendo con las contracciones, aparecían ciertos compuestos que no estaban presentes antes del parto: habíamos comprobado que el organismo humano liberaba endorfinas durante ese proceso para ayudar a la madre en la gestión del dolor. Esas moléculas actúan como analgésicos naturales, disminuyendo la percepción del dolor durante las contracciones y generando una sensación de serenidad y confort. A medida que progresa el parto y las contracciones se intensifican, los niveles de endorfinas se incrementan, contribuyendo a que la madre afronte mejor el dolor y experimente una intensa sensación de alegría y satisfacción tras dar a luz. Por otra parte, el bebé también produce sus propias endorfinas, por lo que, después del parto, tanto la madre como el bebé experimentan ese efecto similar al de la morfina, lo que fortalece el vínculo entre ambos. Es por eso por lo que se recomienda evitar la separación entre la madre y el hijo inmediatamente después del nacimiento.

Las endorfinas, conocidas también como las *hormonas del placer*, son neurotransmisores endógenos cuyo nombre deriva de *morfinas endógenas*. Estas sustancias, junto con la serotonina, la dopamina, la oxitocina y los péptidos opiáceos, están asociadas con emociones positivas como el bienestar, la euforia, el placer y la felicidad. Al activar áreas específicas del cerebro, las endorfinas permiten experimentar sensaciones placenteras, ya que poseen una estructura similar a la de los opioides, como la heroína, el opio y la morfina, pero sin sus efectos adversos.

Tras abandonar la medicina para dedicarme al tenis profesional, retomé los estudios de mi padre sobre las endorfinas, ya que siempre procuré que mi enfoque en el entrenamiento de jugadores profesionales tuviera una base lo más científica posible. No obstante, en la década de los ochenta era poco común que los entrenadores se interesaran por el entrenamiento mental, y apenas se daban los primeros pasos en psicología deportiva. Ahora bien, también es cierto que en la alta competición tenística la diferencia entre ganar y perder radica en más de un 80 por ciento en la gestión emocional y la fortaleza mental, por lo que comprendí que si me centraba en estos aspectos tendría más éxito que si simplemente trabajaba en la parte técnica y física. Desde entonces he dedicado un tiempo considerable a estudiar e informarme sobre las hormonas del placer y su aplicación, inicialmente enfocándome en el tenis profesional, pero posteriormente también en el ámbito corporativo.

Dado que la liberación de endorfinas durante el parto no solo alivia el dolor, sino que también genera sensaciones de placer y bienestar, me resultó interesante investigar qué otros estímulos pueden desencadenar la liberación de endorfinas y otros neurotransmisores. Llegué a la conclusión de que estas hormonas desempeñan funciones clave, y, por lo tanto, es fundamental aprender a aumentar sus niveles en sangre como estrategia para reducir el estrés, afrontar desafíos y superar nuestros miedos, contribuyendo así a mejorar el rendimiento de mis jugadores de tenis. Mi experiencia inicial con las endorfinas en el terreno del tenis profesional se extendió posteriormente a otros deportes, al ámbito de la música, al entorno corporativo y también a la vida personal.

Principales funciones de las hormonas del placer:

- Aumentar la sensación de bienestar.
- Reducir el estrés y la ansiedad.
- Estimular los pensamientos y actitudes positivos.
- Favorecer la relajación muscular.
- Potenciar la sensación de felicidad.
- Reducir la sensación de dolor.
- Ayudar a enfrentarnos a nuestros miedos.

Las principales hormonas del placer y otros neurotransmisores

La cantidad de neurotransmisores identificados ha ido en aumento desde la década de los ochenta, y en la actualidad se han catalogado más de sesenta. Este gran número de sustancias es comprensible dada la complejidad y versatilidad del cerebro humano, donde se llevan a cabo una amplia variedad de procesos mentales que abarcan desde el control de nuestras emociones hasta la gestión de pensamientos y actividades más avanzadas, incluyendo el uso del lenguaje o las actividades motoras. No obstante, nos vamos a centrar solo en las cuatro hormonas siguientes:

1. Betaendorfina

- Su función principal es reducir la sensación de dolor al disminuir la transmisión de los estímulos que la provocan, lo que la convierte en un analgésico.
- Es la verdadera morfina endógena.
- Además, al bloquear la sensación de dolor, puede generar sensaciones de placer o estimulación.
- El principal estímulo para su liberación es el dolor.
- Los atletas también liberan esta hormona al realizar esfuerzos intensos.

2. Serotonina

- Se crea a partir del triptófano, un aminoácido esencial que debe ser ingerido a través de la alimentación.
- Tiene influencia sobre el estado de ánimo y se la conoce como la *hormona de la felicidad*.
- Se relaciona con la depresión y la obsesión cuando sus niveles son bajos.
- Desempeña un papel clave en la gestión del ciclo de sueño y vigilia, así como en la digestión.
- También interviene en el mantenimiento de la temperatura corporal y en la regulación del deseo sexual.
- En niveles adecuados, se cree que colabora en la reducción de estrés y ansiedad.

3. Dopamina

- La dopamina es determinante en las conductas adictivas y provoca sensaciones placenteras. Además, cumple otras funciones, como la coordinación de movimientos musculares y la regulación de la memoria y el aprendizaje, y participa en los procesos cognitivos y en la toma de decisiones.
- Investigaciones recientes sugieren que su función principal podría ser la motivación, influyendo en as-

pectos como la introversión o la extroversión, la valentía o la cobardía y la seguridad o inseguridad de una persona.

- Asimismo, la dopamina regula la duración de la retención de información, los recuerdos, decidiendo si se mantiene aproximadamente doce horas o se conserva durante más tiempo.
- También es responsable de que algunas personas busquen emociones intensas.

4. Oxitocina

- La oxitocina es el neurotransmisor que provoca el amor.
- La oxitocina, cuyo nombre, de origen griego, significa 'parto rápido', juega un papel fundamental en el proceso de parto y también en la etapa de lactancia.
- Durante la actividad sexual, se produce un incremento significativo de los niveles de oxitocina en la sangre.
- Las caricias, los besos y los abrazos son estímulos que liberan oxitocina.
- En hombres y mujeres, los niveles de oxitocina en la sangre alcanzan su máximo durante el orgasmo.
- Está estrechamente asociada con la creación de lazos emocionales, que no se limitan únicamente a los vínculos maternos.

Cómo liberar hormonas del placer

Se ha observado que estas hormonas están implicadas en la modulación del dolor físico, así como en la gestión del dolor emocional, al inhibir la respuesta del organismo frente a ese dolor. Asimismo, durante las relaciones sexuales se encuentran en niveles elevados, lo que aumenta el deseo sexual, y se ha comprobado que fortalecen la capacidad del sistema inmunitario para combatir microorganismos. Aparte de estas funciones, las endorfinas también participan en la regulación del apetito, la respiración, la inducción del sueño; en definitiva, ayudan a potenciar la sensación de felicidad.

Experimentar felicidad contribuye a elevar la autoestima, fortalece el sistema inmunitario, reduce el estrés y contrarresta el envejecimiento. Por lo tanto, resulta esencial incrementar los niveles de hormonas relacionadas con la felicidad. En línea con uno de los principales propósitos del método SMILE, colaborar en la superación de los miedos y en el manejo del estrés y la ansiedad para potenciar el rendimiento, tanto en el ámbito personal como en el profesional, aprender a producir endorfinas se presenta como una estrategia fundamental de este método. A continuación, detallaremos diversas actividades que estimulan su liberación.

1. Hacer deporte

Dentro del método SMILE, el ejercicio físico y el deporte desempeñan un papel fundamental. Por tanto, en este libro dedico un capítulo completo a explorar cómo se pueden emplear la actividad física y el deporte para reducir los niveles de estrés, enfrentarse a los temores y mejorar el rendimiento físico y mental con el objetivo de potenciar nuestra productividad y bienestar emocional. Todo ello partiendo de la base de que el deporte es un gran liberador de hormonas del placer.

Al relacionar la liberación de endorfinas mediante la práctica deportiva con los principios de equilibrio que he descrito anteriormente, podemos observar que el ejercicio desempeña un papel crucial en el desarrollo del equilibrio físico. Asimismo, la realización de actividades deportivas en compañía de nuestra pareja e hijos también puede enriquecer el equilibrio emocional. Por último, es evidente que el deporte influye significativamente en la energía y el equilibrio espirituales.

2. *Música*

¿Te has dado cuenta de que la gran mayoría de la gente, al hacer deporte, lo primero que hace es colocarse unos auriculares para escuchar música? Ninguna de las grandes celebraciones, desde una fiesta de cumpleaños hasta un aniversario, serían lo mismo sin la música adecuada. Prácticamente todas las películas, si no todas, cuentan con una banda sonora que ayuda a que las imágenes tengan un mayor impacto. Escuchar música mientras estudiamos o trabajamos puede favorecer la concentración y estimular nuestra creatividad. La música tiene el poder de evocar recuerdos, transportándonos a momentos específicos de nuestras vidas y desencadenando las emociones asociadas a ellos.

El poder de la música es un fenómeno fascinante que ha sido estudiado por los campos de la psicología y la fisiología. La música tiene la capacidad de influir de manera significativa en nuestra salud mental, ya que puede generar una serie de emociones y estados de ánimo que influyen directamente en nuestro bienestar emocional.

Otro aspecto destacable es el efecto que la música tiene sobre el sistema nervioso, dado que puede alterar nuestro estado de ánimo y regular nuestras emociones. Estudios científicos han demostrado que escuchar música relajante puede disminuir los niveles de cortisol y adrenalina, las hormonas del estrés, y aumentar la liberación de serotonina, originando una sensación de calma y bienestar. Por otra parte, la música enérgica y con ritmo tiene la capacidad de aumentar la motivación y elevar los niveles de energía, porque desencadena la liberación de dopamina, el neurotransmisor asociado con la motivación, las sensaciones placenteras y la recompensa.

La combinación de un ritmo sencillo y una estructura compuesta de versos y estribillos puede generar una energía contagiosa que incita a las personas a bailar. Además, la repetición de esta estructura contribuye a que la canción resulte familiar, produciendo así una sensación de confort y conexión emocional. Esta es una de las claves del significativo éxito alcanzado por géneros musicales como el pop, el house, el hip hop y, principalmente, el reguetón.

¿Qué importancia tiene la música en el sistema de equilibrio y energía de SMILE? La selección adecuada de música durante la actividad física puede potenciar nuestra práctica y enriquecer la experiencia. Al estudiar o trabajar, escuchar música instrumental puede motivarnos e incrementar el rendimiento cognitivo. Asimismo, compartir momentos con la familia o la pareja acompañados de una música apropiada puede mejorar nuestro estado emocional y energético. Por último, la música puede contribuir a nuestro equilibrio espiritual, ya que aumenta la motivación y proporciona un sentimiento de plenitud.

3. Cuidar la alimentación

¿Te has dado cuenta de que últimamente los programas de gastronomía están muy de moda? En todos los canales y plataformas de televisión hay algún concurso gastronómico y la cantidad de chefs famosos cada día es mayor. Asimismo, todas las grandes celebraciones, desde una boda hasta una fiesta de cumpleaños, van siempre acompañadas de una experiencia culinaria, por no hablar de que una cita amorosa suele girar en torno a una cena romántica. Aunque estas prácticas sean tradiciones arraigadas en nuestra sociedad, la explicación científica de ello radica en que el acto de comer es un gran liberador de hormonas del placer.

Una alimentación correcta es esencial para el bienestar de nuestro cuerpo, pues mejora el nivel de energía y el estado de ánimo, así como nuestra salud y nuestro rendimiento en general. Es un factor tan determinante que he dedicado un capítulo completo a este tema en el método SMILE, pues lo considero uno de sus pilares fundamentales. Una alimentación saludable no solo contribuye a preservar nuestra salud, sino que también ayuda a la prevención de la diabetes, las enfermedades cardiacas, los accidentes cerebrovasculares y el cáncer. A escala global, las dietas poco saludables, la obesidad y la falta de ejercicio físico se encuentran entre los principales factores de riesgo para la salud en la sociedad moderna.

En el capítulo correspondiente a la alimentación exploraremos a fondo la conexión entre nuestra dieta y la liberación de endorfinas, centrándonos en dos conceptos clave para el sistema SMILE:

- Cuáles son los alimentos y suplementos dietéticos que pueden potenciar la liberación de endorfinas.
- Qué importancia tiene consumir alimentos necesarios para la producción de estas hormonas y neurotransmisores.

En cualquier caso, una buena alimentación —incluidos los suplementos adecuados— mejora nuestro estado de salud, con lo que se incrementa el equilibrio físico. Por otra parte, una dieta equilibrada —con la suplementación correspondiente— también puede mejorar nuestra capacidad cognitiva y, por lo tanto, el equilibrio mental. Por último, la gastronomía se ha convertido en una parte esencial en las relaciones familiares y de pareja, por lo que una buena cena o una celebración con buena comida puede mejorar el equilibrio emocional.

4. Las relaciones sexuales, el amor y el cariño

Si acudimos a la sabiduría popular española, tan certera siempre, ¿recuerdas cómo se llama a una persona que está tensa, malhumorada, estresada y agobiada? La expresión más comúnmente empleada es *estar mal follao*, especialmente en el sur de España, pero también en otras regiones e incluso en Latinoamérica. Aunque la irritabilidad, la susceptibilidad o la ansiedad no dependen únicamente de la calidad de nuestra vida sexual, esta expresión sugiere que la falta de sexo puede tener repercusiones negativas y viceversa.

Cuando estamos sometidos a situaciones de estrés o pasamos momentos difíciles, una de las primeras actividades de nuestra vida de pareja que se ve alterada son las relaciones sexuales. Esto podría ser así en parte a causa de los niveles de cortisol, pues esta hormona, a pesar de ser esencial para hacer frente a las exigencias del entorno, puede resultar nociva si se produce en cantidades excesivas o si se mantiene elevada durante periodos prolongados. En este contexto, la sexualidad puede servirnos para disminuir el estrés relacionado con las presiones diarias; no obstante, de manera paradójica, el estrés en sí mismo puede disminuir el deseo sexual.

Durante el acto sexual, nuestro cuerpo libera una considerable cantidad de endorfinas, lo que ayuda a disminuir los niveles de estrés y ansiedad. Además, el sexo es una actividad placentera y relajante que puede reducir los niveles de cortisol, lo que a su vez disminuye el estrés. Por otra parte, el contacto físico y emocional que se produce durante el sexo, que es el principal desencadenante de la liberación de oxitocina, puede elevar el estado de ánimo y la autoestima, favoreciendo una sensación general de bienestar.

Cuando una persona tiene relaciones sexuales regulares y placenteras, su cuerpo también libera dopamina, el neurotransmisor asociado al placer, que ayuda a reducir la sensación de ansiedad y el estrés. Asimismo, mantener una vida sexual saludable puede potenciar nuestra autoestima y confianza, lo que a su vez se refleja en una mayor estabilidad emocional.

La oxitocina, conocida como *la hormona del amor* o *de la intimidad*, es una de las más fascinantes debido a su papel crucial en la formación de vínculos afectivos. Se ha demostrado que fomenta la empatía y fortalece los lazos emocionales entre las personas. Esta hormona se libera a través de gestos como las caricias, los abrazos y los besos, desempeñando un rol fundamental en el enamoramiento. Tanto hombres como mujeres liberan oxitocina durante el orgasmo, asociándose con sentimientos de intimidad, conexión emocional y satisfacción sexual. Estos efectos de la oxitocina la convierten en una pieza importante para alcanzar los objetivos del método SMILE, al reducir el estrés, los miedos y la ansiedad.

Así pues, las relaciones afectivas y sexuales juegan un papel primordial en el equilibrio y la energía, fundamentales para el método SMILE, pues una vida sexual activa y sana contribuye al equilibrio físico, al bienestar mental, a tener una vida de pareja equilibrada y, por supuesto, a mejorar nuestro equilibrio y energía espiritual.

5. El éxito y las endorfinas

En general, el éxito tiene connotaciones positivas, y se tiende a admirar a quienes logran triunfar. Sin embargo, es esencial establecer una definición adecuada de éxito y ser conscientes de que su interpretación puede variar de una persona a otra. Desafortunadamente, en la sociedad actual, el concepto de éxito suele estar estrechamente ligado a la acumulación de riqueza material, la popularidad en las redes sociales y la fama.

Bajo el enfoque del método SMILE, es esencial que el éxito sea compatible con diversos aspectos de equilibrio y, especialmente, que ningún logro genere desequilibrios en otras áreas. Por consiguiente, resulta de gran importancia establecer con precisión lo que se entiende por éxito. En este contexto, el éxito económico no se considera como tal a menos que tenga un impacto positivo en al menos una de las cuatro áreas de equilibrio, y preferiblemente en todas ellas.

El dinero debe contribuir a mejorar la salud física y la alimentación, entre otros aspectos. Además, es fundamental utilizar el éxito económico para alcanzar un mayor desarrollo personal, por lo que debe utilizarse para potenciar nuestras facultades mentales, beneficiar a nuestra familia e hijos y fomentar nuestro equilibrio espiritual. Cuántos casos de éxito profesional y económico se han producido a costa de descuidar las relaciones familiares y de pareja.

Según las investigaciones del neurocientífico escocés Ian Robertson, experimentar un éxito aumenta la probabilidad de lograr otro. Robertson estudia cómo nuestra fuerza mental puede modelar nuestras capacidades para alcanzar el éxito en diversas áreas, incluyendo el deporte, los negocios y la vida diaria. La sensación de victoria incrementa la liberación de dopamina en el cerebro, lo cual genera un efecto de bienestar y motivación que nos predispone para enfrentarnos al próximo desafío. Asimismo, se produce un aumento en los niveles de testosterona, tanto en hombres como en mujeres, lo que acelera nuestra capacidad de reacción y reduce el miedo, animándonos a asumir mayores riesgos. Estos efectos están diseñados para ampliar nuestras oportunidades de éxito.

Me gustaría aclarar que, aunque experimentemos una liberación de endorfinas con el éxito, debemos evitar perseguir constantemente logros extraordinarios. No es realista intentar romper récords mundiales cada mes o ganar torneos de Grand Slam semana tras semana. En su lugar, es más efectivo establecer metas realistas y alcanzables en nuestra rutina diaria. Estas metas deben ser a corto plazo, sirviendo como escalones hacia objetivos a medio y largo plazo. Este enfoque, conocido como SMART, es una metodología que describe, mediante su acrónimo en inglés (*Specific*, *Measurable*, *Achievable Relevant*, *Time-Bound*), las características clave que debe tener un buen plan de objetivos, cuyos propósitos deben ser:

- específicos
- medibles
- alcanzables
- realistas
- y estar sujetos a un plazo determinado

Para propiciar la liberación de endorfinas es fundamental revisar a diario los objetivos a corto plazo y, de manera periódica, los objetivos a medio y largo plazo. Al alcanzar las metas que nos hemos propuesto, nuestro organismo experimentará una sensación de triunfo y liberará las hormonas asociadas al placer. Si no lo logramos, es fundamental llevar a cabo un ajuste de la estrategia o de los propios fines que nos hayamos marcado. En relación con el sistema de equilibrios, debemos establecer objetivos para cada parte del sistema, es decir, tanto físicos, mentales, emocionales y espirituales como profesionales y económicos. Es esencial no descuidar ninguna de las áreas mencionadas, ya que, como vimos en el capítulo sobre los equilibrios, cualquier desajuste en uno de estos ámbitos puede conllevar estrés o ansiedad.

6. El yoga y la meditación

La práctica habitual del yoga puede disminuir los niveles de estrés y ansiedad, mejorar el estado de ánimo y fomentar una sensación de bienestar general. Estos beneficios se atribuyen, en parte, a la capacidad de esta disciplina para reducir la producción de cortisol y aumentar la liberación de endorfinas. Un estudio de la Universidad de Harvard reveló que el yoga y la meditación pueden resultar eficaces en la reducción de la actividad de la amígdala cerebral, una región asociada con el miedo, la ansiedad y el estrés. La investigación demostró que los individuos que practicaban yoga de manera regular experimentaban una notable disminución en los síntomas depresivos y en los niveles de estrés.

Durante una sesión de yoga, al incorporar técnicas de respiración profunda y consciente, se estimula el sistema nervioso parasimpático. Esta respuesta contrarresta la activación del sistema nervioso simpático, relacionado con la reacción de *lucha o huida*, fomentando así la relajación y el bienestar. Además, las posturas físicas o asanas del yoga no solo incrementan la flexibilidad y fortalecen los músculos, sino que también influyen significativamente en el equilibrio mental. Al realizar posturas que exigen concentración y equilibrio, se fomenta la atención sobre el cuerpo y se reduce el ruido mental, un aspecto básico para el manejo adecuado del estrés y la ansiedad.

Dado que el método SMILE se fundamenta principalmente en mi vinculación con el entrenamiento de deportistas de élite, así como en mi experiencia como tenista profesional, buceador, paracaidista y aventurero, en un capítulo posterior exploraremos la importancia de la respiración no solo en la gestión de las emociones y el estrés, sino también en la preparación para afrontar desafíos significativos y participar en actividades difíciles, extremas o arriesgadas, tanto en el ámbito deportivo como en el profesional, corporativo y personal.

7. *La risa*

La risa y el humor se consideran herramientas muy eficaces para lidiar con el estrés, el miedo y la ansiedad. La risa suele asociarse con una actitud positiva que potencia las sensaciones de placer y bienestar en cualquier actividad que realicemos, y funciona como un antídoto contra los pensamientos negativos, la agresividad, la depresión y la ansiedad. Es casi imposible reír a carcajadas y estar enfadado al mismo tiempo. Ahora bien, para que la risa sea auténtica es fundamental desconectar la ira y los pensamientos negativos, lo que previene contra una risa superficial, malintencionada o maquiavélica.

Al reírnos el cuerpo produce endorfinas, y reírse en situaciones difíciles o estresantes nos ayuda a establecer una distancia emocional y a adoptar una perspectiva más optimista. Cuando una persona ríe a carcajadas se libera dopamina, que proporciona placer; serotonina, que tiene efectos relajantes; y adrenalina, que nos mantiene más despiertos y atentos. La risa también refuerza los vínculos sociales, pues compartir momentos divertidos y reírse con otras personas genera conexiones emocionales y fortalece las relaciones interpersonales. El humor actúa como un lubricante social, derribando barreras y facilitando la comunicación.

Dentro del sistema de equilibrio del método SMILE, realizar cualquier actividad de mejora de las cuatro facetas entre sonrisas o incluso carcajadas aumentará nuestro equilibrio y nuestra energía y nos ayudará a reducir, por tanto, el estrés y la ansiedad. En el equilibrio físico, si llevamos a cabo nuestros entrenamientos con una sonrisa nuestro rendimiento será mayor. En el apartado emocional, cuando la relación con nuestra pareja o nuestra familia desencadene risas o carcajadas siempre tendrá un resultado positivo. Asimismo, si el potenciamiento de la parte mental resulta agradable nos hará sonreír y disfrutar. Por último, el equilibrio espiritual acompañado de risas siempre será mucho más efectivo. Todo ello porque la risa es una actitud positiva y agradable y, quizá, el mayor liberador de endorfinas que existe.

Adicción a la dopamina

Durante muchos años —e incluso en la actualidad—, a quienes disfrutamos de los deportes extremos se nos ha catalogado, de manera incorrecta, como *adictos a la adrenalina*. En realidad, esta adicción está más relacionada con la dopamina. Es importante recordar que la adrenalina, una de las dos hormonas del estrés, resulta fundamental en la respuesta de lucha o huida, pero no genera tanto placer como la dopamina. Por el contrario, en exceso puede resultar bastante desagradable.

En una era marcada por la inmediatez, la hiperconectividad y la búsqueda de gratificación instantánea, surge una nueva preocupación: la adicción a la dopamina de baja calidad. Este fenómeno refleja la inclinación contemporánea hacia fuentes de placer transitorio pero insustancial, desde el consumo exagerado de alimentos ultraprocesados hasta la obsesión compulsiva que nos lleva a pasar horas ante el teléfono móvil deslizando la pantalla en TikTok o Instagram.

Esta dopamina de baja calidad proporciona recompensas breves pero intensas, lo que desencadena una búsqueda continua de placeres momentáneos y efímeros. Este patrón puede provocar comportamientos adictivos, ya que el cerebro se acostumbra a la gratificación instantánea, creándose así la necesidad constante de nuevas formas de estímulo.

Ejemplos de fuentes de dopamina de baja calidad:

- Los alimentos ultraprocesados, que son ricos en grasas y azúcares.
- Las redes sociales y la necesidad de obtener *likes*, comentarios y seguidores.
- Los videojuegos.
- La nicotina del tabaco.
- El alcohol.
- La cocaína, las anfetaminas y los opiáceos.
- La pornografía.
- El éxtasis, que es doblemente peligroso, ya que libera dopamina de baja calidad y grandes cantidades de oxitocina, por lo que se le conoce como *la droga del amor*.

Sus efectos en la salud mental

La dependencia de la dopamina de baja calidad puede afectar seriamente a la salud mental. El exceso de estimulación de las vías de dopamina puede provocar desequilibrios neuroquímicos, creando así un terreno propicio para trastornos del ánimo como la ansiedad y la depresión. Asimismo, el hábito de buscar gratificaciones instantáneas puede obstaculizar la formación de relaciones sociales significativas y la consecución de metas a largo plazo.

La adicción a la dopamina de baja calidad ha dado origen a dos tendencias contrapuestas:

- **La nomofobia.** Se trata de un término de origen anglosajón (proveniente del anglicismo *nomophobia* [*no-mobile-phone-phobia*]) que se refiere al miedo irracional a estar sin teléfono móvil. Un fenómeno real que afecta a numerosas personas, sobre todo jóvenes, y se manifiesta mediante nerviosismo, inquietud, ansiedad y estrés.
- **El *raw-dogging*.** Esta tendencia consiste en no realizar ninguna actividad durante los viajes de larga duración en avión, tren, coche o autobús. Se trata de evitar cualquier distracción, dejando de lado el móvil, las series, la lectura e incluso la música. Esta práctica busca desconectar del bullicio del día a día como una forma de desintoxicación.

HONG KONG Y ADIÓS AL MASTER OF WINE

Una vez finalizado el Wine Future de La Rioja, mi equipo y yo nos tomamos un par de semanas de vacaciones para recuperarnos no solo del arduo trabajo que supuso la preparación y el desarrollo de ese congreso, sino también de la alta tensión emocional y el estrés causados por los ataques y el acoso de periodistas y blogueros. Sabía que habíamos triunfado y, como dijo mi suegro, les habíamos dado una buena bofetada, pero también era consciente de que podríamos haber despertado una ira aún mayor.

Con el tiempo, varios de esos blogueros, que vivieron un momento álgido entre 2009 y 2010, comenzaron a desaparecer. Dedicarse a escribir sobre vinos no es rentable y solo permite subsistir a unos pocos. El objetivo después de las vacaciones era reagruparnos y evaluar el éxito alcanzado; había que recuperar las energías y el equilibrio para enfocarse en las actividades de nuestra pequeña empresa, especialmente en la preparación de una nueva edición del Wine Future, que queríamos programar para 2011.

El éxito del congreso en La Rioja fue tan abrumador que The Wine Academy experimentó un crecimiento internacional que jamás habríamos imaginado. La demanda de nuestros cursos de formación aumentó considerablemente, en especial la del programa Spanish Wine Experience, que se impartía a escala mundial para promocionar el vino español y capacitar a los profesionales interesados en trabajar con vinos de España en sus respectivos países. Se organizaron varias giras por Estados Unidos y Europa, aunque la tendencia del mercado se dirigía hacia Asia, en particular a China y Hong Kong.

En otro orden de cosas, Robert Parker, quien había quedado muy impresionado, quería que algún miembro de mi equipo acompañara a uno de sus catadores, Jay Miller, en su próxima visita a España. Durante esa gira se encargaría de visitar las regiones de Ribera del Duero, Rioja y Toro para catar y calificar los vinos de estas denominaciones para *The Wine Advocate*, propiedad de Parker. Aquello representaba una oportunidad única para conocer en profundidad las bodegas y vinos de estas regiones de la mano de un representante de Parker, así que decidí acompañarle.

A pesar del buen curso de los últimos acontecimientos, todavía sentía la espada de Damocles sobre mí. La notificación roja de Interpol seguía activa, y aunque no me afectaba en mis viajes dentro de España o de la Unión Europea, no conseguía que se me fuera de la cabeza. Así pues, y dado que la cuenta de resultados del Wine Future fue muy positiva, decidí retomar ese asunto con fuerza y contratar al abogado James Hackney, de un bufete en Estados Unidos, cuyas credenciales eran excelentes. Hackney nos contó que había estudiado en la misma universidad que Ronald Noble, director general de Interpol en aquel momento, y que, gracias a su amistad, conseguiría que mi caso se estudiase lo antes posible y, según sus propias palabras, se resolviera positivamente en poco tiempo.

Entre unas cosas y otras, le pagamos más de doscientos mil dólares a Hackney y a sus supuestos asesores durante los dos años que tardamos en darnos cuenta de que era un estafador. No hubo ningún progreso en el caso gracias a él, y no fue hasta 2018 cuando, una vez resuelto mi asunto con Interpol, nos enteramos de que James Hackney nunca había tenido el más mínimo contacto ni con el señor Noble ni con la oficina central de Interpol en Lyon.

Pero no voy a adelantar acontecimientos. Te quiero conducir a un punto de la historia en el que llevábamos ya un año trabajando con el embaucador de Hackney. A pesar de que nos enviaba mensajes constantemente, veía que mi caso no avanzaba en ninguna dirección. Melissa, desesperada, hizo una búsqueda profunda en internet hasta toparse con una organización llamada Detained in Dubái, fundada por la abogada australiana Radha Stirling.

Esta organización tenía como objetivo ayudar a ciudadanos de diferentes nacionalidades que habían sido víctimas del sistema judicial corrupto de los Emiratos Árabes, especialmente a personas como yo, que vivían con el yugo de una notificación roja de Interpol emitida por Dubái. Melissa se puso en contacto con Stirling y le explicó todos los detalles de mi caso. Ella le solicitó cualquier documentación relevante que pudiéramos tener al respecto. A los pocos días, Radha nos llamó por teléfono porque quería entrevistarse conmigo para aclarar algunos puntos y, sobre todo, para aconsejarme la mejor forma de abordar el problema con Interpol.

Me impresionaron la seguridad y los conocimientos de Radha, quien demostró ser una experta en el tema de las notificaciones rojas fraudulentas emitidas por varios países del golfo Pérsico a través de Interpol. Me proporcionó instrucciones precisas para redactar una carta dirigida directamente a la central de Interpol en Lyon, Francia, adjuntando fotocopias de la documentación proporcionada previamente por Melissa.

En dicha carta debía solicitar oficialmente la eliminación de mi nombre de la lista de personas buscadas por

Interpol y la anulación de la notificación roja. En menos de 24 horas recopilamos la documentación necesaria, hicimos las fotocopias correspondientes, redactamos la carta y la enviamos por correo urgente a la sede central de Interpol en Lyon. Sorprendentemente, recibimos un acuse de recibo en apenas unos días, informándonos que nuestra carta sería remitida al Centro de Control de Ficheros (CCF), que nos comunicaría su decisión, aunque sin especificar el plazo para ello. Ya era más de lo que había conseguido con Hackney en los últimos doce o catorce meses..., ¡y sin pagar un céntimo!

Mientras tanto, mi equipo seguía avanzando en los preparativos de la próxima edición del Wine Future, que se celebraría en la ciudad de Hong Kong. En aquel momento el mercado de vinos de alta gama se estaba desplazando claramente hacia Oriente, principalmente hacia China. Hong Kong había eliminado todos los aranceles e impuestos sobre vinos internacionales y se había convertido en el epicentro de las subastas más importantes de vinos de alta gama.

Personalidades y referentes del sector recibieron nuestra iniciativa de llevarlo a Asia con mucho entusiasmo, y lo consideraron un gran avance. Sin embargo, ahí seguía yo, con mi principal preocupación sobrevolando sobre el futuro inmediato: ¿podría viajar a Asia teniendo una notificación roja de Interpol? A pesar de todo, y como siempre, decidí seguir adelante con el congreso, confiando en que, en el peor de los casos, mi equipo podría encargarse de la gestión *in situ* si yo no conseguía viajar.

Fue entonces cuando llegó el verano del 2010. Era viernes y decidí invitar a Melissa a almorzar en un chiringuito de playa en Marbella. Necesitábamos relajarnos, pensar en otra cosa. Llevábamos una temporada agobiados por el trabajo y no recibíamos noticias de Hackney desde hacía meses. La carta que habíamos mandado al cuartel general de Interpol tampoco había tenido más respuesta que la inicial.

Mientras esperábamos a que nos sirvieran la comida, sonó mi móvil. En ese momento, Melissa aprovechó para coger una cosa del coche. El que me llamaba era Adrián, nuestro responsable informático. Con voz algo nerviosa me dijo que había accedido a la página web de Interpol y que mi nombre ya no figuraba en la lista de buscados. Le pedí que confirmara si había verificado la información en distintos ordenadores, a lo que respondió afirmativamente. Al regresar Melissa a la mesa, le dije que teníamos que cancelar la comida. Debíamos regresar a casa para confirmar que mi nombre ya no aparecía en la página web de Interpol.

Nada más subir al coche, Melissa llamó a mi hermana Paulina para contarle lo sucedido y pedirle que miraran en diferentes ordenadores si efectivamente mi nombre había desaparecido de la web de Interpol. No había pasado ni una hora cuando Paulina, mi cuñado Rony, Melissa, Adrián y yo habíamos corroborado que la información era cierta: mi nombre se había esfumado de la lista. La alegría era inconmensurable, pero yo no acababa de creérmelo, por lo que contactamos con Radha Stirling. Ella nos informó de que si mi nombre había sido eliminado de la web, lo más probable es que ya no tuviese una notificación roja. Ese día lo celebramos con una excelente cena y abrimos varias botellas de vino mientras planeábamos viajes por toda Asia para impartir nuestros cursos y promocionar el próximo congreso de Wine Future en Hong Kong. Parecía que había logrado cerrar el capítulo de Interpol. ¡Qué equivocado estaba!

Ahora el objetivo era seguir adelante con la empresa. También quería regresar a Estados Unidos; como recordarás, las autoridades del país no me dejaron entrar en Chicago la última vez, devolviéndome directo a casa. Así que, con mi código rojo levantado, contacté convencido con la embajada de Estados Unidos en Madrid para informarles con orgullo de que mi nombre había desaparecido de la web de Interpol, por lo que solicitaba un visado que me permitiera volver a entrar en Norteamérica.

Dos meses después de solicitar el visado la embajada me comunicó que se había denegado nuevamente porque mi nombre todavía se hallaba en la lista de personas buscadas por Interpol. No me lo podía creer, otra vez igual. ¿Qué estaba pasando ahora? Esa negativa podía tener dos lecturas: o era una excusa de la embajada para no darme el visado o los archivos de la Homeland Security no habían sido actualizados todavía.

Siguió pasando el tiempo sin más noticias sobre el caso, hasta que llegó el día en que tuve que viajar por primera vez fuera de la Unión Europea, a Hong Kong. Temía que mi nombre aún apareciera en la lista de Interpol, pero estaba convencido de que debía seguir adelante con mi trabajo, con mis proyectos y, en definitiva, con mi vida. Como puedes imaginar, durante el momento de pasar por el control de pasaportes sentía que el corazón se me saldría por la boca, pero me calmé cuando me di cuenta de que no había tenido ningún problema para entrar en el país.

Desde allí continué mi viaje hacia Shanghái, y posteriormente visité también Singapur, Corea, Macao y Pekín. Todas ellas eran visitas programadas con vistas a la promoción del Wine Future en Hong Kong. Como en ninguno de estos lugares tuve el más mínimo problema para pasar por el control de pasaportes, dimos por hecho que mi nombre no se encontraba ya entre la lista de personas buscadas por Interpol y que, por tanto, el problema con Estados Unidos probablemente se debía, como había pensado, a un asunto burocrático provocado por la legislación de la Homeland Security.

Lo que realmente pasaba, sin que yo lo supiera, era lo siguiente: Interpol había recibido nuestra carta en Lyon, lo que había supuesto que mi nombre desapareciera de la web temporalmente, tal y como había previsto Radha Stirling. La CCF, o Comisión de Control de Ficheros, había considerado que las pruebas aportadas eran suficientes para eliminar mi nombre de la lista de los más buscados y cancelar la notificación roja, así que Interpol había remitido una carta para informarme de su resolución, explicando que para poder ratificarla era necesario que les mandara los documentos originales. En esa notificación daban instrucciones precisas para poder realizar dicho trámite, por lo que quedaban a la espera de noticias por mi parte.

Jamás recibí esa carta, así que, como habrás deducido ya, no mandamos los dichosos documentos. Pasaron dos años y, al no recibir respuesta, se reactivó la notificación roja, de manera que volví a entrar en la famosa lista. Esto me permitía viajar libremente solo por la Unión Europea, pero no obtener el visado norteamericano. El FBI y la Homeland Security tenían razón desde el principio.

De vuelta a la rutina, y fuera del bucle de la notificación roja, te contaré que si el de La Rioja fue un gran evento y un rotundo éxito, el congreso de Hong Kong lo superó con creces, contando con la participación de cerca de setenta nombres entre los más influyentes e importantes del sector vinícola internacional como ponentes.

El director de cine Francis Ford Coppola, un apasionado del vino y propietario de varias bodegas en California, intervino como orador. Y si en La Rioja Robert Parker fue el gran atractivo, en Hong Kong se le aclamó como a una auténtica estrella de Hollywood, destacando su clase magistral y su cata de vinos de Burdeos. La zona de expositores albergó más de doscientos estands, y el congreso contó con más de dos mil inscritos de cerca de setenta nacionalidades. El acontecimiento fue tan significativo que incluso inspiró la creación de un documental narrado por Russell Crowe, *Red Obsession*, en el cual se dedica una sección inicial al Wine Future.

Por otra parte, numerosos blogueros que habían intentado ya obstaculizar el éxito del Wine Future en La Rioja siguieron mostrando su aversión hacia Robert Parker y su resentimiento hacia mí, en mi caso, tal vez porque tanto ser la persona de confianza de Parker en España como el éxito del Wine Future en La Rioja y Hong Kong habían hecho que mi influencia en el sector creciera. Según me informó otro miembro del Institute of Masters of Wine, había colegas suyos con numerosos intereses comerciales en España que veían amenazadas sus fuentes de ingresos derivadas de la industria vinícola española debido al éxito de mi empresa y a mi perfil personal como único Master of Wine español. Por ello les resultaba imprescindible encontrar la forma de atacarme y apartarme del sector. La nueva estrategia de este grupo de detractores se enfocó en acusar a Jay Miller, el catador de vinos de Parker en España, de haber recibido pagos de las bodegas por las visitas, degustaciones y puntuaciones publicadas en la guía *The Wine Advocate*, supuestamente, con mi complicidad.

En cuanto a Robert Parker, se encontraba en esos días inmerso en las negociaciones para vender su empresa a un grupo asiático por una gran cantidad de dinero, y me llamó por teléfono para confesarme que se había visto obligado a designar a una agencia de abogados de Nueva York para investigar las mencionadas acusaciones. Le sabía muy mal porque nosotros habíamos actuado siempre de buena fe y según las políticas dictadas por su empresa, pero lo que peor llevaba era tener que investigar a su amigo de toda la vida, Jay Miller.

Parker y sus futuros compradores contrataron a la prestigiosa agencia Kroll, una compañía con una reputación impecable especializada en servicios de inteligencia y seguridad que opera en Estados Unidos desde los años setenta. Kroll es famosa por investigar casos de alto voltaje, como el de Sadam Huseín, Imelda y Ferdinand Marcos en Filipinas o el dictador haitiano Jean-Claude Duvalier. En España, la agencia se hizo célebre por sus investigaciones relacionadas con Mario Conde.

La agencia Kroll empezó realizando una investigación exhaustiva de los consejos reguladores de todas las regiones que Jay Miller y yo habíamos visitado para llevar a cabo catas y puntuar vinos para Parker. Asimismo, también se desplazaron a algunas de las ciento veinte bodegas que tuvimos la ocasión de visitar. Por supuesto, pidieron una auditoría de mi empresa e investigaron toda la documentación relacionada con Robert Parker y Jay Miller.

Tras varios meses de investigación y auditoría, Kroll emitió un informe que exculpaba completamente a The Wine Academy of Spain, a Jay Miller y a mí mismo de haber cometido ningún fraude o cualquier otra práctica ilícita, dejando perfectamente claro que ninguna de las partes había transgredido los principios y normas de *The Wine Advocate* y que nuestras acciones fueron siempre profesionales y éticas.

Desgraciadamente, ese informe no fue suficiente para calmar a aquellos que nos acusaban de recibir pagos por visitar bodegas, degustar sus vinos y puntuarlos. Los mismos individuos que nos habían atacado previamente en La Rioja volvieron a la carga, liderados de nuevo por el bloguero Jim Budd, seguido principalmente por Víctor de la Serna de *El Mundo*, Alberto Gil, periodista del principal periódico de La Rioja, y el editor de la revista alemana *Weinwirtschaft*, Hermann Pilz. Este último fue quien publicó la mayor cantidad de acusaciones y mentiras, como afirmar que había mantenido una relación sentimental con la directora ejecutiva del Institute of Masters of Wine para obtener el título de MW o que había financiado mi carrera de Medicina con dinero procedente de chantajes y extorsiones; incluso llegó a afirmar que mi padre había fallecido abatido por la policía mientras intentaba escapar de la cárcel. Resulta increíble que en un sector que se considera como elitista y con clase se publique tanta cantidad de información falsa con el único propósito de evitar que alguien gane influencia.

No obstante, mi mayor decepción me la llevé con el Institute of Masters of Wine, que también decidió abrir una investigación sobre mis actividades con Parker. Yo accedí y colaboré activamente, proporcionándoles copias de toda la documentación relacionada con el caso. Después de la emisión del informe de la agencia Kroll, este instituto me convocó para una reunión, supuestamente informal, con su consejo directivo en sus instalaciones de Londres para responder algunas preguntas que todavía quedaban pendientes. Viajé al Reino Unido acompañado de mi mujer, Melissa, quien en aquel momento era la directora general de The Wine Academy. Resultó que la reunión tenía muy poco de informal, pues nada más entrar vimos a toda la plana mayor del instituto reunida alrededor de una mesa de juntas. En un ambiente extremadamente tenso di explicaciones sobre lo ocurrido y argumenté sobre mi inocencia apoyándome en toda la documentación que les habíamos facilitado, incluyendo el informe de la agencia Kroll.

Sin embargo, como Melissa y yo pudimos constatar, mi declaración carecía de relevancia y el informe de la agencia Kroll no fue tomado en consideración. La decisión había sido tomada de antemano. Así que, tras presentar mi versión de los hechos, responder algunas preguntas y hacer un receso para deliberar, fuimos convocados aproximadamente dos horas más tarde para comunicarnos la determinación del comité. Melissa, con su agudo instinto, ya sospechaba que la decisión no me resultaría favorable. En efecto, al regresar a las instalaciones del instituto se me informó que el comité había decidido suspenderme durante dos años, aunque sería reintegrado con todos los derechos y deberes de cualquier Master of Wine una vez transcurrido ese periodo. Expresé mi desacuerdo con dicha resolución, ya que aceptarla implicaba admitir mi culpabilidad, algo que no estaba dispuesto a hacer.

Recuerdo que uno de los Masters of Wine me dijo: «Pancho, debes comprender que esta es la única manera que tenemos para aplacar a los periodistas que nos están cuestionando. Acepta la suspensión de dos años y luego podrás regresar como si nada hubiese ocurrido».

La decisión tomada por el IMW tenía el único propósito de proteger la imagen de la organización, en ningún momento pretendió que se hiciese justicia. Resultaba incomprensible que las acusaciones de un bloguero de tres al cuarto pudieran tener más peso que mis propias declaraciones como miembro en activo del instituto, sobre todo cuando se habían visto respaldadas por pruebas escritas y por el informe de la agencia Kroll. Además, no lograba entender por qué no habían tomado medidas contra el editor alemán que acusaba a la directora general de mantener una relación sentimental conmigo y de haberme entregado las preguntas del examen para sacarme el título.

Una de mis motivaciones para aspirar a ser Master of Wine fue la creencia de que entraba a formar parte de un selecto grupo de colegas en el que esperaba encontrar camaradería. Sin embargo, mi experiencia fue totalmente la contraria. Estaba tan desilusionado que no solo rechacé la suspensión de dos años, sino que anuncié mi intención de renunciar por completo a ser miembro de la organización.

Ellos me pidieron que esperara hasta el día siguiente para confirmar mi decisión. Yo consulté mi determinación con mi abogado, mi familia y mi equipo, quienes la respaldaron unánimemente. Esa noche, Melissa y yo brindamos durante una agradable cena en el centro de Londres, de la cual guardamos un muy buen recuerdo. Nunca me he arrepentido de haber renunciado.

Desde entonces he continuado organizando una edición anual de los congresos de Wine Future y Green Wine Future, pero me he desvinculado por completo del resto del sector. No lamento en absoluto haber renunciado a ser miembro del instituto, y me quedo con mi título de Master of Wine, que sigue enmarcado con cariño en mi oficina, y con los conocimientos que adquirí, que son un activo de valor incalculable. He intentado comprender las razones de la animosidad generada en mi contra consultando a otros MW, a periodistas y a propietarios de bodegas y otros líderes del sector. Me han ofrecido diversas explicaciones, como la percepción de que estaba desplazando a algunas *vacas sagradas* y Masters of Wine que tenían intereses comerciales en España al acaparar protagonismo, contratos e ingresos.

Permanece en mi memoria un comentario, realizado por una Master of Wine que prefiere mantenerse en el anonimato, señalando que uno de los problemas en el sector, especialmente entre críticos y MW, radica en que es una profesión muy mal pagada y en la que existe un consumo excesivo de alcohol. Según su perspectiva, las decisiones y reacciones tomadas bajo la influencia del alcohol rara vez resultan ser las más acertadas o productivas.

En uno de los últimos capítulos del libro relato como, en el año 2018, Interpol emitió un informe concluyente y vinculante en el cual se me exculpó por completo de todas las acusaciones relacionadas con Dubái. Mi nombre fue eliminado de sus archivos, se retiró la notificación roja y mi inocencia quedó totalmente demostrada.

Cuando esto ocurrió, me puse en contacto con algunos de los blogueros que me habían hostigado para informarles de la decisión de Interpol y ofrecerles la oportunidad de retractarse públicamente. Les expliqué que, al haber figurado en la lista de personas buscadas por Interpol, comprendía el motivo de algunas de sus acusaciones. Sin embargo, les insté a contar la verdadera historia, dado que nunca es tarde para hacer lo correcto.

Lamentablemente, ninguno de ellos aceptó mi oferta, ni siquiera respondieron a la propuesta, mostrando su total falta de profesionalidad y humanidad. Como dijo mi abogado, «no te olvides de que estos son solo blogueros, no periodistas. Desde el momento en que acosaron a tu hija y al resto de tu familia demostraron de qué están hechos».

Por otra parte, resultó reconfortante observar como varios medios internacionales y nacionales de gran alcance sí se hicieron eco de la noticia y denunciaron la gran injusticia cometida. Entre ellos, destacan el *Daily Mail* en el Reino Unido y *El Mundo* y *Marca* en España.

A pesar de que algunas de esas personas nos causaron un gran perjuicio a mi familia y a mí, el tiempo ha demostrado que cada uno ha recibido lo que se merece. La mayoría solo consiguieron efímeros momentos de reconocimiento con sus relatos sobre Interpol y sobre una supuesta trama de corrupción en el sector vinícola, en la que intentaban presentarme como un líder mafioso.

Ningún miembro de ese grupo de detractores mantiene sus blogs ni escribe para publicaciones reconocidas; todos han caído en el olvido.

Como reza el popular refrán español, a todo cerdo le llega su San Martín.

¿QUÉ PUEDO APRENDER DEL MÉTODO SMILE CON ESTA HISTORIA?

- Ser acusado de cualquier cosa, especialmente de un delito, es un hecho que alterará significativamente todos los equilibrios que describe el método SMILE, especialmente si eres inocente.
- Para perturbar lo menos posible tu equilibrio, sobre todo el emocional y el espiritual, debes mantenerte fiel a tus principios y valores morales.
- A lo largo de nuestras vidas, tendremos que reconocer en numerosas oportunidades cuándo retirarnos a tiempo puede representar una victoria considerable.
- Es fundamental que, ante acusaciones falsas, persistas hasta demostrar tu inocencia sin sucumbir a presiones o intereses externos de ningún tipo.

4

EL DEPORTE COMO ESTRATEGIA ANTIESTRÉS

> Cuando haces ejercicio, aumentan las endorfinas, la dopamina y la adrenalina; todos estos son químicos cerebrales asociados con sentirse feliz, sentirse seguro, sentirse capaz, sentir menos ansiedad y estrés e incluso menos dolor físico.
>
> DOCTORA KELLY MCGONIGAL

Está demostrado científicamente que el deporte y el ejercicio físico son estrategias muy efectivas para hacer frente al estrés y la ansiedad, ya que, al poner nuestro cuerpo en movimiento, se liberan endorfinas y otras hormonas. Como vimos en un capítulo anterior, estas hormonas generan una sensación de placer y relajación que ayuda a reducir los niveles de ansiedad y estrés. Prácticamente cualquier tipo de ejercicio, desde una simple caminata hasta los deportes extremos, puede ayudarte a aliviar el estrés, el nerviosismo y la ansiedad. Aunque no seas un deportista profesional o no estés en forma, realizar un poco de ejercicio es sumamente recomendable si estás pasando por periodos complicados o situaciones difíciles. Debemos recordar que el ejercicio y el deporte son una parte esencial del equilibrio físico, pero también tienen efectos positivos en otras áreas del bienestar.

Deporte y equilibrio físico

El deporte y la actividad física son fundamentales para la prevención y el tratamiento de diversas enfermedades. No obstante, es recomendable que te hagas una revisión médica antes de comenzar a hacer ejercicio, especialmente si has estado inactivo durante un tiempo. Además, es muy aconsejable que consultes con especialistas sobre los controles médicos que hay que realizar periódicamente, así como sobre los medicamentos y suplementos que podrían complementar tu dieta y otros aspectos médicos relevantes a la hora de llevar a cabo tu práctica deportiva.

A continuación presento una lista de los principales beneficios que el deporte aporta a la salud física.

- **Ayuda a controlar el peso corporal.** Cuando realizas una actividad física estás quemando calorías. Cuanto más intensa sea la actividad, mayor será la cantidad de calorías que quemarás. Por lo tanto, hacer ejercicio puede ayudarte a prevenir el aumento excesivo de peso o a mantener el peso que has logrado.
- **Colabora en la prevención y el tratamiento del síndrome metabólico.** El deporte es fundamental en la prevención y el control de las enfermedades relacionadas con lo que se conoce como *síndrome metabólico*, un grupo de trastornos que se presentan al mismo tiempo y aumentan el riesgo de padecer una enfermedad cardiaca, un accidente cerebrovascular y diabetes tipo 2. Estos trastornos incluyen el aumento de la presión arterial, los niveles altos de azúcar en sangre, el exceso de grasa corporal alrededor de la cintura y los niveles anormales de colesterol o triglicéridos.
- **Optimiza los niveles de azúcar en la sangre y de insulina.** El ejercicio reduce el nivel de azúcar en la

sangre y ayuda a que la insulina funcione mejor. Esto puede rebajar el riesgo de sufrir síndrome metabólico y diabetes.

- **Prevención y tratamiento de otras enfermedades.** El deporte ayuda a prevenir o controlar muchos problemas de salud, incluidos:
  - artritis
  - presión arterial alta
  - diabetes tipo 2
  - depresión
  - osteoporosis
  - varios tipos de cáncer
- **Mejora los niveles de energía.** El ejercicio envía oxígeno y nutrientes a los tejidos y favorece que el sistema cardiovascular funcione con mayor eficacia. Cuando la salud del corazón y los pulmones se incrementa, hay más energía para realizar las tareas cotidianas.

Deporte y equilibrio mental

El estrés y la vida sedentaria se han convertido en algo habitual en nuestra sociedad. Por eso mismo, desde el momento en que abandonamos el sedentarismo e incluimos el deporte y el ejercicio físico en nuestra vida diaria estamos experimentando un cambio mental y de actitud muy positivo.

La ciencia ha demostrado que la mejora del equilibrio mental a partir de la actividad física no es una sensación subjetiva, sino un proceso fisiológico objetivo. Es por ello por lo que muchos médicos psiquiatras y psicólogos consideran que el ejercicio físico debería ser prescrito en los casos de depresión, ansiedad y trastornos del sueño, así como para el tratamiento del estrés.

El deporte, gracias a la liberación de endorfinas y otros neurotransmisores, puede tener un papel determinante en los siguientes aspectos:

- aumento de la autoconfianza
- mejora de los procesos cognitivos
- mejora de la memoria
- aumento de la autoestima
- mejora de la motivación
- mejora de la estabilidad emocional
- mejor funcionamiento intelectual

Según explica Irene Esteban-Cornejo, coordinadora del Departamento de Educación Física, Deporte y Motricidad de la UAM, la actividad física tiene una influencia directa sobre la concentración y, por tanto, sobre el rendimiento académico de los adolescentes. Una mejor condición física hace que la concentración en clase sea mayor porque la actividad física influye sobre la fuerza muscular, la capacidad cardiorrespiratoria y la habilidad motora, lo que interviene en «la transmisión cognitiva, la memoria de trabajo y la flexibilidad cognitiva», mejorando el rendimiento académico.

Ejercicio y BDNF (Brain Derived Neurotrophic Factor)

Durante siglos, científicos e investigadores han buscado entender los mecanismos detrás del axioma de que un cuerpo sano conduce a una mente sana. Ahora se ha establecido que el ejercicio, incluso en deportes de muy bajo impacto, tiene una variedad de efectos sobre el cerebro, tales como el funcionamiento cognitivo, la mejora de la memoria, las capacidades de aprendizaje y el estado de ánimo. También se han comprendido las bases científicas de por qué el ejercicio tiene efectos antidepresivos, combate el estrés y contribuye a mejorar enfermedades relacionadas con la edad, como la enfermedad de Alzhéimer o la demencia. Estos beneficios que el ejercicio y el deporte tienen sobre el cerebro se deben a un aumento en los niveles de Brain Derived Neurotrophic Factor (BDNF) o factor neurotrófico derivado del cerebro, que actúa como un modulador de neurotransmisores y participa en la plasticidad neuronal, que es esencial para el aprendizaje y la memoria. Además, desempeña un papel importante en la supervivencia y el crecimiento neuronales.

El ejercicio de alta intensidad (HIE) provoca un aumento inmediato en este factor neurotrófico derivado del cerebro (BDNF).

- En comparación con la falta de ejercicio o el ejercicio de baja intensidad, el deporte aeróbico y el HIE aumentan significativamente los niveles de BDNF.
- Los beneficios del HIE y del ejercicio aeróbico se mantienen similares a pesar de las diferencias en la duración del ejercicio o en la condición cardiorrespiratoria inicial.
- También, el consumo de cafeína provoca un aumento significativo en los niveles de BDNF.

El ejercicio mejora el aprendizaje en tres niveles:

1. Optimiza tu mentalidad para mejorar la alerta, la atención y la motivación.
2. Prepara y anima a las células nerviosas a unirse entre sí, que es la base celular para registrar nueva información.
3. Impulsa el desarrollo de nuevas células nerviosas a partir de células madre en el hipocampo.

A la hora de gestionar el miedo y el estrés, los niveles más altos de BDNF que están asociados con el ejercicio también aumentan los niveles de serotonina, que nos calma y mejora nuestra sensación de seguridad.

Mover el cuerpo también desencadena la liberación de ácido gamma-aminobutírico (GABA), que es el principal neurotransmisor inhibidor del cerebro (y el objetivo principal de la mayoría de nuestros medicamentos contra la ansiedad).

Esto sugiere que el BDNF podría ser un ingrediente esencial en la lucha contra el miedo y la ansiedad, probablemente porque ayuda a integrar recuerdos positivos que crean un desvío alrededor del miedo.

Deporte y equilibrio emocional

El deporte también debe ser considerado como una valiosa herramienta para el manejo de las emociones, pues abarca las dos facetas del equilibrio emocional descritas por el método SMILE. Por un lado, la actividad física nos ayuda a regular nuestras emociones; por el otro, practicar deporte con nuestra pareja o con nuestros hijos fomenta el fortalecimiento de los vínculos familiares y mejora las relaciones. Este enfoque se ve en gran medida potenciado por la liberación de endorfinas, tanto durante la práctica deportiva como en el contexto de las relaciones familiares saludables.

Deporte y equilibrio espiritual

El equilibrio espiritual es uno de los aspectos más importantes para cualquier deportista y una fuente de energía increíble para todos los que practicamos diferentes tipos de disciplinas, especialmente las que implican alcanzar metas difíciles. Como pudimos observar en el capítulo dedicado al equilibrio, la energía espiritual puede suplir la falta de energía física.

Cuántas veces hemos comprobado cómo algún deportista logra una marca que jamás hubiéramos imaginado que un ser humano pudiera obtener, como en el caso del corredor Eliud Kipchoge, quien corrió la maratón en menos de dos horas, una gesta considerada imposible. En ese momento, a pesar de que Kipchoge se encontraba en perfecto equilibrio con las cinco energías del método SMILE, fueron su equilibrio y energía espiritual los que le dieron esa fuerza extra para conseguir tal hazaña.

El equilibrio espiritual no solo nos brinda la energía necesaria para lograr grandes metas, sino que la práctica del deporte en sí mejora a su vez este equilibrio. El deporte fomenta valores como, entre otros, la superación personal, el sacrificio, la honestidad y la entrega, que son especialmente difíciles de cultivar y promover fuera del ámbito deportivo.

¿Cómo introducimos el deporte en nuestra vida?

El deporte o el ejercicio es una de las prácticas más sencillas de incorporar a nuestra vida diaria. El simple acto de salir a caminar ya se considera ejercicio físico, pero es fundamental que la actividad que elijamos se adapte a nuestra personalidad, trabajo, disponibilidad de tiempo, recursos económicos, intereses y valores.

La constancia y la regularidad son aspectos fundamentales, ya que de ellas depende que logremos los objetivos que nos hayamos fijado. Tendrá muy poco valor el hecho de pasar dos o tres meses practicando deporte con intensidad y regularidad si luego lo abandonamos. Por eso es importante que si optamos por deportes de temporada, como el esquí, dispongamos de una alternativa para los meses en los cuales no se pueden practicar.

Controles y analíticas

Todas las personas que han llevado una vida sedentaria durante mucho tiempo o no han practicado deporte o ejercicio físico previamente deberían someterse primero a un control médico y a una serie de pruebas analíticas que garanticen que pueden realizar el deporte que han elegido con plenas garantías. Asimismo, quienes ya son deportistas habituales también deberían someterse a pruebas físicas y análisis de sangre para prevenir posibles lesiones o desequilibrios.

Actívate

Si eres una persona sedentaria, deberías introducir en tu vida diaria actividades que impliquen mayor movilidad para aprovechar los beneficios que conlleva la práctica del ejercicio físico. Por ejemplo, subir escaleras en lugar de usar el ascensor y sustituir el coche por caminar o ir en bicicleta en los desplazamientos cortos. También puedes añadir algunos ejercicios de movilidad y estiramientos al levantarte por la mañana.

Asesórate y pide ayuda

Muchas personas que nunca han hecho deporte deciden de repente apuntarse a un gimnasio sin supervisión, o las ves corriendo o ejercitándose con una técnica incorrecta. Este hecho puede producir lesiones importantes, además de provocar molestias musculares al día siguiente y generar pérdida de interés por el ejercicio físico. Por ello es fundamental que cuando comienzas una actividad un entrenador personal o algún monitor de tu gimnasio te asesoren.

Si optas por un deporte que requiere cierta técnica, como el tenis o el golf, siempre es recomendable que al principio recibas algunas clases, pues te proporcionarán los fundamentos básicos de esos deportes, lo que te permitirá practicarlos de la forma más saludable posible. Incluso yo, que he sido deportista profesional y poseo prácticamente todas las certificaciones PADI de buceo, lo primero que he hecho cuando he querido aprender una nueva técnica ha sido pedir ayuda a mi instructor.

Añade música a tus entrenos

Como ya vimos en el capítulo dedicado a las endorfinas, la música puede ayudarnos considerablemente no solo a disfrutar más de cualquier tipo de entrenamiento que realicemos —en el gimnasio, corriendo o en bicicleta—, sino también a mejorar nuestro rendimiento gracias a la liberación de hormonas del placer. Es indispensable que, para ello, elijamos la música más adecuada a nuestra personalidad y al esfuerzo que esa práctica requiere.

Para las actividades aeróbicas de larga duración, como la carrera continua o los trayectos largos en bicicleta, es recomendable optar por una música que nos motive lo suficiente para mantener el esfuerzo, pero que no tenga picos que nos aceleren en exceso. También debemos evitar una música que nos relaje demasiado, ya que en ese momento necesitamos mantenernos activos. Por último, sí es aconsejable seleccionar una música más suave para el enfriamiento, al final de la sesión.

Cuidado con la competición

Una pequeña salvedad al practicar deportes de competición con familiares o amigos: debemos asegurarnos de que, al jugar un partido de tenis o pádel, nuestro deseo de ganar no se imponga de forma negativa al componente lúdico que conlleva hacer deporte en compañía. La competencia y la rivalidad son positivas, pero siempre y cuando no afecten a las relaciones afectivas con nuestros oponentes si son familiares o buenos amigos.

Alimentación e hidratación

Siempre que nos dispongamos a iniciar una actividad física nueva, cambiar la intensidad de nuestros entrenamientos o comenzar a practicar un nuevo deporte es importante tener en cuenta que esto acarreará consecuencias físicas que debemos anticipar. Cualquier modificación de nuestra rutina de ejercicio implica un gasto energético distinto, la activación de músculos diferentes y cambios en la sudoración, con las consiguientes variaciones de nuestras necesidades de hidratación y alimentación. Al utilizar grupos musculares diferentes lo más seguro es que tengamos agujetas.

Ponte retos y márcate metas

Para mantenernos siempre motivados es recomendable que nos marquemos objetivos, sin olvidarnos también de llevar a cabo el seguimiento de nuestro progreso para poder alcanzarlos. Es muy importante que seamos realistas y honestos con nosotros mismos a la hora de establecerlos, sirviéndonos para ello, como ya hemos visto, del enfoque SMART.

Por lo tanto, nuestros objetivos han de ser lo más específicos que nos sea posible; además hay que tener en cuenta que puedan medirse, que seamos capaces de alcanzarlos, que tengan relevancia y que podamos definir el tiempo que podemos dedicarle a la práctica para alcanzarlos.

UN EJEMPLO PRÁCTICO

Estos son los objetivos y desafíos que se propuso un colaborador de mi empresa que se inscribió en mi gimnasio:

- S - Objetivos específicos: tener una vida más activa, perder peso y reducir su estrés.
- M - Para medir dichos objetivos, el parámetro más importante fue su peso corporal y una analítica de sangre.
- A - Estos tres objetivos eran muy razonables, ya que con el simple hecho de acudir al gimnasio a ejercitarse cumplía los tres: vida más activa, pérdida de peso y reducción del estrés.
- R - Los objetivos eran relevantes porque, al tener una vida más activa, su salud general mejoró, su peso disminuyó y su estrés se redujo, lo cual redundó en una mejora de su rendimiento laboral.
- T - Perdió entre cinco y seis kilos en tres meses entrenando de tres a cuatro días por semana.

Mantente motivado

Uno de los mayores obstáculos para ser constantes en la práctica deportiva es caer en la monotonía y la rutina, ya que este hecho puede afectar negativamente a nuestro rendimiento, hacer que percibamos el deporte como algo aburrido y, finalmente, llevarnos a perder la motivación. Para evitar que todo esto termine por hacernos abandonar el ejercicio físico se pueden utilizar recursos de los que ya he hablado: escuchar música durante nuestras sesiones de entrenamiento, practicar deporte con familiares o amigos, definir claramente nuestros objetivos o participar de vez en cuando en competiciones. Aun así, es posible caer en la monotonía, sobre todo en los deportes aeróbicos, como correr o montar en bicicleta. Por eso vemos constantemente a deportistas de élite practicando otros deportes o entrenando en lugares diferentes del habitual. Podemos seguir su ejemplo y variar el terreno o la zona por la que entrenamos, yendo en bicicleta por circuitos rurales o urbanos o saliendo a correr por la playa.

SECUESTRADO EN SUDÁFRICA

A principios de 2019, mi empresa fue contratada por la fundación Save Our Schools (SOS), dirigida por mi amigo René Frank y su pareja, Shelley Humphrey, y ubicada en Ciudad del Cabo, Sudáfrica, para participar en la organización de un importante acontecimiento centrado en los recursos hídricos del planeta. Su propósito era destacar el grave riesgo al que se enfrentan doce capitales mundiales, que pueden quedarse sin agua potable suficiente para abastecer a su población en un futuro próximo debido a la crisis climática. Nuestra colaboración en ese evento, que se denominó W12, comprendía el asesoramiento en la organización y gestión de un congreso en Ciudad del Cabo en el año 2020, la selección y contratación de muchos de los conferenciantes que acudirían a esa cita y el apoyo a la organización de la visita del exgobernador de California y estrella de Hollywood, Arnold Schwarzenegger, que sería el orador principal, así como diversas funciones relacionadas con la gestión de patrocinadores, el marketing y la promoción.

En cuanto a mi labor personal, incluía desplazarme a Ciudad del Cabo en octubre de 2019 para llevar a cabo diversas actividades promocionales, visitar el lugar donde se desarrollaría el congreso, mantener encuentros con funcionarios locales y posibles patrocinadores y conocer al personal que colaboraría con mi equipo. También participaría en la conferencia de prensa donde se presentaría el W12 y se anunciaría la participación de Arnold Schwarzenegger en uno de sus actos. Así pues, me trasladé a Sudáfrica el 10 de octubre de aquel año, ya que la mencionada rueda de prensa estaba programada para el día siguiente. A pesar de la considerable distancia entre España y Ciudad del Cabo, la inexistencia de diferencia horaria entre ambos países hizo que el impacto del *jet lag* fuera casi imperceptible.

La presentación del W12 tuvo lugar en uno de los mejores hoteles de toda África, el magnífico One & Only, ubicado en el corazón de Ciudad del Cabo, concretamente en el moderno V&A Waterfront, con vistas al puerto deportivo y a la imponente montaña de la Mesa. El acto consistió en un cóctel, que se celebró en una de las terrazas al aire libre del hotel, seguido de varios discursos de los concejales de Ciudad del Cabo y los organizadores y patrocinadores. Yo fui el responsable de cerrar el evento hablando del impacto que el cambio climático está teniendo alrededor de todo el planeta y de la importancia de preservar los recursos hídricos. Una vez finalizado mi discurso hubo una serie de preguntas por parte de la prensa y luego todos disfrutamos de los magníficos vinos que produce Sudáfrica junto con los aperitivos ofrecidos por el hotel.

El día siguiente, 12 de octubre, era sábado, así que no había actos programados en la agenda oficial, por lo que decidí que sería un buen momento para practicar uno de mis deportes preferidos, el submarinismo. Por aquel entonces, incluso en viajes de trabajo, solía cargar con mi equipo de buceo, ya que los fines de semana no acostumbraba a tener reuniones ni obligaciones empresariales y aprovechaba para buscar lugares interesantes donde realizar inmersiones.

La zona del Cabo Occidental y los alrededores de Ciudad del Cabo es, sin duda, uno de los cinco mejores lugares para bucear en jaula con grandes tiburones blancos, pero su entorno submarino ofrece también muchos otros atractivos. Había concertado dos inmersiones que me llevarían desde Ciudad del Cabo hasta el pueblo de Simon's Town, que está en False Bay, aproximadamente a unos sesenta minutos en coche desde mi hotel, situado en el centro de la capital. Tuve la suerte de que no hubiera otros clientes ese día, con lo cual dispondría del guía en exclusiva.

Optamos por realizar dos inmersiones: una en los hábitats de las algas marinas y otra para disfrutar del buceo en compañía de leones marinos. Uno de los destinos más populares de la zona para explorar los bosques de algas es Pyramid Rocks, donde además tuvimos la oportunidad de avistar un tiburón de siete branquias, también conocido como tiburón vaca. Por otra parte, la experiencia de bucear con lobos marinos en el cabo resultó sumamente entretenida, ya que estos animales suelen acercarse con curiosidad y entusiasmo a los buceadores, exhibiendo de manera juguetona su agilidad en el agua. Para esa inmersión nos desplazamos a Partridge Point, un punto de encuentro de los lobos marinos, especialmente en la zona conocida como *el anfiteatro*, un área poco profunda del arrecife que se reveló como el mejor lugar para interactuar con estos fascinantes mamíferos marinos. Mientras tanto, en zonas un poco más profundas, pudimos apreciar la belleza de la vida marina, explorando extensos bosques de algas de más de dos metros de altura.

Una vez finalizadas las inmersiones, y mientras nos cambiábamos para regresar a Ciudad del Cabo, recibí una llamada de mi amigo René Frank, quien acababa de descubrir que el 12 de octubre es el día nacional de España. Para celebrar juntos esa festividad, y para agradecerme mi participación en la rueda de prensa y mi discurso, me invitó a una barbacoa en casa de un amigo suyo, situada en un complejo privado a las afueras de Ciudad del Cabo. Les avisé de que me encontraba cerca de Simon's Town y necesitaba regresar a mi hotel para ducharme, cambiarme y dejar mi equipo de buceo. Finalmente, llegué a la cita alrededor de las cinco de la tarde, así que decidimos cenar un poco más temprano de lo habitual disfrutando de la deliciosa gastronomía local y de los fabulosos vinos sudafricanos en el restaurante del elegante y exclusivo complejo residencial.

Después de la cena, alrededor de las ocho, nuestros anfitriones me invitaron a acompañarlos a su residencia para catar algunos vinos de su bodega y escuchar mis opiniones al respecto. Tras haber degustado tres o cuatro vinos, me pidieron que asistiera a la fiesta que se celebraría esa noche, y a la que acudirían amigos de diferentes nacionalidades. Me quedé un rato y, para mi comodidad, los dueños, gentilmente, me propusieron pasar la noche en una habitación de invitados; sin embargo, y dado el considerable cansancio que acumulaba, opté por rechazar su ofrecimiento para volver a mi hotel.

Intenté varias veces contratar un Uber desde mi teléfono sin éxito, probablemente a causa de la mala cobertura de mi teléfono español en esa zona. Finalmente, René lo solicitó sin problemas a través de la aplicación de Uber y me informó que el vehículo llegaría al cabo de unos diez minutos. Sin embargo, por cuestiones de seguridad, los taxis no podían entrar en el complejo a partir de las diez de la noche, así que tendría que esperarlo en la garita de seguridad. Aunque René se ofreció a acompañarme, decidí ir caminando hacia la entrada del complejo, pues la fiesta estaba animándose.

No habían pasado ni cinco minutos esperando cuando el guardia de seguridad salió de la garita para informarme que mi automóvil ya había llegado, pero estaba estacionado fuera del complejo, en una rotonda situada a menos de cien metros, a donde me dirigí. Al abrir la puerta del presunto Uber, me sorprendió que hubiera dos individuos en los asientos delanteros del vehículo, pero consideré que podía ser una medida de seguridad para proteger al conductor. Al preguntar si era un Uber, el conductor me preguntó si yo era Pancho Campo. En ese momento no me extrañó que supiera mi nombre, a pesar de que la solicitud del servicio la había hecho mi amigo René desde su aplicación. Subí al vehículo sin sospechar nada, aunque es cierto que siempre recordaré el desagradable olor del interior.

Pasaba la medianoche cuando salimos en dirección a mi hotel, ubicado en el corazón de Ciudad del Cabo, en un distrito rodeado de otros hoteles y edificios comerciales. Consciente de que el trayecto duraría entre cuarenta y cincuenta minutos, intenté conectarme a internet a través de mi teléfono para enviar un mensaje a mi esposa, que se había quedado en Marbella. Después de casi cuarenta minutos de trayecto, me percaté de que la zona por la que transitábamos me resultaba completamente desconocida. Para mi sorpresa, el conductor admitió que se habían perdido debido a un problema con su GPS. Entonces yo intenté conectarme otra vez a internet, pero, inesperadamente, el acompañante del conductor me arrebató el teléfono. Al darme cuenta de sus intenciones, exigí que me lo devolviera de inmediato.

El conductor aceleraba por una autovía sin edificaciones ni monumentos a la vista mientras su acompañante seguía manipulando mi teléfono cuando Melissa comenzó a llamar, pero aquel individuo le colgó el teléfono. Entonces le exigí que me devolviese el móvil y que no cortara la comunicación con mi mujer. Tras varios intentos infructuosos de recuperar mi iPhone, la tensión aumentó cuando el acompañante extrajo una pistola de la guantera, apuntándome y solicitando que le entregara todo mi dinero. Por fortuna, ya que nunca suelo disponer de efectivo, llevaba ochenta dólares en el bolsillo. Sin embargo, al considerar que esa cantidad era insignificante, me amenazó con dispararme en la cabeza e insistió en que sacara al menos dos mil dólares en un cajero automático. Yo le dije que no disponía de mis tarjetas de crédito —en realidad las había escondido, junto con mi identificación, en el bolsillo trasero del pantalón—, y volvió a amenazarme con que me iba a disparar.

Mi mujer llamó de nuevo, pero en esa ocasión el individuo se equivocó y pulsó el botón verde en vez del rojo, aunque yo no fui consciente de ello hasta el día siguiente. Eso significa que mi mujer escuchó a aquel tipo amenazándome con dispararme mientras yo le decía que tenía dos hijos y le suplicaba que no me matase. Llegué a temer verdaderamente por mi vida, ya que el secuestrador estaba muy alterado y me lanzaba toda clase de amenazas y acusaciones: «Te voy a pegar un tiro porque estamos hartos de que los blancos europeos como tú vengáis a África a aprovecharos de nosotros». El vehículo seguía circulando a gran velocidad por una amplia carretera completamente oscura y desierta. Sin embargo, hubo un momento en que el conductor se detuvo de repente y aparcó el coche en el arcén, creo que por miedo a que su compañero me disparase y los metiera en un problema grave. Bajó apresuradamente, abrió mi puerta y me sacó con violencia del vehículo —haciendo que me diera en la cabeza contra el marco de la puerta—, para luego arrojarme al suelo, golpeándome en la espalda al chocar contra un poste.

El vehículo se alejó velozmente mientras yo me incorporaba y me limpiaba la ropa. Sentía un intenso dolor en la espalda. Aunque resulte paradójico, por un momento, experimenté un tremendo alivio al haberme librado de la presencia de aquellos dos individuos y, sobre todo, al no tener un arma apuntándome directamente. Sin embargo, al percatarme de mi situación —me hallaba en una carretera solitaria sin casas ni edificios a la vista, en medio de la noche en un país africano, sin teléfono, sin recursos económicos y sin la menor idea de hacia dónde dirigirme—, una profunda ansiedad y un gran temor se apoderaron de mí. La noche, oscura como el abismo, estaba cubierta de nubes, lo que me impedía ver la icónica montaña de la Mesa, que me habría orientado hacia Ciudad del Cabo. Tras caminar unos quince minutos, me encontré con una señal que indicaba Paarl, una región de vinos. Gracias a mis conocimientos del sector vinícola me di cuenta de que caminaba en sentido contrario, ya que Paarl está en una dirección opuesta a Ciudad del Cabo.

Me cambié al carril opuesto de la autovía y decidí comenzar a correr con calma para no agotar mis fuerzas. Sin mi reloj, que también me habían robado, perdí la noción del tiempo, pero estimo que habían transcurrido unos cuarenta o cincuenta minutos cuando divisé, a lo lejos, una luz roja: se trataba de una gasolinera. Me encaminé hacia ella con la esperanza de no encontrar a nadie por el camino y deseando que estuviera abierta. En caso de que estuviese cerrada, pensaba esconderme hasta que amaneciera o abriese. A medida que me aproximaba, noté que cerca había viviendas y pequeños edificios, pero opté por seguir dirigiéndome hacia la gasolinera. Justo cuando me disponía a cruzar la carretera para entrar, vi un coche de la policía sudafricana.

De inmediato comencé a hacer gestos para que se parara. El vehículo se detuvo justo frente a mí, y, al bajarse la ventanilla, me di cuenta de que se trataba de un oficial de alto rango, alto y pelirrojo, que amablemente me invitó a subir al automóvil. Me informó que me llevaría al puesto de policía más cercano y me pidió que mientras tanto le contara lo sucedido. Durante el trayecto me felicitó por haber decidido ir hacia la estación de servicio en lugar de adentrarme en el vecindario que había visto, considerado como el más peligroso de África. Al cabo de solamente diez minutos llegamos a la comisaría, donde el oficial me comunicó que no procedería con la toma de mi testimonio en ese momento debido a su impresión de que me encontraba en estado de shock. Me temblaban las manos y las piernas, y, tras correr casi cincuenta minutos a una temperatura ambiente de 25 °C, estaba completamente seco, sin señales de sudoración. En ese momento me sentí abrumado y rompí a llorar, y les pedí agua y poder ir al baño. Me senté en un taburete y me bebí casi una botella de litro y medio de agua de un solo trago mientras intentaba recuperarme y recomponerme mentalmente.

Tras unos treinta minutos, mi estado mejoró notablemente. Al preguntar la hora, me sorprendió descubrir que eran casi las seis de la mañana, por lo que habían pasado unas seis horas desde que había salido de la residencia de mis anfitriones. Consulté a los oficiales y uno de ellos me indicó que me tomarían declaración al día siguiente y que dos colegas me acompañarían al hotel. El viaje de regreso duró más de una hora. Cuando llegué, noté que la recepción estaba muy concurrida a pesar de la hora y de ser domingo. Me sorprendió descubrir que todo el mundo estaba al tanto de lo que me había sucedido. Al bajarme del vehículo, el director del hotel me recibió efusivamente, y me invitó a dirigirme a la recepción y a contactar urgentemente con mi esposa. Entonces supe que Melissa había escuchado gran parte de la conversación con mis secuestradores, y que por ello había llamado al hotel en busca de ayuda. No podía comunicarme con España porque me habían robado el teléfono, pero tuve la suerte de que en ese preciso momento Melissa volvía a contactar con el hotel.

No podía ni imaginar el sufrimiento de mi esposa durante ese incidente. Cada vez que me llamaba por teléfono su preocupación aumentaba, especialmente al no poder hablar conmigo a pesar de que le había mencionado lo cansado que estaba tras las dos inmersiones. Insistió hasta que, lamentablemente, el secuestrador se confundió y Melissa pudo escuchar sus amenazas. Desesperada, desde nuestra residencia en Marbella, se comunicó con mi hermana y con un amigo de la policía. También decidió llamar al hotel donde me alojaba, y el director le hizo comprender la triste realidad de los secuestros, tan frecuentes en esa región. Cuando finalmente hablé con ella por teléfono, su voz logró tranquilizarme enormemente; no obstante, me parece que su alivio fue mucho mayor que el mío.

A pesar de que el director del hotel y su jefe de seguridad insistían en que no me preocupara, me sentía ansioso y todavía algo intranquilo. No conseguía librarme de aquel desagradable olor que había impregnado mis manos a pesar de haberme duchado y cepillado los dedos varias veces. Me acosté alrededor de las ocho de la mañana, pero apenas pude descansar. Al mediodía me avisaron desde la recepción de que la policía me esperaba. Al bajar al vestíbulo del hotel, me resultó evidente que la noticia se había difundido, ya que la gente me saludaba y felicitaba. Durante mi declaración, una agente me preguntó sobre mi fe, a lo que respondí que no soy creyente, pero mi padre cuida de mí desde algún sitio. Ella dijo: «Ha tenido usted suerte, señor Campo, y su padre vela muy bien por su seguridad, ya que, en este país, de cada diez personas que sufren lo que usted ha pasado, ocho o nueve no tienen la suerte de contarlo».

Aún no me explico cómo la noticia de mi secuestro apareció en las redes sociales y en la prensa internacional, pero mi hija, que vive en Miami, se encontraba en una fiesta con unas amigas cuando le comunicaron que un empresario español residente en Marbella había sido secuestrado en Ciudad del Cabo. Al enterarse de que se trataba de mí tuvo un ataque de ansiedad. Inmediatamente, Andreah llamó a mi esposa, quien le confirmó que yo estaba bien y le pidió que me llamara a un segundo teléfono móvil que, afortunadamente, había dejado en el hotel. Mi hija no dejaba de llorar, pero logró tranquilizarse al escuchar que me encontraba sano y salvo. A partir de ahí, los mensajes y llamadas de mi familia y amigos no dejaron de sucederse, mientras que las menciones al suceso en las redes sociales fueron constantes. Esa misma noche, Melissa y mi hermana Paulina consiguieron un billete de avión para que pudiera regresar a casa.

¿QUÉ PUEDO APRENDER DEL MÉTODO SMILE CON ESTA HISTORIA?

- En el método SMILE hay un capítulo dedicado a los viajes donde muestro cuáles son los puntos que debemos tener en cuenta para reducir el estrés inherente de viajar en avión o a otro país.
- Siempre que te desplaces a otros países, especialmente a los del tercer mundo, asegúrate de informarte previamente sobre los niveles de seguridad de las ciudades que planeas visitar y, en particular, sobre cuáles son las zonas o barrios más peligrosos.
- Entérate de antemano de las medidas de seguridad que debes adoptar y extrema tus precauciones, espe-

cialmente al salir por la noche o al visitar zonas conflictivas. En particular, evita llamar la atención y abstente de llevar joyas o relojes muy ostentosos.

- Procura buscar asesoramiento de personas del lugar a través del hotel, de amigos que hayan visitado anteriormente la zona, de compañeros de trabajo o de la embajada de tu país.
- En el caso de verte en situaciones peligrosas o tener que enfrentarte con personas violentas, procura mantener la calma y evitar cualquier tipo de confrontación.

5

ALIMENTACIÓN, MIEDO, ESTRÉS Y ALTO RENDIMIENTO

> Uno no puede pensar bien, amar bien, dormir bien si no ha comido bien.
>
> VIRGINIA WOOLF

En este capítulo, vamos a explorar la importancia de una buena alimentación para mejorar nuestro rendimiento físico y mental. Además, estableceremos una relación entre lo que comemos y la gestión del miedo, el estrés, la ansiedad y el nerviosismo. Nos enfocaremos también en deconstruir algunos de los mitos más comunes sobre la alimentación. Este capítulo será fundamental para que comprendas cómo las decisiones alimentarias y de estilo de vida pueden influir en tu salud metabólica y en tu capacidad para mantener un nivel constante de energía a lo largo del día. El objetivo es ofrecerte algunas herramientas que te ayudarán a mejorar tu salud física y mental a través de la nutrición.

Una nutrición adecuada es uno de los pilares fundamentales del método SMILE, ya que actúa como combustible del equilibrio físico en el sistema de los cuatro equilibrios y como fuente de energía, tal como he explicado anteriormente. Debemos recordar que este método se basa en el principio de que la energía es mucho más importante que el tiempo que dedicamos a nuestras actividades. Además, es fundamental reponer esta energía de manera constante para prevenir cualquier desequilibrio. SMILE también se fundamenta en la liberación de endorfinas, por lo que es esencial proporcionar, a través de la alimentación, los precursores necesarios para que nuestro cuerpo pueda producir estos neurotransmisores.

Alimentación, estrés y miedo

Cuando el cuerpo no recibe una alimentación adecuada, el estrés puede afectar aún más a la salud, dado que la nutrición y el estrés están íntimamente vinculados. Esto es así porque la comida influye directamente en los procesos metabólicos del organismo. Desafortunadamente, en nuestra sociedad, uno de los primeros aspectos de la vida que se ponen en peligro a causa del estrés es la alimentación, debido a que en momentos difíciles se suele recurrir a comidas ricas en grasas y azúcares, así como al alcohol, el tabaco o el uso de ciertas drogas.

El estrés crónico puede aumentar las necesidades metabólicas y elevar tanto el consumo como la excreción de numerosos nutrientes. Este fenómeno genera una serie de comportamientos que pueden perjudicar los hábitos alimentarios, lo que podría dar lugar a otros problemas de salud a largo plazo. Por lo general, las personas que sufren de estrés, especialmente el crónico, no prestan atención a su dieta y, a menudo, no disponen del tiempo necesario para cocinar o alimentarse correctamente. Además, el estrés incrementa las demandas de nuestro organismo en términos de oxígeno, energía y nutrientes de calidad, lo cual contrasta con el tipo de alimentación que suelen adoptar las personas estresadas, que a menudo incluye comidas refinadas y ricas en grasas y azúcares.

Cuando atravesamos un periodo de estrés agudo, la hormona que se libera es la adrenalina, que tiene un efecto supresor del apetito. Sin embargo, cuando este estrés se cronifica, la hormona que predomina es el cortisol, que reduce los niveles de leptina —promotora de la sensación de saciedad—, y aumenta la grelina, que estimula el apetito. Esta combinación de factores nos lleva a desear comidas procesadas ricas en azúcares y grasas. En consecuencia, se produce una acumulación de grasa en el abdomen, un signo casi inequívoco de problemas metabólicos como el aumento de triglicéridos y el colesterol. Esta acumulación de grasa abdominal también está relacionada con la resistencia a la insulina, lo que incrementa el riesgo de padecer diabetes tipo 2 y enfermedades cardiovasculares.

Alimentos que ayudan a reducir el estrés

Yogur

Un estudio de la Universidad de California en Los Ángeles (UCLA) realizado en 2013 reveló que el consumo de probióticos en el yogur reduce la actividad cerebral en áreas que gestionan las emociones, incluido el estrés, en comparación con las personas que consumieron yogur sin probióticos o que no consumieron ninguna variedad de yogur.

Alimentos ricos en omega-3

Cuando estás estresado, se producen adrenalina y cortisol en exceso. Los ácidos grasos omega-3 ayudan a contrarrestar los efectos negativos de estas hormonas del estrés. Al parecer, las grasas omega-3 no solo disminuyen el riesgo de sufrir una enfermedad arterial coronaria, sino que también favorecen la reducción de la presión sanguínea y combaten los ritmos cardiacos irregulares. El salmón, las sardinas, el arenque, la trucha y cualquier pescado azul contienen omega-3. También las nueces y las semillas de linaza, girasol, ajonjolí y chía.

Arándanos y otros frutos del bosque

Los antioxidantes y fitonutrientes que se encuentran en las bayas de los frutos del bosque ayudan a mejorar la respuesta del cuerpo al estrés y combaten los radicales libres relacionados con el estrés.

Pistachos

Comer pistachos puede reducir los efectos del estrés agudo, disminuyendo la presión arterial y la frecuencia cardiaca.

Chocolate negro

El cacao ayuda a reducir las hormonas del estrés y sus antioxidantes relajan las paredes de los vasos sanguíneos, disminuyendo la presión arterial y mejorando la circulación. El chocolate negro contiene feniletilamina (PEA), un compuesto que fomenta la liberación de endorfinas y otros neurotransmisores que mejoran el estado de ánimo en el cerebro. Además, el chocolate negro es rico en otros compuestos beneficiosos, como los flavonoides y la anandamida, que también se han vinculado con la sensación de felicidad y bienestar, influyendo a su vez en neurotransmisores como la serotonina y la dopamina.

Vitamina D

Un estudio realizado por el Instituto de Salud Infantil UCL de Londres encontró una asociación entre niveles bajos de vitamina D y un mayor riesgo de sufrir pánico y depresión.

Magnesio

La linaza, las semillas de calabaza y las semillas de girasol son excelentes fuentes de magnesio, al igual que las verduras de hoja verde, el yogur, las nueces y el pescado. Este mineral puede ayudar a regular las emociones y se ha demostrado que alivia la depresión, la fatiga y la irritabilidad.

Zinc y anacardos

Los niveles de zinc influyen en el estado de ánimo. Las ostras, la carne de vacuno, el pollo y el yogur son ricos en zinc. Sin embargo, los anacardos, además, son una buena fuente de omega-3 y proteínas.

Carbohidratos y serotonina

Al ingerir carbohidratos se libera insulina, que desplaza las proteínas del torrente sanguíneo y aumenta el nivel de triptófano en el organismo. Si deseas dormir o te sientes tenso y nervioso, consume algunos carbohidratos: tus niveles de serotonina aumentarán al cabo de aproximadamente treinta minutos, haciéndote sentir más relajado. Por el contrario, si te sientes algo fatigado, con sueño y poca energía, opta por alimentos ricos en proteínas, ya que tu nivel de serotonina disminuirá.

Triptófano y serotonina

El cerebro humano utiliza el triptófano para producir serotonina, que es el neurotransmisor responsable del placer y la relajación. A mayor cantidad de triptófano en la sangre, mayor será la producción y liberación de serotonina, lo que nos hará sentir más relajados. Los alimentos ricos en triptófano son el pollo, el pavo, los huevos, el queso, las nueces y los cereales; sin embargo, también existen numerosos suplementos en forma de pastilla.

Verduras de hoja verde

Las verduras de hoja verde, como el brócoli, las espinacas, las acelgas, el kale, la rúcula o los berros, entre otras, son ricas en ácido fólico, que favorece la producción de dopamina, un neurotransmisor que genera sensaciones de placer, motivación y bienestar.

Picante

La capsaicina, el componente activo de los chiles, es responsable de su carácter picante, pero la investigación ha demostrado que, además, esta sustancia provoca la liberación de endorfinas en el cerebro. Al consumir alimentos picantes, la capsaicina se une a los receptores TRPV1, que se localizan principalmente en las células nerviosas encargadas de detectar el dolor y el calor. Esta interacción genera una sensación de calor o ardor que se interpreta como dolor, lo que lleva al cerebro a liberar endorfinas como respuesta.

Cúrcuma

La curcumina es el compuesto más investigado dentro de la cúrcuma, la especia que le da al curry su color amarillo. Investigadores de universidades norteamericanas han determinado que la curcumina aumenta significativamente la producción de endorfinas en la médula espinal.

Alimentos que no son buenos para el estrés

Los alimentos bajos en nutrientes de calidad y altos en calorías aumentan el estrés. En primer lugar, porque la falta de nutrientes o que estos sean de baja calidad significa que tu organismo no obtendrá lo que necesita para funcionar adecuadamente, sobre todo en circunstancias que requieren de dichos nutrientes, como el estrés. En segundo lugar, porque los nutrientes de baja calidad suelen contener sustancias que exigen a tu cuerpo un mayor esfuerzo para eliminarlas, lo que a su vez genera un mayor estrés.

Azúcares añadidos y refinados

Los azúcares, especialmente los refinados, agravan el estrés al provocar rápidos incrementos en los niveles de glucosa en sangre, lo que obliga a tu cuerpo a regularlos mediante una mayor producción de insulina. A medida que aumenta la cantidad de azúcar en la sangre, esta se vuelve más densa, lo que exige un mayor esfuerzo del corazón para bombearla. Tu cuerpo experimentará fluctuaciones drásticas de los niveles de glucosa e insulina, lo que también afectará a otras hormonas; a largo plazo, este proceso puede dar lugar a un incremento en el cortisol.

Comidas ricas en grasas saturadas y trans

Los alimentos ricos en grasas saturadas o trans afectan indirectamente el estrés en tu cuerpo, ya que causan inflamación. Además, hacen que el organismo deba trabajar más para almacenarlas, ya que son grasas más difíciles de descomponer y utilizar como combustible inmediato. Las grasas trans se encuentran en los alimentos que contienen aceites vegetales parcialmente hidrogenados, como todos los alimentos fritos, las harinas procesadas (galletas, pasteles), la margarina o los aperitivos procesados.

Cafeína y bebidas energéticas

La cafeína suele incrementar la frecuencia cardiaca y la presión arterial, lo que puede llevar a un estado de mayor ansiedad. La mayoría de las bebidas energéticas, además de aumentar estos niveles, tienden a provocar irritabilidad en las personas.

Comer en exceso

La ingesta excesiva de alimentos también contribuye a aumentar el estrés, ya que obliga al cuerpo a trabajar más.

Además, puede derivar en una resistencia a la leptina, que se produce cuando el cuerpo ya no es capaz de indicarle al cerebro cuándo se ha saciado.

Índice glucémico (IG) vs. carga glucémica (CG)

El IG y la CG fueron creados para identificar qué alimentos son más beneficiosos para las personas con diabetes; no obstante, estas herramientas son útiles también para los no diabéticos, ya que ayudan a controlar el azúcar en sangre y contribuyen a mejorar la planificación de la dieta.

El índice glucémico (IG) es un sistema que clasifica los alimentos según sus respuestas glicémicas en relación con un estándar, que es el pan blanco. Tiene como objetivo mostrar el impacto de los carbohidratos de la dieta sobre los niveles de glucosa en la sangre. El IG ofrece una representación numérica de la forma en que los carbohidratos presentes en los alimentos afectan a la concentración de azúcar en la sangre. Su valor oscila entre 0 y 100, siendo la glucosa pura, con un valor de 100, el punto de referencia.

Los alimentos procesados que contienen azúcar y harina refinada, como las golosinas y dulces, los panes y los pasteles, suelen tener un IG elevado, mientras que las verduras, los alimentos ricos en fibra y las frutas generalmente presentan un IG más bajo. La clasificación del IG es la siguiente:

- IG bajo: 55 o menos
- IG medio: 56-69
- IG alto: 70 o más

La carga glucémica (CG), por su parte, se determina multiplicando el índice glucémico (IG) del alimento por la cantidad de carbohidratos asimilables presentes en 100 gramos de este, y luego dividiendo el resultado entre 100. Los alimentos se categorizan, según su CG, de la siguiente manera:

- **Alta CG (más de 20).** Provocan una fuerte respuesta de la insulina y la glucosa.
- **Media CG (11 a 19).** Generan una respuesta moderada de esos componentes.
- **Baja CG (menor a 10).** Tienen un impacto mínimo en los niveles de glucosa e insulina.

La carga glicémica ofrece una medida más precisa de la influencia que un alimento tiene sobre los niveles de azúcar en sangre, pues considera tanto la rapidez de absorción (IG) como la cantidad de carbohidratos ingeridos. Para valorarla de manera adecuada deben tenerse en cuenta también los siguientes factores:

- Los tipos de azúcares y almidones presentes en los alimentos.
- El tamaño de la porción.
- El contenido de grasa, fibra y carbohidratos.
- La forma en que se prepara la comida.
- La tasa de absorción y digestión de los productos alimenticios.

Casi todos los estudios científicos demuestran que los carbohidratos no son malos por sí mismos. Sin embargo, tanto las dietas demasiado ricas como las excesivamente pobres en carbohidratos pueden resultar contraproducentes. En cualquier caso, a la hora de elegir, es mucho mejor para la salud consumir carbohidratos en forma de alimentos integrales, como granos enteros, legumbres, frutas y verduras que decantarse por los carbohidratos presentes en alimentos procesados. En cualquier caso, la mayoría de los estudios indican que seguir una dieta de bajo índice glucémico, especialmente si es rica en fibra y alimentos integrales, se considera beneficioso para la prevención de enfermedades cardiovasculares y otras enfermedades crónicas, como la diabetes tipo 2.

Alimento	**Índice glucémico**	**Carbohidratos por 100 g (aprox.)**	**Carga glucémica (aprox.)**
Glucosa	100	100 g	100
Sandía	72	8 g	5,76
Piña	66	14 g	9,24
Kiwi	52	15 g	7,8
Naranja	43	12 g	5,16
Manzana	36	14 g	5,04
Pan de trigo	90	50 g	45
Pan blanco	70	50 g	35
Espaguetis	37	25 g	9,25
Patata al horno	85	20 g	17
Zanahoria	71	10 g	7,1
Lentejas	29	20 g	5,8
Gaseosa	68	10 g	6,8
Helado	61	20 g	12,2
Zumo de naranja	57	10 g	5,7
Chocolate	49	60 g	29,4
Leche desnatada	32	5 g	1,6
Leche entera	27	5 g	1,35
Yogur desnatado	14	6 g	0,84

Algunos mitos de la nutrición

1. Para perder peso lo único que cuentan son las calorías

Las personas que siguen un tipo de dieta hipocalórica suelen enfocarse únicamente en el contenido calórico de los alimentos, sin considerar su valor nutricional. Esto las lleva a seleccionar alimentos bajos en calorías pero pobres en nutrientes. Además, no tienen en cuenta factores como la genética, las enfermedades y el nivel de actividad física. Mantener dietas extremadamente bajas en calorías de forma prolongada puede provocar una disminución de la tasa metabólica, un incremento de la sensación de hambre y alteraciones en hormonas como la leptina y la grelina.

2. Todas las grasas son malas

Al contrario. Las dietas bajas en grasa se han vinculado con un mayor riesgo de padecer problemas de salud, incluyendo el síndrome metabólico, y pueden provocar un aumento de la resistencia a la insulina y de los niveles de triglicéridos, que son factores de riesgo cardiaco. Además, las dietas ricas en grasa han demostrado ser igual de eficaces, o incluso más, que las dietas bajas en grasa en lo que respecta a la pérdida de peso. Lo importante es consumir grasas insaturadas y poliinsaturadas, evitando las saturadas o las grasas trans.

3. El desayuno es la comida más importante del día

No necesariamente es así, especialmente desde que se ha puesto de moda el ayuno intermitente, que propicia un mayor control de los niveles de azúcar en sangre, o en el caso de los deportistas que prefieren hacer sus entrenamientos por la mañana con el estómago vacío.

4. Hay que comer cinco o seis veces al día en cantidades pequeñas

Esta práctica es muy frecuente entre los deportistas de élite, especialmente los culturistas. El principio de esta forma de alimentación es mantener los niveles de insulina elevados a lo largo de todo el día. Sin embargo, no debemos olvidar que el consumo energético de un culturista o de cualquier otro deportista es muy elevado. Por ello, las personas que no practiquen deporte de alta competición deben tener cuidado con este tipo de alimentación.

5. Los carbohidratos te harán ganar peso

Las dietas que contienen una mezcla equilibrada de carbohidratos ricos en fibra, grasas saludables y proteínas, como la dieta mediterránea, se han asociado con un menor riesgo de padecer obesidad, diabetes, ciertos tipos de cáncer y enfermedades cardiacas. Los carbohidratos que debes evitar son los azúcares refinados, como la bollería, los dulces, los pasteles, etc.

6. No es recomendable beber agua durante las comidas

Aunque algunos especialistas argumentan que consumir agua durante las comidas podría diluir el ácido clorhídrico y las enzimas digestivas en el estómago, en realidad el agua proporciona sensación de saciedad y es el líquido fundamental para mantenernos hidratados.

7. El zumo de pomelo en ayunas ayuda a quemar grasa

Esto es una falacia, ya que no existen alimentos que *quemen* o *disuelvan* las grasas por sí mismos. Lo que la grasa del cuerpo, que se acumula debajo de la piel y entre los órganos, necesita para ser movilizada y utilizada como energía es un aumento del gasto energético.

8. Si no sudas no pierdes peso

Con una sudoración abundante, lo único que se elimina son agua y electrolitos, no grasas. Es más, la pérdida de peso por deshidratación puede traer efectos negativos para la salud. Además, la cantidad de sudor varía considerablemente según la temperatura exterior, y no por el hecho de que hayamos acelerado nuestro metabolismo.

9. La carne roja no es buena para la salud

Últimamente han surgido muchos detractores del consumo de carne roja, argumentando que puede aumentar el riesgo de padecer enfermedades cardiovasculares y tiene un impacto negativo en el medio ambiente. Sin embargo, es importante destacar que el consumo moderado de carne roja de animales que han pastado libremente y sin que se hayan usado hormonas en su alimentación puede tener beneficios muy valiosos para nuestra dieta.

10. El agua con limón en ayunas ayuda a alcalinizar el organismo

Este es uno de los mitos más extendidos actualmente, pero no tiene ninguna base científica, ya que el pH de nuestro organismo, aunque puede variar con la respiración, no puede ser regulado a través de la alimentación.

¿Cuál es la mejor dieta?

La obesidad se ha convertido en la principal preocupación de médicos, científicos, sociólogos, psicólogos y muchos otros expertos. La Organización Mundial de la Salud advierte que las tasas de obesidad han alcanzado proporciones epidémicas en toda Europa y continúan en aumento. El 59 por ciento de los adultos, el 29 por ciento de los niños y el 27 por ciento de las niñas sufren sobrepeso o son obesos. Paradójicamente, este fenómeno ha ido en aumento en paralelo a la cultura del culto al cuerpo, y a pesar de la presión por proyectar una imagen de perfección que sienten jóvenes y adultos en las redes sociales.

No es este el lugar más adecuado para entrar en un debate sobre por qué ha aumentado la obesidad. Sin embargo, resulta interesante señalar que quizá ese haya sido el origen de las docenas de dietas que han invadido el mercado prometiendo pérdidas de peso milagrosas y una mejor salud física y mental. Desde mi punto de vista, y apoyándome en las opiniones de médicos, nutricionistas y científicos, la mejor dieta continúa siendo la mediterránea, en especial si se sigue correctamente y la acompañamos con una actividad deportiva regular y de cierta intensidad. No obstante, describiré brevemente algunas de las dietas más populares de los últimos años, que todavía son adoptadas por muchos ciudadanos.

Dieta de la Clínica Mayo

Esta dieta consiste en un plan de doce semanas orientado a desarrollar hábitos alimentarios saludables e incluye un mínimo de treinta minutos de ejercicio diario, por lo que su objetivo final es lograr una pérdida de peso sostenible. Se asienta sobre la reconocida pirámide alimentaria creada por especialistas de esta clínica, cuya base está conformada por verduras y frutas. La segunda sección incluye carbohidratos, como granos integrales y vegetales ricos en almidón. A continuación se encuentran las proteínas y las grasas, y al final, los dulces.

Keto

La dieta keto o cetogénica es una dieta muy baja en carbohidratos y alta en grasas que tiene como objetivo poner a tu cuerpo en un estado de cetosis. Cuando privas al cuerpo de carbohidratos y le pides que dependa casi exclusivamente de las grasas, lo engañas haciéndole creer que está en estado de inanición. La inanición provoca la formación de cetonas, que son sustancias producidas en el hígado para ser utilizadas como energía en ausencia de alimentos.

Ayuno intermitente

El ayuno intermitente es una de las dietas más en boga, y muy popular entre deportistas y celebridades. Este método consiste en alternar periodos de alimentación con periodos de ayuno. La duración del ayuno puede variar, desde unas pocas horas hasta días, o incluso una semana o más con supervisión médica.

Dukan

Esta dieta fue creada por el médico francés Pierre Dukan, y se basa en la teoría de que contar calorías no es la clave para la pérdida de peso; la proteína sí lo es. La proteína es fundamental en la pérdida de peso porque sacia, requiere tiempo y esfuerzo para digerirse y tiene muy pocas calorías por gramo en comparación con los alimentos ricos en carbohidratos. Limitar los carbohidratos, que son la fuente de energía preferida del cuerpo, obliga al organismo a recurrir a un combustible alternativo: la grasa almacenada.

Doctor Atkins

La dieta Atkins es baja en carbohidratos y alta en proteínas, e implica consumir alimentos frescos y no procesados ricos en grasas y proteínas. Al basarse en la restricción de carbohidratos, obliga al cuerpo a utilizar la grasa almacenada como energía. No es simplemente que no se puedan consumir demasiados carbohidratos, sino que no deben ingerirse muchos en una misma comida para evitar llenar el cuerpo con glucosa, lo que conllevaría la producción y el almacenamiento de grasa.

Vegana

La dieta vegana consiste en consumir únicamente alimentos derivados de plantas, eliminando todos los productos de origen animal. Aunque es una opción saludable, es importante entender que hay que suplementar la dieta con ciertos nutrientes, como la vitamina B12 y el calcio, que no se pueden obtener de las plantas.

Paleo

La dieta paleo o paleolítica se basa en los patrones alimenticios que se cree que eran comunes entre los primeros humanos de la era Paleolítica. Esta dieta consiste en evitar alimentos que no consumían esos ancestros nuestros, como granos, legumbres, cereales, azúcar refinado y lácteos.

Mediterránea

Año tras año, expertos de todo el mundo destacan que la dieta mediterránea, cuando se entiende y se aplica correctamente, sigue siendo la mejor opción para alimentarnos. Sin embargo, aquellos que deseen adoptarla deben comprender que no se trata únicamente de la comida, sino de un estilo de vida. En los países mediterráneos es habitual hacer una pausa para disfrutar de las comidas, momentos que se comparten con la familia o los amigos. La alimentación incluye verduras, hortalizas, frutas y legumbres, así como productos lácteos como la leche y el yogur, que son fundamentales. El aceite de oliva también juega un papel clave, siendo una importante fuente de grasas insaturadas. Se prefieren las carnes blancas y los pescados, mientras que la carne roja se consume de manera ocasional. Además, el consumo de agua es priorizado, aunque el vino se disfruta con moderación.

LA MEDICINA, MI VOCACIÓN FRUSTRADA

Cuando tenía nueve años, presencié una cirugía en El Salvador, Chile. Aquella experiencia en el quirófano me fascinó, y desde entonces me apasiona todo lo relacionado con el ámbito médico. Además, admiraba a mi padre, médico con una trayectoria impecable como anestesiólogo, y quizá por eso desde pequeño anhelé estudiar Medicina. Monté un pequeño laboratorio en mi casa para hacer experimentos con animales, y cuando cumplí dieciocho años, en 1981, mi padre y yo decidimos que lo más apropiado era que estudiara en una universidad de Sudamérica o el Caribe. Descartamos España debido a que en aquella época tenían una alta cantidad de estudiantes, lo que limitaba las prácticas clínicas y el contacto directo con los pacientes, predominando una enseñanza teórica.

Para mi madre esta decisión resultó muy difícil. La universidad a la que iba era privada, tenía un sistema de enseñanza americano y ofrecía un programa académico muy atractivo, pero estaba ubicada en el Caribe, en la República Dominicana, a miles de kilómetros de casa. Este cambio también significaba dejar atrás a mi novia, Meritxell, y mi gran pasión por el tenis; sin embargo, mi firme vocación de convertirme en médico superaba todos esos inconvenientes. Descubrí que Santo Domingo era enormemente diferente de Barcelona, mi anterior hogar, pues se trataba de una típica ciudad centroamericana, caracterizada por la pobreza y el clima caluroso y húmedo del Caribe.

Me incorporé a las clases al día siguiente de mi llegada, adaptándome pacientemente a depender del correo o de las costosas llamadas telefónicas internacionales, que a veces resultaban difíciles de realizar, para poder estar en contacto con mi familia y mi novia. Ten en cuenta que por aquella época no existía internet, ni los mails, ni WhatsApp, ni Zoom, ni ninguna red social. Los medios de comunicación eran muy limitados. De repente, me hallaba inmerso en un entorno totalmente distinto al que estaba acostumbrado: ya no residía con mi familia, no disponía del club de tenis donde solía entrenar y añoraba profundamente a mi novia.

A pesar de estos cambios, logré adaptarme rápidamente. Las exigencias académicas y prácticas me mantenían ocupado y me impedían echar de menos mi vida en Barcelona. Asimismo, me pasaba horas en el laboratorio de anatomía, realizando disecciones y estudiando la anatomía humana, lo cual contribuyó significativamente a mi aprendizaje ese año. Además, tuvimos nuestras primeras interacciones con pacientes, aprendiendo a elaborar historias clínicas y recoger datos estadísticos, que era lo que se nos permitía hacer, dado que nos encontrábamos en una fase incipiente de nuestra formación profesional.

Cada verano regresaba a casa para asistir a mi padre en el Hospital Clínico de Barcelona, con el objetivo de adquirir mayor experiencia clínica. Por las mañanas rotaba por distintos departamentos del hospital: Neurología, Ginecología, Medicina Interna, Cirugía, Pediatría, entre otros. Durante los fines de semana y algunas noches, acompañaba a mi padre en las guardias de 24 horas en el servicio de Urgencias.

El servicio de Urgencias es un lugar donde realmente uno puede absorber conocimientos médicos prácticos de manera intensiva. De hecho, algunos de los momentos más desafiantes de mi vida los he vivido allí, dado que en ese entorno nos enfrentamos a pacientes con patologías graves, cuya vida puede depender de la actuación rápida y efectiva del equipo médico y de enfermería, todo ello bajo una alta presión y un estrés constante.

Una de las experiencias más estresantes que recuerdo sucedió una de aquellas noches de guardia. Yo ya estaba en los últimos años de carrera y pensaba que tenía una amplia experiencia en el trabajo de urgencias. Me desenvolvía con soltura entre agujas, diagnósticos, análisis y también en el trato directo con los pacientes.

Durante aquellas guardias mi padre era el responsable del equipo número 1. Este equipo se enfrentaba a casos especialmente complicados, como infartos, paros cardiacos, accidentes graves, etc. Las urgencias solían colapsarse los viernes por la tarde y, si no recuerdo mal, aquel era un viernes por la tarde del mes de junio. El hospital estaba abarrotado, con pacientes en camillas ocupando los pasillos y mucha actividad por todas partes. Después de trabajar todo el día en cirugía asistiendo a mi padre, nos tomamos un breve descanso. Sin embargo, en cuanto entramos en la cafetería, las alarmas del hospital sonaron, convocando al equipo número 1 a una situación extremadamente grave que requería una respuesta inmediata: heridos de un ataque terrorista llegaban al hospital.

Mi padre y yo regresamos a toda prisa: acababan de traer a dos personas que habían sido víctimas de un atentado terrorista. Ambos hombres presentaban heridas de bala en la cabeza tras haber sido tiroteados mientras caminaban por las Ramblas de Barcelona. El individuo más alto y robusto mostraba un impacto de bala con orificio de entrada en la nuca y salida en la parte frontal de la cabeza. En contraste, el segundo individuo, de estatura menor pero igualmente robusto, había recibido un disparo en el costado de la cabeza.

Había mucha sangre, siendo especialmente grave el caso del individuo más alto. En ese momento, mi padre se giró hacia mí y me explicó que necesitaba mi ayuda de manera urgente, ya que la sala de urgencias estaba sobrecargada y ambos casos requerían atención inmediata. «Es crucial realizar una radiografía de las arterias cerebrales del alto para identificar el origen de la hemorragia», gritó mi padre. Asimismo, me ordenó: «Debes realizar la intubación y administrar anestesia general para que el radiólogo pueda determinar la arteria afectada. Lamentablemente, no podré acompañarte ni asistirte, debo atender al otro paciente».

La ansiedad que experimentas al socorrer a alguien cuya vida pende de un hilo es indescriptible. Hice la intubación y, al retirar la mano de debajo de su cabeza, me di cuenta de que estaba manchada de sangre y fragmentos de tejido cerebral. Una vez finalizado el procedimiento, el paciente fue trasladado de inmediato a cirugía para detener la hemorragia y estabilizarlo con la intervención del neurocirujano. Al mismo tiempo, mi padre administraba anestesia general a la otra víctima del atentado que también estaba siendo operada.

Tras varias horas en el quirófano y una transfusión de más de seis litros de sangre a cada paciente, logramos estabilizarlos, finalizar la cirugía y trasladarlos a la sala de reanimación. Lamentablemente, uno de ellos falleció pocos días después, mientras que el otro quedó con hemiplejia. Estos acontecimientos subrayan la relevancia de tener una vocación auténtica y una gran estabilidad emocional en determinadas áreas de la medicina. Aprendí a manejar la ansiedad, y parece que todavía escucho a mi padre recordándome que, a pesar de todo, nunca debe olvidarse que se está tratando con un ser humano.

Después de ese verano tan ajetreado volví a la República Dominicana, donde ya tenía una vida muy estable. Me quedaba solo un semestre de estudios antes del último año, que consistía en llevar a cabo prácticas en algún hospital. Trabajaba haciendo guardias en un hospital público de Santo Domingo, lo cual me permitía adquirir mayor experiencia, pero también ayudar a gente con pocos recursos. También daba clases de tenis unos tres o cuatro días por semana para costear mis gastos y tener algo más de dinero. Cuando disponía de algún día libre me iba a ver a mi novia, que se había mudado con sus padres y ahora vivía en Venezuela. Mi vida estaba muy bien organizada, sacaba buenas notas y estaba adquiriendo los conocimientos y la experiencia necesarios para llegar a ser un buen médico.

Durante ese semestre recibí la aprobación de las autoridades académicas de mi universidad para completar los dos últimos semestres de mi carrera en el Hospital Clínico de Barcelona. Esta noticia me llenó de alegría, ya que me permitía regresar a casa con mi familia, reducir gastos y concluir mis estudios en un hospital de renombre. Tras pasar los primeros meses en Barcelona, solo me faltaba llevar a cabo las prácticas de seis meses en Obstetricia, Ginecología y Pediatría.

En ese tiempo, tuve el honor de conocer al doctor Alejandro Cuevas, un amigo cercano que también fue mentor de mi padre. El doctor Cuevas había sido el médico personal de Salvador Allende, presidente de Chile. Lo había acompañado durante su andadura política, convirtiéndose en una figura de total confianza para él. La parte de la historia que pocos conocen sobre su trayectoria personal y profesional es que se encontraba con el presidente Allende durante el golpe de Estado de septiembre de 1973, en calidad de médico personal y amigo cercano. Estuvo con él en el momento de su suicidio en la Casa de la Moneda de Chile y fue quien intentó reanimarlo, aunque de manera infructuosa. Este hecho le llevó a exiliarse en Suecia, donde empezó a trabajar en el distinguido Hospital Universitario Karolinska de Estocolmo, institución que entrega anualmente el Premio Nobel de Medicina. Al conocer mi interés por la anestesiología y mi buen expediente académico, el doctor Cuevas me ofreció una beca para formarme durante ocho meses en Suecia en dicho hospital cuando obtuviera mi título. Era una oportunidad extraordinaria. Sería el paso perfecto para llegar a mi meta, que era mudarme a Estados Unidos, donde tenía planeado especializarme en Anestesiología.

El 8 de junio de 1984 finalicé con éxito mi internado en obstetricia en el Hospital Clínico de Barcelona, cumpliendo así el último requisito para obtener la licenciatura en Medicina. Por la mañana atendí a varios pacientes y al mediodía recibía el certificado de finalización de mis prácticas en la oficina del catedrático. El doctor y el equipo me felicitaron efusivamente, al igual que mis compañeros y las enfermeras. Salí con alegría y emoción del hospital para tomar el autobús a casa de mis padres. Estaba ansioso por compartir la buena noticia con ellos y comunicarme con mi novia, Meritxell, con quien había acordado casarme una vez que obtuviera mi título.

Ver el orgullo en los ojos de mi madre y saber todo lo que me había esforzado por conseguir esa titulación me hacía sentir eufórico. Sin perder tiempo, busqué comunicarme con mi novia en Venezuela. A pesar de las dificultades para lograr la llamada internacional, finalmente pude hablar con ella y le anuncié emocionado que me había convertido en médico y que pronto podríamos casarnos.

Su reacción fue un silencio repentino, y luego me preguntó sorprendida: «¿No sabes lo que ha ocurrido en tu universidad?». Entonces me explicó que unas semanas atrás, militares y policías dominicanos habían entrado en la institución para requisar archivos y registros académicos. Las autoridades norteamericanas habían acusado de fraude a esa organización, alegando que se habían vendido títulos a estudiantes que no cumplían con los requisitos. Durante este incidente, los militares provocaron un incendio en el Departamento de Admisiones y Registros, y dado que en aquel tiempo no se utilizaban computadoras y todo se manejaba en papel, se habían perdido numerosos archivos y expedientes académicos.

No podía creer lo que escuchaba. Decidí llamar a mi tutor académico en Santo Domingo, quien había sido discípulo de mi padre y además era un buen amigo. Lamentablemente, me confirmó lo que Meritxell me había dicho: al parecer, el FBI había descubierto que varios médicos dominicanos habían estado ejerciendo en Estados Unidos con títulos obtenidos de manera fraudulenta, así que este país había solicitado a las autoridades de la República Dominicana que tomaran las medidas necesarias e investigaran el asunto. Se habían quemado muchos archivos y expedientes académicos y no tenía ni idea de si el mío era uno de ellos o no. A pesar de las dificultades económicas de mi familia, viajé a Santo Domingo con el fin de recuperar la mayor parte posible de mi expediente.

Una vez allí, me vi inmerso en un escenario caótico, ya que más de dos mil compañeros se enfrentaban a una situación similar a la mía: personas que habían invertido todos sus ahorros y años de esfuerzo para convertirse en médicos. Me encontré con gente que sufría ansiedad y depresión.

Tras semanas de entrevistas y tramitaciones, pude confirmar que se habían recuperado únicamente las notas y el expediente correspondiente a los dos primeros años de mi formación académica. El resto había quedado reducido a cenizas, así que para acreditar mis conocimientos debía volver a empezar. Desesperanzado, entendí que ya no quedaba mucho por hacer allí; además, se me había acabado el dinero, por lo cual me vi obligado a volver a España.

En menos de dos semanas había pasado de estar en el momento más bonito y prometedor de mi vida a una situación angustiosa y desesperada. Para empezar, no iba a poder ejercer la medicina ni ese año ni los siguientes. Automáticamente, también se había anulado mi beca para formarme en el Hospital Universitario Karolinska de Estocolmo y, desde luego, era impensable realizar una especialidad en Anestesiología en Estados Unidos. Por supuesto, también había tenido que cancelar mis planes de boda.

Intenté convalidar lo poco que me quedaba de mi carrera en alguna universidad española, pero me resultó imposible, y por aquel entonces era inviable cursar nuevamente la carrera, ya que no tenía recursos económicos y mi familia estaba pasando por una situación muy complicada. Volví entonces al tenis para convertirme en entrenador, y así sobrevivir y ayudar a mi familia.

De todas las dificultades a las que me he enfrentado en mi vida, quizá esta es la que ha tenido un impacto más profundo en mí. Me sumergí durante un largo periodo de tiempo en un pozo de frustración y desilusión, dado que la medicina era mi verdadera vocación.

Este episodio ha dejado una profunda huella en mí, desgastándome durante muchísimo tiempo. A los veintidós años, me resultó extremadamente difícil aceptar que no podría realizar mi sueño de convertirme en médico, y me vi obligado a replantear por completo mi vida. Como consecuencia, he dedicado grandes esfuerzos a destacar en diferentes ámbitos profesionales, quizá para compensar la frustración de no haber materializado mi verdadero amor a la medicina.

¿QUÉ PUEDO APRENDER DEL MÉTODO SMILE CON ESTA HISTORIA?

- Tener claros tus ideas, metas y objetivos es crucial en la vida y ayuda a mantener un buen equilibrio mental y espiritual, sobre todo si se trabaja duro y poniendo todo tu esfuerzo e ilusión para que se haga realidad. También contribuye al equilibrio profesional y económico.
- Sin embargo, hay muchos jóvenes que no saben qué quieren hacer. A ellos les aconsejo tener claro, al menos, hacia dónde no quieren ir y lo que no desean hacer, que quizá sea más importante.
- Siempre es recomendable contar con un plan B, ya que nunca se sabe si se podrán materializar los sueños y metas que te propongas. Tener alternativas no solo le da propósito a la vida, sino que también ayuda a prevenir el miedo a lo desconocido, que genera desequilibrios dentro del método SMILE y, por tanto, estrés.
- Saber lo que queremos hacer en la vida mejora el equilibrio; no obstante, debemos aceptar que, a pesar de tener una clara vocación, quizá no podamos desarrollarla completamente, pero esto no implica que debamos ser infelices.

6

LA IMPORTANCIA DE UNA RESPIRACIÓN EFECTIVA

> Mientras la respiración sea irregular, la mente permanecerá inestable; cuando la respiración se calme, la mente permanecerá inmóvil.
>
> *Hatha yoga pradipika*

¿Alguna vez te has parado a pensar que podemos estar hasta tres semanas sin comer o tres días sin hidratarnos, pero que no podemos sobrevivir más de tres minutos sin respirar? Aun así, de estas tres necesidades fisiológicas esenciales, la respiración es la que menos tenemos en cuenta. Nos bombardean constantemente a través de la televisión, la prensa y las redes sociales con recetas para mejorar nuestra alimentación, nuevas dietas o suplementos nutricionales; también hay muchos artículos sobre nuevas bebidas que podemos consumir para hidratarnos correctamente y mejorar nuestro rendimiento, pero rara vez encontramos programas de televisión, artículos o publicaciones que nos enseñen a respirar de manera más efectiva.

En el método SMILE, la respiración se presenta como una de las estrategias más eficaces y rápidas para manejar nuestras emociones, disminuir el nerviosismo, enfrentarse al miedo y mitigar la ansiedad, especialmente en situaciones de crisis. Una respiración adecuada no solo optimiza nuestro rendimiento físico y nuestros niveles de energía, sino que también mejora nuestra vida sexual y, sobre todo, favorece un descanso reparador y un sueño adecuado. La respiración, además de ser un recurso gratuito, es una herramienta muy subestimada que, si se emplea de manera correcta, puede contribuir significativamente a mejorar nuestro equilibrio físico, mental, emocional y espiritual.

La respiración es uno de los procesos fisiológicos fundamentales para nuestra vida. Cada día respiramos aproximadamente veinte mil veces, lo que nos permite suministrar oxígeno a nuestro organismo y eliminar desechos en forma de dióxido de carbono. Sin embargo, de los tres recursos que he mencionado, la respiración es quizá aquel al que menos valor damos, ya que pocas veces la utilizamos de manera consciente para mejorar nuestro rendimiento. Sin embargo, las técnicas de respiración conscientes y voluntarias pueden ser de gran utilidad para ayudarnos a hacer frente al miedo y a sobreponernos a periodos de ansiedad y estrés agudos, pues el control de la respiración es uno de los medios más eficaces para intervenir en nuestro estado corporal y fisiológico, ya que la respiración conecta la mente y el cuerpo.

Miedo, ataques de pánico y respiración

El estrés puede afectar negativamente a nuestra respiración por varias razones. Una de ellas es que puede producir una sobreexcitación del sistema nervioso simpático, lo que eleva tanto la frecuencia como la profundidad de nuestras respiraciones. Además, en momentos de estrés, solemos respirar de forma más rápida y superficial, lo que limita la cantidad de oxígeno que inhalamos y puede llevar a la hiperventilación. Esto puede provocar síntomas como mareos, dolores de cabeza y sensación de falta de aire. Más adelante abordaremos con mayor detalle el tema de la hiperventilación.

Por el contrario, una respiración voluntaria, rítmica y controlada de tipo abdominal, que exploraremos a continuación, puede ser muy útil para disminuir o evitar la sobreactivación fisiológica ocasionada por la ansiedad, el miedo y el estrés. Esta es, en efecto, una de las técnicas de respiración que fomentamos en nuestro método como una estrategia de autocontrol ante el miedo.

Una manifestación más intensa y extrema del miedo son los ataques de pánico. Estos episodios se caracterizan por momentos abruptamente intensos de miedo o ansiedad que generan un gran malestar y pueden ocurrir de manera repentina. Son experiencias muy incómodas, y, cuando se presentan con frecuencia, pueden obligar a artistas o deportistas a cesar temporalmente su actividad profesional. Las técnicas de respiración que abordaremos en este capítulo pueden ser de gran utilidad para aliviarlos.

Entender la respiración

Comprender cómo funciona el sistema respiratorio es el primer paso para descubrir las ventajas de una respiración adecuada, sus beneficios en nuestro rendimiento físico y la forma de aplicar la respiración consciente en momentos de estrés, miedo o ansiedad. Existen dos elementos fundamentales en la manera en que respiramos: la frecuencia o el número de respiraciones que realizamos por minuto, y el volumen, que es la cantidad de aire que entra en nuestros pulmones con cada inhalación. Aunque son diferentes, generalmente uno afecta al otro.

La medicina convencional establece que una persona sana realiza entre 10 y 14 respiraciones por minuto, inhalando un volumen de aproximadamente 500 mililitros de aire en cada respiración, lo que da como resultado un total de entre 5 y 6 litros.

El CO_2 y el efecto Bohr

Por sorprendente que pueda parecer, no es el oxígeno el que tiene la mayor influencia en la eficiencia de la respiración, sino el dióxido de carbono. La frecuencia y el volumen de la respiración están regulados por receptores del cerebro que funcionan de manera análoga a un termostato que controla la calefacción de un hogar. Ahora bien, en lugar de detectar cambios en la temperatura, estos receptores vigilan la concentración de CO_2 y oxígeno en la sangre, así como el nivel de pH.

Por su parte, el efecto Bohr es un fenómeno físico que describe cómo la afinidad de la hemoglobina por el oxígeno varía en función del pH y la concentración de dióxido de carbono (CO_2) en la sangre. Se lo conoce así en honor al físico danés Niels Bohr, quien lo formuló a principios del siglo xx.

Cuando los niveles de dióxido de carbono superan un umbral específico, estos receptores sensibles activan la respiración para eliminar el gas sobrante. En otras palabras, el principal motor del acto de respirar es la necesidad de desprenderse del exceso de dióxido de carbono en el organismo. El dióxido de carbono desempeña una serie de funciones esenciales en el cuerpo humano, que incluyen:

- La transferencia de oxígeno de la sangre para su uso por las células.

- La dilatación del músculo liso en las paredes de las vías respiratorias y los vasos sanguíneos.
- La regulación del pH de la sangre.

El oxígeno se une a la hemoglobina de manera que esta puede transportarlo a diversas partes del cuerpo, permitiendo llevar a cabo distintas funciones. El efecto Bohr se presenta bajo ciertas condiciones en las que la hemoglobina disminuye su afinidad por el oxígeno debido a un aumento en la presión parcial de CO_2 y una reducción del pH sanguíneo. Así, el efecto Bohr se produce porque la hemoglobina pierde su afinidad por el O_2, lo que facilita un transporte de oxígeno más eficiente, especialmente en situaciones de hipoxia. La diferencia de pH entre la sangre arterial y la venosa ayuda a la liberación de oxígeno en los tejidos.

El efecto Bohr se manifiesta en el organismo cuando entrenamos en ambientes de baja presión atmosférica o durante el ejercicio intensivo. Por esta razón, muchos deportistas y atletas de élite realizan periodos de entrenamiento en altitudes elevadas, e incluso algunos optan por residir en estas zonas. Es fundamental recordar que la hemoglobina libera oxígeno en presencia de dióxido de carbono y cuando la presión parcial de oxígeno es baja, lo que sucede al viajar o entrenar en áreas montañosas.

Hiperventilación

La hiperventilación crónica se refiere al hábito de respirar una cantidad de aire superior a la que el organismo necesita de una forma más rápida de lo normal. Este fenómeno se presenta cuando la frecuencia o volumen de la respiración expulsa más dióxido de carbono del que el cuerpo puede generar, produciendo así hipocapnia, que es una disminución de la concentración de dióxido de carbono en la sangre. Las causas más comunes de la hiperventilación suelen estar relacionadas con el estrés, la ansiedad, el pánico o ciertas patologías médicas subyacentes.

Entre los síntomas de la hiperventilación se encuentran las palpitaciones, el mareo, el entumecimiento o sensación de hormigueo en las extremidades, la sudoración y una sensación de falta de aire o ahogo. Estos síntomas pueden resultar muy angustiantes para la persona afectada, llevándola a un estado de pánico que crea un círculo vicioso que aumenta aún más la hiperventilación. El síndrome de hiperventilación se asocia frecuentemente a trastornos de ansiedad y se define como un conjunto de síntomas físicos provocados por una hiperventilación fisiológicamente inapropiada.

El problema no radica en una escasez de oxígeno en la sangre, sino en la incapacidad de liberar una cantidad adecuada de oxígeno de la sangre en los tejidos y órganos, incluido el cerebro, lo que genera sensaciones de letargo y fatiga. Esto ocurre debido a la expulsión excesiva de dióxido de carbono del cuerpo.

Estrés oxidativo

El estrés oxidativo se produce cuando hay un exceso de radicales libres en el sistema; si no son controlados por los antioxidantes, estos radicales libres pueden atacar a otras células, ocasionando inflamación, fatiga muscular y sobreentrenamiento. Los radicales libres o agentes oxidantes se generan cuando el oxígeno que inhalamos se transforma en energía. Durante el ejercicio, la frecuencia respiratoria aumenta considerablemente, lo que conlleva una mayor producción de radicales libres. Estos compuestos son parte del funcionamiento normal del organismo y solo representan un problema cuando existe un desequilibrio entre los oxidantes y los antioxidantes que los contrarrestan.

Respiración nasal

Los humanos debemos reconocer y aceptar que la boca está diseñada para comer y la nariz para respirar. Al considerar el volumen de respiración y cómo mejorar su eficacia, el primer paso es regresar a lo fundamental y aprender a respirar por la nariz. Históricamente, la respiración bucal se ha vinculado con situaciones de emergencia en las que había que inhalar grandes cantidades de aire para realizar un esfuerzo físico intenso. Desde el punto de vista de la fisiología respiratoria, respirar por la boca activa la parte superior del pecho, mientras que respirar por la nariz facilita la respiración abdominal.

La respiración con la parte superior del pecho está más asociada a reacciones de estrés, miedo y ansiedad, mientras que respirar por la nariz y con el abdomen favorece una respiración regular, tranquila y constante gracias al uso del diafragma.

Cuántas veces hemos escuchado que, en momentos de estrés o nerviosismo, se nos aconseja *respirar hondo y contar hasta diez*, sugiriéndonos abrir los brazos para expandir el tórax. Esta creencia es errónea, ya que expandir el pecho y extender los brazos no es beneficioso para oxigenar el cuerpo. Para afrontar situaciones de miedo y estrés, una respiración verdaderamente profunda y eficaz debe ser abdominal, suave y rítmica.

Beneficios de respirar por la nariz:

- La respiración nasal calienta y humedece el aire que inhalamos.
- La nariz actúa como filtro, reduciendo significativamente la cantidad de gérmenes y bacterias presentes en el aire que se respira.
- La respiración nasal ofrece aproximadamente un 50 por ciento más de resistencia al flujo de aire en individuos sanos en comparación con la respiración bucal, lo que resulta en una absorción de oxígeno de un 10 a un 20 por ciento superior.
- La nariz es un depósito de óxido nítrico, un gas esencial para el mantenimiento de una buena salud.

Óxido nítrico (NO)

El óxido nítrico se produce en el endotelio de los vasos sanguíneos, que es una capa muy delgada de células que recubre el interior de estos vasos, incluidos los de la cavidad nasal. Sin embargo, en el caso de la nariz, esta actúa también como lugar de almacenamiento de ese neurotransmisor. Los hallazgos científicos han demostrado que esta molécula se libera en las vías aéreas nasales y se transfiere a las vías aéreas inferiores y a los pulmones a través de la respiración nasal. Cada vez que respiramos por la nariz, el aire inspirado transporta moléculas de óxido nítrico hacia los pulmones y la sangre, mientras que al respirar por la boca, el aire no entra en contacto con esas reservas que se encuentran en la cavidad nasal.

El óxido nítrico (NO) es un neurotransmisor endógeno, lo que significa que es producido por nuestro cuerpo. Desempeña un papel crucial en la dilatación de los vasos sanguíneos y las vías respiratorias, apoya la osteogénesis o formación de hueso, estimula el sistema inmunitario e influye en la coagulación sanguínea, evitando la agregación de plaquetas. Todos estos beneficios contribuyen a la homeostasis, es decir, al equilibrio fisiológico óptimo del organismo. Además, se ha demostrado que es fundamental en la prevención de enfermedades cardiovasculares, ya que ayuda a regular la presión arterial, disminuye el colesterol y contribuye al mantenimiento de la elasticidad arterial.

Los efectos vasodilatadores del óxido nítrico son particularmente remarcables en relación con la erección del pene. Una erección comienza cuando se libera óxido nítrico en la región pélvica y en el pene. Esta liberación se activa por estímulos físicos, pensamientos eróticos o situaciones que generan excitación. Con la presencia de óxido nítrico, los músculos se relajan y los cuerpos cavernosos del pene se dilatan. Esta relajación de los tejidos genera un efecto de vacío que provoca una considerable entrada de sangre en las venas del pene. Como resultado inmediato, se produce un aumento en el tamaño y grosor del pene, lo que se conoce como *erección*. El descubrimiento de estos efectos vasodilatadores en el pene llevó al desarrollo de la Viagra.

La producción de óxido nítrico en los senos nasales puede incrementarse simplemente al tararear. En un artículo publicado en el *American Journal of Respiratory and Critical Care Medicine*, los doctores Weitzberg y Lundberg explicaron cómo el tarareo elevó los niveles de óxido nítrico hasta quince veces más en comparación con la exhalación silenciosa. Concluyeron que el tarareo genera un aumento significativo de la ventilación de los senos y la liberación de óxido nítrico nasal. Con esta información, no es sorprendente que el zumbido o tarareo se practique en ciertas técnicas de meditación y sea de gran utilidad en momentos de estrés, miedo y pánico.

BOLT: The Body Oxygen Level Test

Esta parte del libro se basa en el sistema desarrollado por Patrick McKeown en su obra *El poder del oxígeno* (Gaia, 2018), aunque incluye algunas modificaciones que hemos implementado y que han resultado efectivas tanto para los diversos profesionales con los que he trabajado como en mis desafíos extremos. Poder realizar ejercicio físico con una respiración fácil y lenta no solo es un signo de buena forma física; también es más saludable y seguro.

Cuando los receptores responsables de la respiración responden enérgicamente al dióxido de carbono y a la disminución de oxígeno en la sangre, la respiración se vuelve intensa y pesada. Esto implica que el cuerpo necesita esforzarse considerablemente más para mantener ese aumento en el volumen respiratorio; sin embargo, la hiperrespiración provoca una reducción en los niveles de dióxido de carbono, lo que da como resultado un suministro menor de oxígeno a los músculos que están realizando actividad y, como consecuencia, una sobrecarga, un rendimiento insatisfactorio y un mayor riesgo de lesiones.

Por el contrario, cuando los receptores respiratorios son menos sensibles a los niveles de dióxido de carbono, se experimenta una disminución de la sensación de falta de aire, ya que el cuerpo puede trabajar más eficazmente con mucho menos esfuerzo; la respiración se vuelve más ligera tanto en reposo como durante la actividad física. Una respiración eficiente se traduce en una menor producción de radicales libres, lo que disminuye el riesgo de inflamación, daño en los tejidos y lesiones.

Un concepto vinculado con el alto rendimiento en los deportistas que debes conocer es el consumo máximo de oxígeno, o VO_2 máx., que se refiere a la máxima capacidad que tiene el cuerpo para transportar y utilizar oxígeno durante un minuto de ejercicio intenso o extenuante. El VO_2 máx. es un elemento determinante de la capacidad de un atleta para mantener una actividad física y es considerado como el mejor indicador de la resistencia cardiorrespiratoria y la condición física aeróbica.

Dado que el CO_2 constituye el principal estímulo para la respiración, el tiempo que una persona puede contener la respiración está determinado por la cantidad de dióxido de carbono que es capaz de tolerar, así como por su respuesta ventilatoria a este gas. Si esta última es fuerte, se alcanzará el umbral más rápidamente, lo que se traduce en una menor capacidad para aguantar la respiración. En cambio, una buena tolerancia y una respuesta ventilatoria más baja al dióxido de carbono conducen a que podamos aguantar durante mayor tiempo la respiración.

A continuación se detallan los pasos para realizar un test de BOLT:

1. Respira con normalidad, pero únicamente a través de la nariz durante unos segundos.
2. Luego, cierra la nariz con los dedos.
3. Cuenta los segundos hasta que experimentes la necesidad de respirar o una sensación de tensión en tu cuerpo que te impulse a hacerlo.
4. Estas sensaciones pueden incluir la urgencia de tragar o una restricción en las vías respiratorias.
5. El test de BOLT no evalúa cuánto tiempo puedes contener la respiración, sino el tiempo que tarda tu organismo en reaccionar ante la falta de aire.
6. Suelta la nariz, detén el cronómetro y vuelve a inhalar por la nariz.
7. Al inhalar después de soltar la nariz, hazlo de manera tranquila.
8. Vuelve a la respiración normal.

Los siguientes puntos son importantes al evaluar tu puntuación BOLT:

- Este test no mide el tiempo máximo que puedes contener la respiración.
- Si no sientes los primeros movimientos involuntarios de tus músculos respiratorios, libera la nariz tan pronto como notes el primer impulso claro o el primer signo de tensión que pide reanudar la respiración.
- El BOLT no es un ejercicio diseñado para corregir tu técnica de respiración.
- Ten presente que medir tu puntuación BOLT implica aguantar la respiración únicamente hasta que percibas los primeros movimientos involuntarios de tus músculos respiratorios.
- Si al final del ejercicio sientes la necesidad de inhalar profundamente, significa que has aguantado la respiración durante demasiado tiempo.

Que tu puntuación BOLT sea baja indica que tus receptores respiratorios son particularmente sensibles al CO_2, lo que provoca que tu volumen de respiración aumente para que los pulmones eliminen el exceso de CO_2. Por el contrario, una tolerancia normal al dióxido de carbono y una puntuación BOLT más alta indicará que tienes una mayor tolerancia al CO_2, por lo que serás capaz de mantener una respiración tranquila en reposo y una respiración más ligera durante la actividad física.

Si tu puntuación BOLT es inferior a 20 segundos, siempre teniendo en cuenta tu predisposición genética, es probable que sufras de algunos problemas como fatiga, congestión nasal, tos o que ronques al dormir y que muy probablemente tengas dificultades para respirar durante el ejercicio. Cada vez que tu puntuación BOLT aumente 5 segundos, notarás una mejoría en tu bienestar, más energía, y respirarás mucho mejor al hacer ejercicio. El objetivo del programa es incrementar tu puntuación BOLT hasta los 40 segundos, una meta realista que es la puntuación BOLT ideal para un adulto.

Prueba de oxígeno corporal BOLT

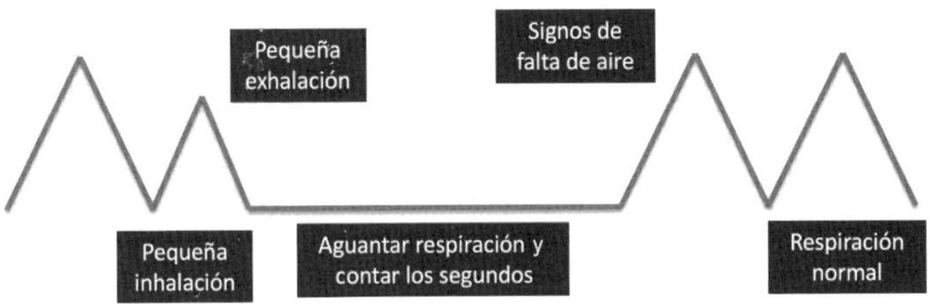

La principal distinción entre los atletas profesionales, especialmente los de resistencia, y las personas no deportistas radica en su reacción ante las bajas presiones de oxígeno, conocidas como *hipoxia*, y los altos niveles de dióxido de carbono o hipercapnia. Los atletas de resistencia son capaces de tolerar concentraciones más elevadas de CO_2 y niveles más bajos de oxígeno en la sangre durante el ejercicio. Una de las consecuencias del ejercicio intenso es el aumento del consumo de oxígeno y de la producción de CO_2, por lo que es esencial que los atletas manejen adecuadamente estos cambios en los gases sanguíneos. Esta misma situación se presenta en momentos de ansiedad o estrés.

Ten en cuenta los siguientes puntos para mejorar tu puntuación BOLT

- Respira por la nariz la mayor parte del tiempo.
- Evita suspirar frecuentemente y, si lo haces, aguanta la respiración antes de exhalar el aire. Lo mismo ocurre con los bostezos.
- Algo similar suele suceder en personas que hablan mucho. Si te das cuenta de que puedes oír tu respiración al hablar, es mejor disminuir la velocidad a la que hablas, usar oraciones más cortas y respirar con calma por la nariz entre cada oración.
- Cada vez que tu puntuación BOLT aumente 5 segundos te sentirás mucho mejor.
- Una buena progresión es que tu puntuación BOLT aumente entre 3 y 4 segundos durante las primeras dos o tres semanas.
- Cuando tu puntuación BOLT alcance los 20 segundos, es normal que tu progresión se ralentice, e incluso que permanezca *estancada* en esos 20 segundos durante ocho o diez semanas.
- Para aumentar una puntuación BOLT de 20 a 40 segundos es necesario realizar ejercicio físico e incorporar técnicas de respiración un poco más avanzadas.
- Las causas del lento progreso en la puntuación BOLT incluyen factores de estilo de vida, como el estrés y hablar en exceso, y las enfermedades.
- La puntuación BOLT más precisa se toma justo después de despertar.
- Tu objetivo es mantener una puntuación BOLT matutina de 40 segundos durante un periodo de seis meses.
- Dado que el estrés de la vida moderna puede afectar a tu respiración, asegúrate de que mantienes en todo momento una respiración nasal, rítmica y abdominal.

Para recuperarte del ejercicio físico o de un episodio de mucha ansiedad o estrés puedes usar la siguiente técnica, que te ayudará a calmar tu respiración y tu mente:

- Exhala normalmente por la nariz.
- Presiona la nariz con los dedos para aguantar la respiración entre 3 y 6 segundos.
- Respira normalmente por la nariz durante 10 segundos.
- Repite los primeros tres pasos.
- Practica el ejercicio durante entre 3 y 5 minutos.

Técnicas avanzadas

Uno de los ejercicios más efectivos para aumentar nuestra capacidad aeróbica, nuestro VO_2 máx. y la puntuación BOLT es el entrenamiento en altitud, o, en su ausencia, un entrenamiento que posea características similares o que lo simule.

Por favor, no practiques ningún ejercicio que simule el entrenamiento en altitud si tu puntuación BOLT es inferior a 20 segundos o si padeces alguna patología médica. Cada vez que aguantes la respiración, al finalizar el ejercicio deberías poder recuperar el aliento en dos o tres respiraciones. Si durante la práctica de estos ejercicios experimentas mareos o cualquier otro efecto secundario negativo, detente inmediatamente.

Simulacro de entrenamiento en altura

1. Puedes hacer este ejercicio durante una caminata, corriendo o yendo en bicicleta.

2. Realiza el ejercicio y aguanta la respiración:
    - De 10 a 15 minutos después de comenzar a ejercitarte, cuando tu cuerpo se haya calentado y esté sudando, exhala suavemente y aguanta la respiración hasta que experimentes una falta de aire de moderada a fuerte.
    - El tiempo durante el cual aguantes la respiración puede variar y dependerá de la velocidad o intensidad de tu ejercicio, así como de tu puntuación BOLT.
3. Descansa un minuto y repite. Después de aguantar la respiración, continúa tu actividad con respiración nasal durante aproximadamente un minuto, hasta que tu respiración se haya recuperado parcialmente.
4. Repite este ejercicio de 8 a 10 veces durante tu sesión, seguido cada vez por un minuto de respiración nasal.
5. Aunque aguantar la respiración debe suponer un esfuerzo, también debería permitirte recuperar la normalidad en solo un par de respiraciones.

Ejercicios respiratorios

La respiración consciente, al igual que cualquier otra habilidad, requiere entrenamiento y práctica para funcionar correctamente. Antes hemos señalado las cualidades de una buena respiración, enfatizando que debe ser nasal y no bucal, abdominal-diafragmática en lugar de torácica, y rítmica y profunda en vez de superficial y caótica. En situaciones de angustia, ansiedad, miedo y estrés es fundamental reconocer las variaciones en nuestro patrón respiratorio y, a través de la respiración consciente, obligarnos a respirar de manera adecuada.

Tomemos el tenis como ejemplo, ya que he trabajado con cientos de jugadores durante más de dos décadas, y la respiración se convirtió en uno de mis enfoques clave para mejorar su fortaleza mental. Es probable que hayas observado que muchos atletas emiten sonidos o gemidos al realizar un golpe o jugada. El tenista inhala al llevar la raqueta hacia atrás y, en el instante del contacto con la bola, exhala produciendo un gemido o un gruñido, lo que puede considerarse una manera de sincronizar sus golpes con la respiración.

También observé que durante los partidos de competición, había jugadores que alteraban su patrón de respiración en momentos de mayor nerviosismo o ansiedad. Muchos, en lugar de exhalar al contactar con la pelota, retenían el aire y, en casos extremos, casi inhalaban en vez de exhalar. A su vez, al finalizar el punto, cuando cambiaban de campo, y especialmente durante los descansos, su respiración se volvía superficial y desorganizada. Esto genera un círculo vicioso, ya que al no respirar de manera adecuada el oxígeno que llega al cerebro es insuficiente debido a la hiperventilación, lo que resulta en una expulsión excesiva de CO_2.

Por consiguiente, nuestro objetivo era lograr que los jugadores, además de aprender a respirar adecuadamente y convertir esto en un hábito, se esforzaran por hacerlo incluso bajo presión, aunque fuese de manera consciente. En el entrenamiento, se instruía a los jóvenes jugadores para que inhalaran al preparar el golpe y emitieran un «Aaahhh» o un «Yeeesss» al impactar en la pelota. Además, al finalizar el punto y durante los cambios de lado, se les enseñaba a mantener una respiración rítmica y diafragmática.

Respiración 4-7-7

La técnica de respiración 4-7-7, cuyo origen se encuentra en antiguas prácticas de yoga, es un ejercicio poderoso y fácil de realizar, conocido por su capacidad para calmar la mente y el cuerpo. Esta técnica ha ganado un amplio reconocimiento por su efectividad en el manejo del estrés, para relajarse e inducir el sueño. Su aplicación es muy sencilla: se inhala de manera silenciosa por la nariz durante cuatro segundos, se retiene la respiración durante siete segundos y luego se exhala por la boca, preferiblemente emitiendo un sonido suave o un silbido, durante siete segundos.

Esta secuencia va más allá de ser un simple patrón de respiración, ya que actúa, al activar el sistema nervioso parasimpático, como una herramienta para regular el sistema nervioso, facilitando la transición de un estado de alerta a una profunda relajación. No obstante, en el método SMILE aconsejamos adaptar las secuencias a la condición física de cada persona. Por ejemplo, yo utilizo un patrón 5-10-10. Si se practica de forma regular, ayuda a que nos enfrentemos a nuestros miedos y a reducir el estrés, mejora la capacidad respiratoria y puede ser muy útil para provocar el sueño. Además, es completamente compatible con el programa BOLT.

Estas técnicas de respiración son aplicables no solo al deporte de alto rendimiento, sino también a diversos aspectos de nuestra vida, y forman parte de uno de los principios esenciales del método SMILE: aprender de destacados deportistas, artistas y líderes globales y entrenar como un atleta para ofrecer lo mejor de nosotros mismos en el ámbito académico, corporativo o familiar. Al enfrentarnos a una conferencia, un examen o una presentación nuestra respiración será tan relevante y útil como para un Federer o un Nadal. Es fundamental que adoptemos formas de respiración eficaces, pero aún más aprender a reconocer cuándo nuestros nervios, el miedo y el estrés alteran nuestro ritmo respiratorio, de modo que podamos aplicar estas técnicas de manera consciente para corregirlo.

ANDRE AGASSI Y MIS DÍAS COMO TENISTA

Podríamos decir que el método SMILE —origen de este libro— se gestó durante mis días como jugador de tenis. En mi intento por convertirme en profesional, dominar los nervios de la competición siempre representó un gran desafío para mí. A pesar de contar con una condición física privilegiada y poseer una técnica tenística bastante adecuada para los estándares de aquellos días, mi preparación mental dejaba mucho que desear. Me ponía extremadamente nervioso antes de los partidos y perdía el control bajo presión, lo que ocasionaba enfados monumentales —a veces, bochornosos— durante los encuentros. Se acepta comúnmente que el tenis a un nivel avanzado o profesional posee un componente mental considerable, y se estima que un 80 por ciento de la capacidad del deportista estará ligado a cómo gestione sus emociones, sus nervios y sus miedos. Hoy en día, la gran mayoría de los jugadores de élite poseen físicos portentosos y una técnica muy depurada y sin fallos en ninguno de los golpes. Además, suelen viajar con un grupo de profesionales y familiares que los ayudan a mantener el equilibrio emocional. La diferencia que ha podido haber entre Federer, Nadal o Djokovic en sus respectivos momentos álgidos ha sido en un 90 por ciento de tipo mental.

Viajar por el circuito ATP no es una tarea fácil, especialmente en los niveles más bajos y al inicio de tu carrera profesional. Por lo general, debes desplazarte solo o acompañado por tu entrenador o colegas jugadores. Los primeros desplazamientos suelen realizarse en coche, tren o aerolíneas de bajo coste, mientras que el alojamiento acostumbra a ser en hostales o pensiones. Además, la alimentación suele verse afectada al no contar con los recursos suficientes para llevar una dieta óptima para un deportista de élite. Cada semana te toca trasladarte a una ciudad diferente, posiblemente enfrentándote a diversas condiciones meteorológicas, a comidas y costumbres distintas; sin embargo, algo que se mantiene constante es no poder contar con las condiciones económicas adecuadas, lo que impide al jugador enfocarse únicamente en su preparación y en los encuentros. A todo esto se suma el hecho de que el tenis es un deporte individual, por lo que te hallas completamente solo dentro de la pista. Hay que tener en cuenta que hasta hace poco no se ha comenzado a permitir que los entrenadores den algunos consejos durante los partidos.

Así, en mi caso, cada vez que tenía que competir empezaba mi pesadilla y mi calvario. Recuerdo muy pocos partidos en los que realmente disfrutara. En aquella época se sabía poco acerca del entrenamiento mental y los entrenadores se centraban en las correcciones técnicas, algo de estrategia y una mínima preparación física. Hubo numerosos partidos en los que llevaba claramente ventaja, pero, en los momentos críticos, los nervios volvían a traicionarme, perdiendo el control de mí mismo y, finalmente, del partido. Intenté compensar mi falta de fortaleza mental con una preparación física que era inusual para aquellos tiempos. Realizaba sesiones de pesas, mucho entrenamiento aeróbico y ejercicios de flexibilidad, aunque principalmente me centraba en mejorar mi velocidad y mi movilidad en la pista. Aunque mi buena condición física me otorgaba cierta ventaja sobre mis oponentes, no era suficiente para compensar mi falta de control emocional y fortaleza mental.

Los años que pasé estudiando Medicina no pude dedicarme plenamente a la alta competición. En cualquier caso, mi meta era convertirme en médico, así que nunca planeé dedicarme completamente al mundo del deporte. Trabajaba como instructor de tenis para ayudar a mis padres a financiar mis estudios y participaba en algunos torneos durante mis vacaciones. Tras el cierre de mi universidad y la interrupción de mis estudios de Medicina, intenté regresar a la competición mientras impartía clases de tenis para obtener algunos ingresos.

No obstante, en 1987, llegué a la conclusión de que la competición no era para mí. En el tenis profesional, sobrevivir sin estar clasificado entre los primeros cien o ciento cincuenta del ranking ATP es extremadamente complicado, y debido a mi limitada capacidad para gestionar las emociones esa meta parecía inalcanzable. Por consiguiente, decidí convertirme en entrenador profesional de tenis. Para lograrlo me formé y obtuve el título en la United States Professional Tennis Registry (USPTR), en Estados Unidos.

Al no haber podido ser médico, decidí enfocarme en convertirme en un verdadero profesional de la enseñanza del tenis. Realicé todos los cursos posibles y me formé con la misma dedicación con que me hubiera formado en Medicina. En Estados Unidos tuve también el privilegio de conocer al doctor James E. Loehr, una figura influyente no solo en mi carrera tenística, sino también en otros aspectos de mi vida. El doctor Loehr, un psicólogo pionero en el entrenamiento mental de deportistas, en particular de jugadores de tenis, impartió uno de los primeros cursos sobre *mental toughness training* ('entrenamiento de la fortaleza mental'), al que tuve la gran suerte de asistir en Virginia.

Ese curso me fascinó, ya que me proporcionó las técnicas de control mental que hubiera necesitado en mis días como jugador. Jim Loehr transformó por completo mi perspectiva sobre el tenis y la manera en que ayudaba a mis alumnos.

Al volver a España, con mi nueva titulación de profesional del tenis y lo aprendido con el doctor Loehr bajo el brazo, trabajé en clubes bastante importantes y con jugadores de buen nivel. Sin embargo, fue mi puesto como director técnico del prestigioso Murcia Club de Tenis, donde organicé mi primer gran evento deportivo, el que me lanzó a nivel internacional. Este club siempre ha sido uno de los grandes centros tenísticos de España, y la región de Murcia ha producido grandes jugadores como Nicolás Almagro o el mismísimo Carlos Alcaraz.

En 1987 concebí la idea de organizar un simposio internacional para entrenadores de tenis con el objetivo de lograr un impacto significativo. Para alcanzar este propósito era imperativo asegurar la participación de destacadas figuras de la enseñanza del tenis, tanto del ámbito nacional como del internacional. En ese momento, el nombre más respetado como formador de jugadores de élite era Nick Bollettieri, quien había establecido años atrás la primera academia de tenis donde los estudiantes residían, convivían durante todo el año, estudiaban y, por supuesto, se sometían a rigurosos entrenamientos. De dicha academia surgieron destacados tenistas de la época, entre ellos Jimmy Arias, Aaron Krickstein y otros reconocidos nombres. Con el paso de los años, de esta institución, actualmente conocida como IMG Academies, salieron jugadores de la talla de Pete Sampras, las hermanas Williams, Anna Kournikova, Jim Courier, Boris Becker o María Sharápova.

Pero había un problema. Aunque era el director de un club reconocido, seguía siendo un entrenador de provincias con escasos contactos internacionales. Por lo tanto, era muy improbable que el renombrado Nick Bollettieri visitara Murcia. Lo consulté con Meritxell, mi primera mujer, quien respondió de manera contundente: «Busca un anuncio de la academia de Bollettieri en la revista estadounidense de tenis y llámalo por teléfono» mientras me alcanzaba una copia de esa revista abierta en la página con el anuncio. En aquellos días no existían ni el fax, ni los correos electrónicos, ni las redes sociales, por lo que la única forma de contactar con Bollettieri era llamar a Estados Unidos. Inmediatamente cogí el teléfono, llamé al número que aparecía en la publicidad y pregunté por el señor Bollettieri a la recepcionista que contestó. Esta, con un leve tono de sorpresa al decirle que telefoneaba desde España, transfirió la llamada. Me contestó Ted Meekma, director ejecutivo de la academia, quien me pidió que le contara con detalles de qué se trataba y lo que pretendíamos al invitar a Nick. Después de explicarle en qué consistiría el congreso, me pidió que le diera una semana para analizarlo.

Justo una semana más tarde, según lo acordado, volví a llamar a la academia. Un Ted Meekma muy amable y entusiasmado me contestó. Después de analizar detenidamente mi propuesta, estaban de acuerdo en participar en el evento, pero me ofrecía algo ligeramente diferente a lo que yo les había planteado. Me propuso que Nick Bollettieri viajase a España acompañado de Gabriel Jaramillo, el director técnico de la academia, y de uno de sus jugadores más prometedores para llevar a cabo las demostraciones en pista junto a Nick. Todo esto por 5.000 dólares más los billetes de avión y el alojamiento, lo cual era una ganga. Cuando pregunté quién era el jugador que los acompañaría, me dijo que probablemente no lo conocería, ya que tenía apenas diecisiete años y un ranking muy bajo en la ATP. Su nombre era Andre Agassi.

Cuando cerré el acuerdo para la participación del grupo de Bollettieri, faltaban aún seis o siete meses para el congreso. Durante ese tiempo Andre Agassi saltó a la fama al ganar varios torneos, incluyendo el de Forest Hills, y al aparecer en todas las televisiones con unos pantalones que parecían tejanos recortados y con su gran melena rubia. Faltando apenas un mes para la celebración de nuestro simposio, el representante de Pat Cash, quien en ese momento era el campeón de Wimbledon, me visitó en el Murcia Club de Tenis para intentar convencerme de incluir una exhibición entre Agassi y Cash como parte del simposio, ya que al campeón de Wimbledon le urgía competir en tierra batida. La propuesta era muy difícil de rechazar, ya que solo solicitaba 10.000 dólares por la participación del australiano. Sin consultar con mis superiores, acepté la propuesta y me comprometí con la directiva del club, ofreciendo mi renuncia en caso de fracasar. Para ellos también resultaba complicado rechazar una oferta tan atractiva.

Cuando el evento fue anunciado a los medios de comunicación, comenzamos a recibir una avalancha de inscripciones para el congreso, así como docenas de solicitudes de acreditación de medios, dado que Andre Agassi se estaba volviendo cada vez más famoso, atrayendo tanto a jóvenes como a adultos a las pistas de tenis. En ese momento, el tenis sufría una falta de interés y una caída de sus audiencias que el joven Agassi logró revertir.

El acontecimiento fue un rotundo éxito, ya que se agotaron las seiscientas plazas disponibles para participar en el congreso y las casi tres mil entradas del aforo de la pista central del Murcia Club de Tenis, que tuvo que ampliarse para el partido. Mi carrera como profesional del tenis experimentó un impulso inesperado a nivel internacional. Tanto Andre Agassi como Pat Cash partieron hacia Roland Garros al día siguiente de finalizar el evento. Al acompañarlos a sus vehículos oficiales y despedirme, ambos mencionaron que nos volveríamos a encontrar durante el torneo de París, a lo que respondí que lamentablemente no podría asistir porque no tenía entradas. Agassi y Cash intercambiaron miradas y consultaron con sus respectivos entrenadores para asegurarse de que pudiera obtener un pase como acompañante durante toda la competición. No podía creerlo; asistiría a mi primer torneo en París como invitado de dos de los grandes jugadores de todos los tiempos.

En aquel primer Roland Garros, tanto Nick, como Andre, Pat y, especialmente, el entrenador de este último, Ian Barclay, me atendieron de maravilla. También fue el comienzo de mi relación con Bollettieri, quien ese verano me invitó durante un mes a conocer su academia y me ofreció ser su representante en toda Europa. Durante mi estancia en la ciudad de Bradenton volví a coincidir con Andre Agassi y su hermano Philip, con quienes comencé a mantener conversaciones muy interesantes que me han ayudado a escribir este libro y a desarrollar el método SMILE. Mis siguientes encuentros con Andre, en los que mantuvimos sendas conversaciones, fueron en Barcelona, durante el Trofeo Conde de Godó de 1990, y en Zaragoza en 1991, durante una exhibición en la que jugó contra Sergi Bruguera.

Recuerdo que durante aquella primera estancia en Bradenton, Florida, un día me encontré en la piscina de la academia con Andre y su hermano Philip. Mantuvimos una conversación mientras estábamos sentados dentro del agua, y Andre me contó, después de repasar su visita al evento en España, que acababan de comprarse un Porsche descapotable, el último modelo, cada uno. Fue el primer gran lujo que se habían permitido después de unos inicios muy precarios y con recursos muy limitados. Philip me comentó que durante muchos años habían tenido que viajar de torneo en torneo en autobuses, alojándose en moteles de baja categoría, y que a menudo no tenían suficiente dinero para comer adecuadamente.

Lo que aprendí de Andre Agassi fue fruto de esas conversaciones, pero también de lo que él mismo relataría años más tarde en su libro *Open*, una biografía escrita por el premio pulitzer J. R. Moehringer que te absorbe aunque no te interese el tenis. «Odio el tenis» es el mantra sobre el que se sustenta este libro, que debería ser lectura obligada para cualquier deportista, pero sobre todo para quienes han tenido un padre como el de Agassi. Emmanuel *Mike* Agassi participó en los Juegos Olímpicos de 1948 y 1952 representando a Irán en boxeo. Tras emigrar a Estados Unidos, acortó su apellido de Aghassian a Agassi. Fanático del tenis, estaba determinado a hacer todo lo posible para que alguno de sus hijos fuera un jugador de renombre, a tal punto que le regaló su primera raqueta a Andre cuando este cumplió dos años. Él era «la última esperanza del clan Agassi», y con siete años devolvía diariamente 2.500 bolas lanzadas con una máquina lanzapelotas modificada a la que él llamaba *el dragón*. «El miedo es un poderoso motivador», confesaría años más tarde el tenista.

«Juego al tenis para ganarme la vida, aunque odio el tenis, lo detesto con una oscura y secreta pasión, y siempre lo he detestado», explicaba Andre. En 1997 sufrió una grave depresión que afecto a su juego y lo llevó a consumir metanfetamina, llegando a descender hasta la posición 141 del ranking mundial. Finalmente, tras varios intentos por reconstruir su matrimonio, en enero de 1999 le pidió el divorcio a su mujer, la actriz Brooke Shields. Después de separarse, Agassi comenzó un riguroso programa de entrenamiento que le permitió recuperar su nivel de juego y reincorporarse rápidamente al circuito. «Por desgracia, me enamoré del tenis demasiado tarde en mi vida», declararía años después.

A los pocos años conoció a Steffi Graf, y la vida y la carrera de Andre Agassi experimentaron un cambio significativo. Encontró estabilidad junto a la tenista alemana, quien se retiró en 1999 y contrajo matrimonio con él en 2001. La pareja pronto formó una familia con dos hijos, Jaden Gil y Jaz Elle. Esta estabilidad permitió a Andre Agassi prolongar su carrera en el tenis durante unos años más, hasta su retirada el 3 de septiembre de 2006. Desde entonces, ambos se han dedicado a la creación de su propia fundación, enfocada en la educación, así como al desarrollo de la Andre Agassi Charitable Association, que se dedica a ayudar a jóvenes de Las Vegas, lugar donde la familia reside junto a parte de la familia de Graf. Crearon un colegio en la zona, y en 2007 fundaron, junto con otros deportistas, la organización Athletes for Hope ('Atletas para la Esperanza'), con el propósito de facilitar la participación de profesionales del deporte en proyectos benéficos.

Durante su discurso de aceptación como miembro del Tennis Hall of Fame, en 2011, finalmente se había reconciliado con su padre: «Papá, a los cinco años me pediste que ganara Wimbledon; a los siete, los cuatro Grand Slams; y, en incontables ocasiones, que formara parte del Salón de la Fama. A los veintinueve años, me sugeriste que me casara con Steffi Graf. Fue la mejor recomendación que me diste. Así que, papá, te pido que nunca dejes de aconsejarme».

¿QUÉ PUEDO APRENDER DEL MÉTODO SMILE CON ESTA HISTORIA?

- Tanto en el deporte como en cualquier área de nuestra vida personal y profesional, debemos esforzarnos por conocer cuáles son nuestros puntos fuertes para potenciarlos y cuáles son nuestras debilidades para intentar mejorarlas.

- Dentro del método SMILE, la energía y el equilibrio físico de Agassi, gracias a su enorme talento, compensaban los desequilibrios emocionales que sufría a causa de su padre, así como los desequilibrios espirituales derivados de su odio hacia el tenis.
- La ira es una de las reacciones más comunes cuando estamos bajo estrés o nerviosos, creando un desequilibrio emocional importante. Sin embargo, esto no tiene por qué suponer un gran desequilibrio espiritual si sabemos canalizar esa energía negativa, ya que también demuestra que estamos muy motivados.
- Esta historia refleja perfectamente cómo Andre Agassi tuvo que enfrentarse a un tremendo desequilibrio emocional, debido a la relación con su padre y a las exigencias de este.
- Como hemos visto en el capítulo relacionado con el equilibrio, los desequilibrios emocionales son los más difíciles de controlar y los que más energía consumen, ya que dependen no solo de nosotros, sino también de terceras personas, principalmente de aquellas relacionadas con nosotros familiar y emocionalmente.
- Asimismo, hemos podido comprobar como el equilibrio emocional y la energía que se deriva de este mejoraron todos los aspectos de la vida de Agassi al casarse con Steffi Graf.
- Hoy en día, el punto fuerte de todos los tenistas es su equilibrio y energía física, ya que son verdaderos atletas, y la gran mayoría posee golpes extraordinarios. La

diferencia entre ellos radica en la parte mental del juego, el control de las emociones y el equilibrio espiritual.

- Participar en actividades benéficas es un gran liberador de endorfinas.

7

HIDRATACIÓN

> Creo que el agua es la única bebida para un hombre sabio.
>
> Henry David Thoreau

El cuerpo humano está compuesto casi en un 70 por ciento de agua, lo cual refleja perfectamente la importancia que tiene una buena hidratación no solo sobre nuestro organismo, sino también sobre nuestra mente. Una adecuada hidratación no solamente es fundamental para los deportistas o durante el esfuerzo físico, sino también en el ámbito laboral y académico y en la vida cotidiana. El cuerpo humano no tiene capacidad para almacenar agua, y cada día perdemos en torno a dos litros y medio a través del sudor, la respiración, la orina, la saliva y las heces. Por ello, la cantidad de agua que se elimina cada día debe ser restablecida para mantener el equilibrio hídrico del organismo.

En este capítulo analizaremos las principales funciones del agua, lo que nos ayudará a entender cuáles pueden ser los principales efectos de la deshidratación. Veremos como mantenernos correctamente hidratados mejora nuestro rendimiento físico y mental. Por otra parte, hay que tener presente que en momentos de estrés, ansiedad y miedo las necesidades hídricas aumentan, por lo que es posible que se produzca una deshidratación que empeore estos problemas. Por último, en la sección más relevante de este repaso a la hidratación humana aprenderemos cuál es la mejor forma de mantenernos hidratados y los líquidos o bebidas más recomendables.

Quiero recalcar que resulta especialmente importante mantenernos hidratados mientras llevamos a cabo actividades al aire libre, cada vez más, debido al aumento de las temperaturas causado por la crisis climática, particularmente en países que ya son calurosos por naturaleza. Las olas de calor se han vuelto un fenómeno recurrente en todo el mundo en los últimos años, y el número de personas enfermas y fallecidas por el calor ha aumentado significativamente, sobre todo entre la población de los países del tercer mundo.

Cuanto más sudamos, mayor cantidad de agua se pierde, pero con ella también perdemos sal. La sal desempeña un papel muy relevante en la conservación del equilibrio de líquidos mediante la ósmosis, que regula el contenido de agua en las células. Sin sodio, las células podrían deshidratarse. Además, la sal en nuestro organismo es esencial porque contiene electrolitos como el sodio y el cloro, que transportan cargas eléctricas a través de la sangre y los fluidos corporales, ayudando a mantener una hidratación adecuada.

A lo largo de mi trayectoria vital, he observado que la hidratación, ese simple acto de consumir solo agua, puede influir significativamente en el rendimiento, el bienestar y la salud. También he llegado a entender que existen múltiples factores que pueden provocar la deshidratación, pero no estamos habituados, por un lado, a prevenirla y, por otro, a reconocer sus primeros síntomas.

Funciones del agua

El agua desempeña funciones vitales en nuestro organismo, de ahí la importancia de prevenir la deshidratación. Es importante conocer estas funciones para comprender mucho mejor cómo puede afectarnos el hecho de que no se realicen correctamente.

La alteración de alguna de estas funciones podría provocar desajustes en aspectos clave del método SMILE, principalmente en la parte del equilibrio físico y su energía —e indirectamente sobre los otros equilibrios y fuentes de energía—. Las principales funciones del agua son las siguientes:

- **Hidratación.** Aunque pueda parecer obvio, la principal función del agua es mantener nuestros tejidos y órganos bien hidratados. También es el principal líquido que podemos ingerir para conseguir una hidratación rápida y efectiva.
- **Función lubricante.** El agua mantiene húmedos los tejidos del cuerpo. Además, contribuye a la protección de la médula espinal y actúa como lubricante y amortiguador de las articulaciones. La saliva, las lágrimas y las mucosidades, compuestas en gran parte por agua, actúan como lubricante de las membranas y mucosas.
- **Termorregulación.** El agua, a través del sudor, regula la temperatura corporal al calentar o enfriar la piel dependiendo del clima, y ayuda a mantener una temperatura adecuada en los órganos internos del cuerpo.
- **Regulación de funciones corporales.** El agua no solo actúa como un entorno en el que tienen lugar las reacciones metabólicas, sino que también participa en algunas de ellas. Por ejemplo, el agua es un

producto de diversas reacciones, como la respiración, y, a su vez, es el sustrato de otras como la fotosíntesis.

- **Eliminación de toxinas.** Permite que el cuerpo excrete desechos a través de la transpiración, la micción y la defecación. Los riñones y el hígado la usan para eliminar los desechos, al igual que los intestinos.
- **Transporte de nutrientes.** El agua, como fluido, facilita la incorporación de nutrientes derivados de la digestión, los cuales se distribuyen a través de la sangre y la linfa.
- **Función protectora.** La saliva, las lágrimas y la mucosidad, como lubricantes, preservan y protegen las membranas y mucosas.
- **Digestión.** El agua colabora en la digestión de los alimentos, facilitando la absorción de sus nutrientes: una vez ingerida, el agua es absorbida por los intestinos delgado y grueso, para luego entrar en el flujo sanguíneo, donde se utiliza para la descomposición de los nutrientes.
- **Mejora del rendimiento cerebral.** Numerosos estudios muestran que la deshidratación afecta negativamente a la memoria, la atención y la concentración.
- **Salud cardiovascular.** El agua juega un papel fundamental en tu sangre, especialmente en el plasma, que es la parte líquida, compuesto aproximadamente por un 90 por ciento de agua. En momentos de deshidratación, la sangre se concentra, lo que puede causar un desequilibrio en los electrolitos que contiene, sobre todo el sodio y el potasio. Estos electrolitos son esenciales para el adecuado funcionamiento de los músculos y el corazón.
- **Control del peso.** Nuestro organismo requiere agua para llevar a cabo la lipólisis, el proceso mediante el

cual se metabolizan las grasas y carbohidratos almacenados. El primer paso de este proceso es la hidrólisis, que se produce cuando las moléculas de agua reaccionan con los triglicéridos, generando glicerol y ácidos grasos. Además, cuando el estómago percibe que está lleno, envía señales al cerebro para que se detenga la ingesta de alimentos. La presencia de agua en el estómago provoca una sensación de saciedad y hace que disminuya el hambre.

La deshidratación

La deshidratación se produce cuando se usa o se pierde más líquido del que se ingiere sin reponerlo adecuadamente. El resultado es que el cuerpo no tiene suficiente agua para llevar a cabo sus funciones fisiológicas normales. Cualquier persona puede deshidratarse, pero esta situación es especialmente peligrosa en los niños y los adultos mayores. Las causas más frecuentes de deshidratación en niños son la diarrea y los vómitos intensos. Los adultos mayores, por su parte, tienen, de manera natural, un volumen menor de agua en sus cuerpos, pero las enfermedades o la ingesta de medicamentos pueden aumentar ese riesgo. La deshidratación puede tener efectos significativos en el bienestar mental y físico, afectando también negativamente al funcionamiento cognitivo y emocional de una persona.

Tipos de deshidratación

Hay tres tipos, que se determinan según las concentraciones de agua y electrolitos. A continuación analizaremos las diferencias entre ellos y la importancia de esta clasificación para entender mejor cómo revertir nuestra deshidratación de forma eficaz.

- **Deshidratación isotónica.** Es la más común, y ocurre cuando se pierde igual cantidad de líquido que de sodio y potasio. Es muy frecuente en los niños pequeños y suele asociarse con diarrea, vómitos o falta de una ingesta suficiente de líquidos. La carencia grave de líquido y minerales puede llevar a lo que se conoce como *shock hipovolémico*.
- **Deshidratación hipovolémica.** Sucede cuando se pierde una mayor cantidad de electrolitos, como potasio y, especialmente, sodio, que de agua. Este tipo de deshidratación suele ser provocada por ciertos tipos de diarrea, por el ejercicio con sudoración intensa o por la ingesta de agua durante periodos de deshidratación severa sin la incorporación de electrolitos.
- **Deshidratación hipertónica.** En este caso, se pierde más agua que sal, lo que aumenta la concentración de sodio fuera de las células, pudiendo acarrear un desplazamiento de agua hacia esa área. Sus causas más comunes son una baja ingesta de agua, la sudoración excesiva o un alto nivel de glucosa en sangre, que provoca un incremento de azúcar en la orina, obligando a orinar más (diuresis osmótica), como sucede en personas con diabetes.

Cómo saber si estamos bien hidratados

La manera más sencilla de determinar rápidamente nuestro estado de hidratación es observando el color de nuestra orina. Sin embargo, es importante recordar que este color también puede verse influenciado por nuestra dieta o por nuestra medicación. Aun así, siempre aconsejo fijarse en el color de la orina y considerar también la frecuencia con la que orinamos.

A continuación, un cuadro nos proporciona una idea aproximada del color de la orina en relación con nuestro estado de hidratación, asumiendo que no estamos tomando ningún tipo de medicamento o alimento que puedan alterar su color.

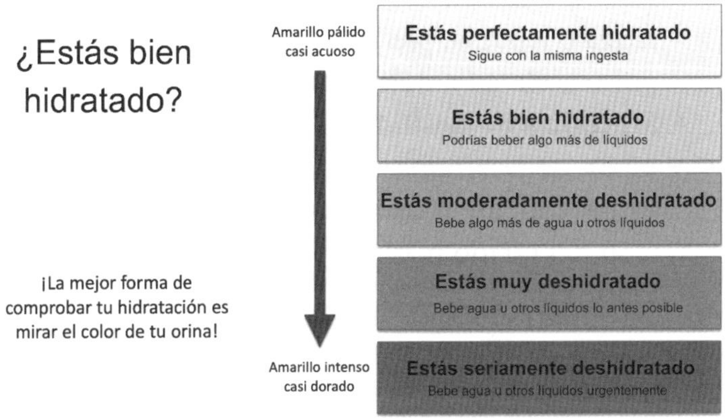

El primer consejo que puedo dar para evitar o combatir la deshidratación es el siguiente: evita tener sed. Aunque para muchas personas esto puede parecer que no representa un síntoma de hidratación, en sentido literal sí lo es. Para prevenir la deshidratación y asegurar que estamos correctamente hidratados, debemos evitar incluso la más leve sensación de sed, dado que es un indicativo de que nuestros niveles de agua están por debajo de lo necesario para el óptimo funcionamiento de nuestro cuerpo y para alcanzar un alto rendimiento.

Aparte de la sensación de sed, a continuación elaboro una lista de los síntomas más comunes de la deshidratación, desde la moderada hasta la muy severa. Como verás, muchos de ellos están directamente relacionados con los problemas que nuestro método SMILE pretende prevenir.

- **Síntomas de deshidratación leve.** Sed excesiva, orina de color amarillo intenso, micción menos frecuente, mareos, cansancio, irritabilidad, sequedad de boca.
- **Síntomas de deshidratación moderada.** Desorientación, orina escasa, de color oscuro o falta de orina, fatiga o letargia, piel poco elástica, labios agrietados, pulso acelerado, dolor de cabeza, palpitaciones.
- **Síntomas de deshidratación grave.** Piel fría y húmeda, sed extrema, respiración acelerada, falta de orina, dificultad o imposibilidad de hablar, alteración del estado mental, pérdida de conciencia, convulsiones.

Cómo hidratarnos

Como he comentado antes, tener sed significa que tu cuerpo ya está deshidratado. Por tanto, para mantener una buena hidratación es importante que bebas agua con regularidad. Además, debemos tener en cuenta que a medida que envejecemos, los receptores de la sed se vuelven menos efectivos para detectar las necesidades de hidratación, por lo que resulta conveniente acostumbrarse a beber pequeñas cantidades de agua a lo largo del día.

La gran mayoría de los médicos, científicos, entrenadores deportivos, nutricionistas y atletas de élite coinciden en que la mejor forma de hidratarse es consumiendo agua. También es muy importante la manera en que la bebemos. Es fundamental mantener una ingesta constante de agua a pequeños sorbos, ya que el aparato digestivo solo puede asimilar entre 600 y 800 mililitros de líquido por hora. Además, hay que tener en cuenta la temperatura del agua, ya que se absorbe mucho mejor en el estómago a una temperatura de entre 10 y 14 grados.

Con respecto a la cantidad, no existe una recomendación estándar. En líneas generales, podemos decir que el 80 por ciento de nuestra hidratación debe depender del consumo directo de agua, mientras que el 20 por ciento restante proviene de alimentos con alto contenido de agua. Algunas personas pueden necesitar más o menos agua, dependiendo de una variedad de factores:

- nivel de actividad física
- temperatura y humedad ambiental
- edad
- estado de salud
- tamaño del cuerpo
- situaciones de estrés

Como hemos visto a lo largo de este capítulo, mantenernos debidamente hidratados no solo ayudará al funcionamiento natural de nuestro organismo, sino que también contribuirá a que tengamos un mayor rendimiento, tanto físico como mental. Dentro del método SMILE, mantenernos correctamente hidratados es fundamental para ayudarnos a gestionar el estrés y a enfrentar nuestros miedos.

Es igualmente importante que tengamos presentes otros factores que pueden contribuir a la deshidratación, como el consumo de alcohol o de bebidas con un alto contenido de cafeína. El alcohol representa un gran obstáculo para una buena hidratación y un rendimiento óptimo, incluso cuando se consume con moderación. No todas las bebidas alcohólicas tienen la misma concentración de alcohol —por ejemplo, la cerveza contiene un 5 por ciento, los vinos varían entre un 12 y un 15 por ciento y los destilados pueden alcanzar hasta un 40 por ciento—, así que sus efectos varían, pero, en cualquier caso, hay que saber que el alcohol inhibe la producción de hormona antidiurética. Si se ingiere más alcohol del recomendado, el cuerpo reduce la producción de esta hormona, lo que facilita la deshidratación y provoca la pérdida de minerales como el potasio y el sodio.

Otras bebidas

Así como existen tres tipos de deshidratación en función de las concentraciones de agua y electrolitos, también hay tres clases de bebidas que podemos tomar para prevenir o revertir cada tipo de deshidratación de forma eficaz. El siguiente cuadro explica de manera sencilla y esquemática en qué consisten estas bebidas, que pueden consumirse como complemento del agua, especialmente cuando hacemos deporte y durante periodos de gran estrés físico y mental.

Tipo de bebida	Hidratos de carbono	Osmolaridad	Sodio	Ingesta
Isotónica	6-9 % (30-45 gramos/500 ml)	Igual a la de la sangre (300 mOsm/l)	0,7-1 gramos/litro	Asimilación rápida. Reposición de líquidos y electrolitos (sobre todo, cloro y sodio) y energía (glucosa). Retrasan la fatiga, evitan lesiones por calambres, mejoran el rendimiento y aceleran la recuperación.
Hipotónica	4-6 % (20-30 gramos/500 ml)	Inferior a la de la sangre (280-330 mOsm/kg)	0,5-0,7 gramos/litro	Antes del entrenamiento o después de ejercicios moderados (< 1 hora)
Hipertónica	9-12 % (45-60 gramos/500 ml) Ratio: 2:1 glucosa: fructosa	Mayor a la de la sangre (>410 mOsm/kg)	1-1,5 gramos	Postentrenamiento o competición de larga duración o de resistencia. Optimizan la recuperación energética y de electrolitos. No hidratan.

Fuente: Academia Española de Nutrición y Dietética.

BARCELONA 92 Y EL ESPÍRITU OLÍMPICO

Desde que tenía diez o doce años he sentido una gran fascinación por los Juegos Olímpicos. Guardo un entrañable recuerdo de los días en que mi primo Luis Alberto y yo veíamos los Juegos Olímpicos de Múnich de 1972 en nuestra casa de Santiago de Chile. En aquella época, las retransmisiones televisivas no tenían demasiada calidad y, además, eran en blanco y negro. No obstante, disfrutar de las pruebas de atletismo, natación o gimnasia fueron momentos únicos para nosotros. Aunque aquellos Juegos pasarán a la historia por los atentados terroristas, lo que más nos llamó la atención a nosotros fueron las medallas que Mark Spitz ganó en natación, especialmente porque era el deporte preferido de mi primo, quien más tarde representaría a Chile.

Cuatro años después, Luis Alberto y yo volvimos a disfrutar de los Juegos Olímpicos, que en esta ocasión se celebraron en Montreal. No nos importaban ni el momento del día ni la diferencia horaria, siempre estábamos pegados al televisor. Para mi primo la natación era fundamental, aunque ambos disfrutábamos enormemente de las pruebas de atletismo, en las que el cubano Alberto Juantorena obtuvo el oro en 400 y 800 metros. Sin embargo, en esos Juegos Olímpicos se dio a conocer la gran Nadia

Comăneci, quien se convirtió en la primera gimnasta en lograr los 10 puntos. Creo que todos los chicos de nuestra edad nos enamoramos de la gimnasta rumana en aquel entonces. A pesar de que en ese momento el tenis no era un deporte olímpico, yo soñaba con la posibilidad de acudir a unos Juegos Olímpicos algún día, aunque fuera como espectador.

Durante las tres Olimpiadas siguientes, mi familia y yo ya vivíamos en Barcelona. Aunque disfruté enormemente de ellas gracias a los televisores en color y a unas retransmisiones de mejor calidad, echaba de menos las largas sesiones viendo pruebas junto a mi primo Luis Alberto. Fue durante los Juegos Olímpicos de Los Ángeles, en 1984, cuando el tenis recuperó su estatus olímpico, aunque solo como deporte de exhibición. En ese momento yo estaba a punto de terminar la carrera de Medicina, y, a pesar de ello, continuaba trabajando como entrenador de tenis durante el año académico, y compitiendo durante los veranos y otras fiestas. Fue en Los Ángeles donde tuvimos la oportunidad de presenciar las hazañas del gran Carl Lewis, que siempre ha sido un referente y un ídolo para mí. La idea de participar en unos Juegos Olímpicos ya no rondaba por mi cabeza, pero disfrutaba enormemente viendo las diferentes competiciones.

En 1988, los Juegos Olímpicos se celebraron en la ciudad de Seúl, en Corea del Sur. En ese momento ya había tenido que abandonar la carrera de Medicina, y el tenis se había convertido en mi profesión. Residía en Barcelona, donde era el *coach* de tres jugadores españoles del circuito ATP: Tomás Carbonell, Juan Carlos Báguena y Billy Uribe. Además, trabajaba como representante para Europa de la prestigiosa Bollettieri Tennis Academy. En los Juegos de Seúl el tenis ya era un deporte olímpico consolidado, y la final de dobles fue disputada por mis amigos Emilio Sánchez Vicario y Sergio Casal. Lamentablemente, perdieron ante Flach y Seguso en un encuentro muy emocionante, obteniendo así la medalla de plata. Fue durante ese partido cuando mis sueños de participar en unos Juegos Olímpicos se reavivaron, así que me propuse como objetivo llegar a las Olimpiadas de Barcelona como entrenador.

Durante los años siguientes, continué viajando por el ATP Tour con mis jugadores. Sin embargo, en 1991 me vi en la necesidad de dejar de trabajar con ellos, ya que tomamos la decisión de establecer una sede en España de la renombrada academia de tenis de Nick Bollettieri. Esta academia, que seguía el modelo de la de Florida, se inauguró en la provincia de Alicante con el propósito de brindar a los estudiantes un programa intensivo de entrenamiento que se combinaba con servicios residenciales y estudios académicos integrados. Durante mi gestión tuve el privilegio de ver pasar por sus instalaciones a destacados jugadores como Juan Carlos Ferrero y David Ferrer, quienes entrenaron allí durante algunas semanas. Además, acogimos a jóvenes promesas que lograron destacar en torneos nacionales. En el caso de Chile, concedimos una beca a la jugadora Bárbara Castro, que llegó a participar en la Copa Federación, el equivalente femenino de la Copa Davis, y se convirtió en una de las mejores jugadoras de ese país.

En diciembre de 1991 Bárbara y yo tuvimos la oportunidad de viajar a Chile para participar en los campeonatos nacionales absolutos. Recuerdo que de camino a Chile, al pasar por Miami, comencé a sentirme muy enfermo: tenía fiebre alta, escalofríos y dolores musculares y de garganta. Al llegar a Santiago me sentía realmente débil, por lo que mi primo Luis Alberto me llevó al día siguiente a un hospital, donde me diagnosticaron una mononucleosis.

En lugar de alojarme en casa con mi primo, decidí quedarme con mi madrina, María Elena, quien vivía mucho más cerca del club de tenis donde Bárbara debía entrenar y competir. Además de su cercanía al lugar de entrenamiento, mi madrina podía brindarme los cuidados que necesitaba para recuperarme de mi enfermedad. No obstante, yo estaba tan decidido a no interrumpir nuestro ritmo de entrenamiento para no perjudicar a Bárbara que, al descubrir que la fiebre y los peores síntomas comenzaban al mediodía y a última hora del día, programamos nuestras sesiones de entrenamiento para la mañana temprano y para principios de la tarde. De este modo logramos mantener nuestro plan de entrenamiento sin contratiempos hasta la llegada de los campeonatos nacionales, donde Bárbara tuvo un papel destacado.

Sin embargo, para mí lo más importante de aquel viaje era la posibilidad de convertirme en capitán olímpico. Con este fin, y aprovechando que ya se había designado a Barcelona como sede de los Juegos Olímpicos de 1992, organicé varias reuniones con la Federación Chilena de Tenis y el Comité Olímpico de Chile para proponerles mi candidatura. Además, les lancé la idea de que los tenistas pudieran entrenar en nuestra academia en España durante un mes antes de la competición. También les planteé la posibilidad de llevar a las jugadoras a participar en torneos cercanos a Barcelona para luego trasladarnos juntos a la villa olímpica.

Las autoridades deportivas chilenas aceptaron entusiasmadas esta propuesta, por lo que llegamos a un acuerdo: yo sería designado como capitán olímpico del equipo femenino chileno de tenis si este lograba clasificarse. A pesar de que estaba enfermo y me sentía débil, lo celebramos con una cena familiar. Mi sueño de participar en los Juegos Olímpicos estaba más cerca, solo faltaba que las jugadoras chilenas se clasificasen.

Pocos meses más tarde, la federación me comunicó

que, aunque solamente se había clasificado una jugadora, Paulina Sepúlveda, mi cargo como capitán del equipo olímpico de tenis se ratificaba. Mi sueño de ser olímpico estaba a la vuelta de la esquina.

El de Paulina Sepúlveda fue un caso muy especial, ya que era la única jugadora que se había clasificado para el cuadro final de los Juegos Olímpicos de Barcelona 92 sin tener un ranking WTA y habiendo dado a luz a su hija apenas unos meses antes de las pruebas clasificatorias. Aunque esta situación no nos hacía albergar grandes esperanzas, el simple hecho de participar en unas Olimpiadas en el cuadro final había sido un gran logro para ella y un sueño hecho realidad para mí. Con mayor razón teníamos que trabajar muy duro, prepararnos a fondo y ser conscientes de que prácticamente todas las participantes tendrían más oportunidades que ella.

Aproximadamente seis semanas antes de que comenzaran los Juegos Olímpicos, Paulina se unió a Bárbara Castro en Alicante. El plan era llevar a cabo dos semanas de preparación física y técnica exhaustiva para luego trasladarnos a la provincia de Barcelona, donde las jugadoras disputarían dos torneos preparatorios para los Juegos Olímpicos. Jugaron la final en ambos casos. A pesar de que Bárbara no iba a participar en los Juegos, trabajó duramente y nos ayudó para que Paulina pudiese alcanzar su mejor forma física, y así rendir al máximo durante la competición.

Al llegar a la villa olímpica, nos sorprendió su imponente tamaño, dado que debía albergar a más de quince mil atletas, entrenadores, médicos y fisioterapeutas, entre otros. Además, el COOB (Comité Olímpico Organizador Barcelona 92) había creado villas olímpicas especiales para periodistas y árbitros con el fin de garantizar que los turistas tuvieran más opciones de alojamiento. Resultaba asimismo notable el amplio despliegue de seguridad, motivado por el temor a posibles atentados terroristas, como los ocurridos en Atlanta o Múnich. Por último, cabe destacar las excelentes instalaciones de que disponíamos. La villa olímpica contaba con hospitales, gimnasios, espacios recreativos y una amplia gama de restaurantes con variadas opciones gastronómicas. Además, teníamos a nuestra disposición un servicio de transporte exclusivo para desplazarnos por dentro de la villa, que también conectaba con las distintas instalaciones deportivas. Por último, para aquellos que deseaban visitar la ciudad, se nos proporcionó un pase que permitía utilizar de forma gratuita todo el sistema de transporte público de Barcelona.

Estos Juegos Olímpicos marcaron un antes y un después. Se trata de la primera ocasión en la que todos los servicios ofrecidos a los residentes de la villa olímpica fueron completamente gratuitos. Además, se permitía comenzar la estancia una semana antes del inicio de los Juegos y hasta su clausura —a diferencia de la norma anterior, que exigía a los atletas abandonar la villa en un plazo de 48 horas tras su eliminación—. Nunca había experimentado algo similar: la atmósfera era vibrante, animada, y se respiraban una alegría desbordada y una energía palpable y contagiosa. Allí convivían personas provenientes de más de ciento veinte países, con distintas culturas, religiones, orientaciones políticas y creencias. Constantemente podías cruzarte con deportistas corriendo, estirando, saltando o, simplemente, paseando. Sin embargo, lo más sobresaliente para mí fue la camaradería existente y el *buen rollo* de los más de cuarenta mil voluntarios, siempre dispuestos a ayudarnos en lo que hiciera falta.

El único inconveniente de la villa olímpica fue la falta de aire acondicionado en las habitaciones. Una noche, alrededor de las dos de la madrugada, y a pesar de haber empapado las sábanas con agua y tener un ventilador encendido, me vi incapaz de conciliar el sueño debido al insoportable calor. Finalmente, decidí bajar al comedor de los atletas, uno de los pocos espacios con aire acondicionado. Para mi sorpresa, me encontré allí una animada multitud. Me impresionó en especial ver a atletas judíos y árabes compartiendo amigablemente una mesa, lo cual me llevó a reflexionar. Los Juegos Olímpicos y el deporte son un símbolo de unidad que trasciende fronteras, razas, religiones, orientaciones políticas y diferencias de género. Aquella escena me hizo pensar que si los líderes políticos y empresariales del mundo siguieran el ejemplo del espíritu olímpico, nuestro planeta sería un lugar mucho mejor.

Aparte de esforzarme para conseguir el mejor resultado para el equipo que representaba, mi mayor anhelo personal era participar en la ceremonia de inauguración. Llegó el día 25 de julio, fecha de dicha ceremonia, y, muy temprano, el jefe de misión me convocó para informarme de que yo participaría en la ceremonia y desfilaría con el equipo de Chile. Aún hoy me resulta complicado expresar la emoción del momento, en especial cuando me entregaron el uniforme para desfilar. Lamentablemente, hubo un error en la talla y los pantalones me quedaban largos; además, el calzado era dos o tres números más grande que el mío. Pero todo se solucionó arreglando los pantalones con grapas y con dos pares de calcetines.

Tres o cuatro horas antes del comienzo de la ceremonia nos convocaron para subir a los autobuses que nos trasladarían al estadio olímpico, donde se celebraba el acto. El trayecto nos llevó por algunas de las avenidas más importantes de Barcelona. Todavía hoy me emociono al recordar cómo la gente en las calles, donde había un gran ambiente, nos saludaba y animaba, ya que éramos los protagonistas de uno de los acontecimientos más grandes que jamás había presenciado la ciudad.

Después de casi una hora recorriendo las calles de Barcelona llegamos al Palau Sant Jordi, donde las delegaciones debían congregarse antes de entrar a la ceremonia de inauguración. Lamentablemente tuvimos que ver en las pantallas del Sant Jordi la actuación del grupo teatral La Fura dels Baus, que, al compás de la música de Ryūichi Sakamoto, realizó una vistosa escenificación del mito de Hércules, representado como creador del mar Mediterráneo y de la ciudad de Barcelona. Inmediatamente después comenzó el desfile de los atletas en orden alfabético, así que desfilamos al principio de la ceremonia. Salimos del Palau Sant Jordi y entramos por los túneles del estadio olímpico en perfecta formación.

A medida que avanzábamos por el túnel olímpico nos cruzábamos con los componentes de La Fura dels Baus, quienes salían del estadio entre lágrimas y muy emocionados. Recuerdo que uno de ellos se aproximó a mí y me agarró por los hombros llorando para decirme: «Es algo increíble lo que vais a vivir. Estamos haciendo historia. Disfrútalo al máximo». Fue en ese momento cuando empecé a darme cuenta de lo que estaba a punto de experimentar y comencé a ponerme nervioso. Seguimos caminando, y justo antes de dejar el túnel para entrar al estadio uno de los voluntarios que controlaba el acceso nos miró y nos dijo: «Ahora os toca a vosotros. Hay más de mil millones de personas alrededor del mundo viendo por la tele este momento». Fue entonces cuando se escuchó por los altavoces que reclamaban al equipo de Chile, y comenzamos a salir mientras todos los voluntarios nos animaban gritando «¡Vamos, chicos, os toca! ¡A por ello!».

Con mucho nerviosismo, pero también con gran emoción, entramos en el estadio olímpico, y yo desfilé justo detrás de la bandera chilena. El ambiente era ensordecedor pero espectacular. Pensaba en mi familia, que estaría viéndome desde Canarias y desde Chile. En un momento dado, la tenista Paulina Sepúlveda se giró hacia mí y me dijo que saludara con la mano; entonces yo le pregunté: «¿A quién saludo?». Ella respondió: «No importa, huevón, seguro que tu familia te está viendo por la tele. Además, hay un montón de famosos, así que saluda». Efectivamente, cuando empezamos a mirar hacia las gradas, reconocimos al presidente de Chile, al presidente del COI, a los reyes de España, a Fidel Castro, a Arnold Schwarzenegger y a muchos otros. El momento no podía resultar más mágico, ya que estaba desfilando en representación del país donde nací, pero en la ciudad que me había visto crecer.

España fue la encargada de cerrar la ceremonia, con el príncipe Felipe como abanderado. Y entonces, con los equipos de los diferentes países llenando el terreno del estadio, llegó el momento más emotivo de los Juegos Olímpicos, el encendido del pebetero, que rompía con la fórmula tradicional establecida hasta ese momento. Herminio Menéndez, en aquella época el medallista español más destacado, llevó la antorcha hasta el último relevo, el jugador de baloncesto Juan Antonio San Epifanio. Todos los atletas y oficiales tuvimos que hacer un pasillo, por el cual corrió Epi con la antorcha olímpica. Al final del recorrido lo esperaba el arquero paralímpico Antonio Rebollo, quien encendió una flecha con la llama y la lanzó a gran altura hacia el pebetero. Los Juegos quedaban oficialmente inaugurados. Han pasado ya más de treinta años, y cada vez que veo esas imágenes en la televisión no puedo evitar emocionarme.

En el aspecto deportivo, Paulina Sepúlveda logró clasificarse para el cuadro de las mejores 64 jugadoras del mundo y se enfrentó a la italiana Sandra Cecchini, cayendo por un muy honorable marcador de 6/2 y 6/3. Es importante destacar que la italiana era la número 15 del mundo, mientras que Paulina no tenía ranking en ese momento, ya que se había retirado temporalmente de la competición para dar a luz a su hija apenas seis meses antes. Tras su derrota, Paulina tomó la decisión de regresar inmediatamente a Chile para estar con su hija, mientras que yo decidí quedarme para disfrutar del espíritu olímpico. Durante mi estancia tuve el privilegio de conocer a destacados atletas de la época y a alguno de mis ídolos, entre ellos Carl Lewis, Mike Powell, Linford Christie y Fermín Cacho, así como a reconocidos tenistas como Stefan Edberg, Jim Courier, Jennifer Capriati, Boris Becker y Steffi Graf.

Durante las casi tres semanas que pasé en la villa olímpica viví numerosas anécdotas. Sin embargo, una que nunca olvidaré ocurrió una tarde mientras esperaba a que Paulina Sepúlveda saliera del vestuario. En ese momento, llegó todo el Dream Team norteamericano de baloncesto, encabezado por Clyde Drexler, quien llevaba un gran ramo de rosas. Le acompañaban Magic Johnson, Larry Bird, Charles Barkley, Scottie Pippen y Patrick Ewing. Ese grupo de jugadores había realizado una votación para elegir a la atleta con las piernas más bonitas de la competición. La ganadora había resultado la tenista Steffi Graf. Cuando Steffi salió del vestuario y se encontró con esas leyendas del baloncesto, no pudo evitar sonrojarse. Aun así, creo que disfrutó el momento.

Aquellos Juegos Olímpicos sirvieron para impulsar la transformación urbanística de Barcelona, la mejora de infraestructuras en todos los distritos, la rehabilitación de edificios y la apertura de la ciudad al mar Mediterráneo mediante la construcción de la villa olímpica del Poblenou y del Puerto Olímpico. Toda la sociedad se implicó en la organización de ese acontecimiento gracias a la colaboración entre administraciones, el fomento del deporte y la participación de más de cuarenta mil voluntarios. Barcelona 92 dio a conocer el potencial de la capital catalana, y sirvió también como carta de presentación de la España democrática ante la comunidad internacional. El entonces presidente del COI, el barcelonés Juan Antonio Samaranch, a quien tuve el gran honor de conocer durante los Juegos, declaró en la clausura que habían sido los mejores Juegos Olímpicos de la era moderna hasta la fecha.

¿QUÉ PUEDO APRENDER DEL MÉTODO SMILE CON ESTA HISTORIA?

- El espíritu olímpico refleja y promueve la excelencia en todas las áreas de los equilibrios del método SMILE, no solo en el aspecto físico, como se podría pensar.
- Enfrentarnos a nuestros miedos y gestionar el estrés con el espíritu olímpico como motivación y guía es la esencia del método SMILE.
- Personalmente, creo que el eslogan *citius, altius, fortius* es el que mejor representa lo que significa el espíritu olímpico. Un lema deportivo que se traduce como «más rápido, más alto, más fuerte», pero no solo en el aspecto físico, sino también en el mental, emocional y espiritual.
- El alcance del espíritu olímpico no se limita a las competencias deportivas ni se restringe únicamente a los deportistas de élite. Su propósito es la integración de valores fundamentales en cada uno de nosotros como persona y como miembro de la sociedad.
- El espíritu olímpico abarca valores como la deportividad, la dedicación personal, la determinación para alcanzar metas sin rendirse jamás. Se convierte en un estímulo para, en lugar de desanimarse por el fracaso

propio o envidiar el éxito ajeno, superarse diariamente y continuar progresando.

- Quienes hemos tenido la oportunidad de experimentar el espíritu olímpico sabemos que implica comprender que la verdadera recompensa no está en alcanzar la meta o en la victoria, sino en disfrutar del camino que conduce a ellas.
- Aquellos que triunfan lo logran después de un arduo recorrido que implica fracasos y desilusiones, pero nunca la rendición.

8

RITUALES Y HÁBITOS SALUDABLES

> Los buenos hábitos son difíciles de adquirir, pero son buena compañía para siempre. Los malos hábitos son fáciles de adquirir, pero son una mala compañía de por vida.
>
> Zig Ziglar

Las haka y otros rituales deportivos

Muchos hemos visto alguna vez en la televisión a los jugadores de rugby de Nueva Zelanda, conocidos como All Blacks y considerados uno de los mejores equipos de este deporte en el planeta. Sin embargo, el equipo neozelandés no solo es famoso por sus resultados deportivos, sino también por la haka, una danza tribal maorí que todos los jugadores realizan antes de cada partido frente al equipo rival. Con frecuencia, se percibe erróneamente como un conjunto de frases amenazantes, principalmente debido a la intensidad con la que se expresan. No obstante, la haka también se utiliza como una forma de danza de bienvenida y como un gesto de hospitalidad.

Esta danza es un ejemplo de ritual deportivo en el cual los deportistas realizan actos simbólicos y repetitivos que tienen una influencia considerable en el estado emocional y mental de los individuos, influenciando directamente su rendimiento. Muchos de estos rituales o hábitos saludables no solo se llevan a cabo antes del partido, sino también durante y después de este. Por ejemplo, muchos hemos observado a Rafa Nadal colocar de forma casi obsesiva sus botellas de agua en los cambios de lado, realizar una serie de gestos que van desde ajustarse el pantalón hasta secarse la frente y arreglarse la camiseta repetitivamente antes de cada saque. Asimismo, son numerosos los ejemplos de jugadores de tenis que, antes de realizar un saque, botan la pelota varias veces.

Rituales en la historia

Contra lo que popularmente se cree, los rituales no son nada nuevo; de hecho, tienen profundas raíces históricas. En muchas culturas, los soldados que iban a combatir, apoyados por la población, han llevado a cabo celebraciones y danzas de guerra. Estos bailes y festividades tenían como propósito principal preparar a los combatientes mental y emocionalmente para los desafíos a los que se iban a enfrentar, fomentando la unión y el espíritu de equipo. Hemos mencionado las danzas de guerra, pero los rituales se pueden encontrar en muchas épocas de nuestra historia, especialmente en el antiguo Egipto, una de las civilizaciones cuyos rituales más han fascinado.

Somos criaturas de hábitos

Aunque hoy en día los rituales se suelen asociar con la alta competición deportiva, debemos entender que han formado parte de nuestra vida diaria desde tiempos inmemoriales. Los seres humanos somos criaturas de costumbres y hábitos: en todo el mundo y en todas las épocas hemos realizado rituales y ceremonias con diversos objetivos. Según la filósofa Nerea Blanco: «Podríamos decir que si la mitología es el pensamiento, el ritual es la acción. Es decir, los rituales activan nuestros sistemas de creencias, los hacen tangibles, los traen al presente, al aquí y ahora».

Casi todas las culturas del planeta practican rituales muy significativos que les ayudan a dar sentido a sus creencias y a fortalecer sus lazos comunales y familiares. Ejemplos de estos rituales son, por ejemplo, la misa para los católicos, el ramadán para los musulmanes, las cenas de Navidad y las diversas festividades y ferias que cada cultura o cada población han adoptado. Los rituales no solo cumplen una función ceremonial, sino que también nos acompañan cuando debemos adaptarnos a los cambios de la vida. Sin ir más lejos, cuando dos jóvenes pasan de vivir con sus padres a unirse en matrimonio, a menudo se celebra una gran boda que marca esta transición hacia una nueva etapa. Del mismo modo, tanto la primera comunión como el *bar mitzvá* de los judíos cumplen este propósito de transición y significado en la vida de las personas.

Rituales, energía y equilibrio

El 95 por ciento de lo que hacemos ocurre automáticamente o se produce como reacción a una necesidad. Una de las grandes ventajas de incorporar rituales efectivos en las diferentes partes de nuestra vida está directamente relacionada con el método SMILE, dado que nos ayudan a mantener el equilibrio en cada una de sus áreas, y, como ya hemos visto, cuantos menos desequilibrios tengamos en nuestra vida, menos energía gastaremos.

Quizá el papel más importante de los rituales es asegurar un equilibrio efectivo entre el gasto energético y la renovación de la energía. Por ello han de ser actividades o hábitos saludables y positivos, y debemos incorporarlos dentro de nuestra rutina de área e integrarlos en nuestro día a día para que seamos capaces de realizarlos de manera totalmente automática y, por tanto, con el mínimo gasto de energía posible.

Es importante recordar algo que ya he mencionado anteriormente: es más conveniente gestionar la energía que el tiempo. Por esta razón resulta fundamental incorporar en nuestra rutina diaria algunos rituales, como hacer pausas breves o practicar ejercicios de relajación y respiraciones profundas, ya que pueden ayudarte a recargar y mantener tus niveles de energía a lo largo de la jornada.

Los rituales funcionan como anclas emocionales al asociar gestos o conductas específicas con estados mentales positivos, lo que resulta especialmente beneficioso en situaciones de alta presión. Asimismo, contribuyen a aumentar la sensación de control, reduciendo la ansiedad y fortaleciendo la confianza de quienes los practican.

Los deportistas y los artistas, así como los empresarios, los políticos e incluso los buenos estudiantes, cuentan con rituales que les permiten alternar las situaciones estresantes con momentos de recuperación. Cuanto más precisos y efectivos sean esos rituales, más pronto podremos recargar nuestra energía. En el deporte, específicamente en el tenis profesional, los jugadores disponen de veinticinco segundos entre cada punto y de un minuto y medio al cambiar de lado. Durante estos intervalos, los mejores tenistas realizan rituales que les permiten recuperarse, reorganizarse y prepararse tanto física como mentalmente para el siguiente punto.

Tipos de rituales

Sin embargo, los rituales no son solamente actitudes y hábitos reservados para los atletas de alto nivel. La gran mayoría de los individuos que son mentalmente resilientes, que disfrutan en sus trabajos, que mantienen un equilibrio y que logran el éxito integran rituales en su vida personal y profesional: desde un cantante en el momento de subir al escenario hasta un estudiante universitario que se presenta a un examen, pasando por los empresarios que deben realizar una presentación, los médicos antes de una cirugía o los abogados que se enfrentan a un juicio importante.

Si incorporamos los rituales al sistema de equilibrios del método SMILE lograremos identificar los hábitos que podemos integrar en cada una de nuestras áreas de energía y equilibrio. Aquí tenemos algunos ejemplos:

- **Rituales físicos**
  - Actividades deportivas. Incorporar rutinas de ejercicio periódicas.
  - Hábitos alimentarios. Desayunar a una cierta hora, hacer una pausa para almorzar.
- **Rituales mentales**
  - Introducir rutinas de visualización.
  - Incorporar un espacio al día para temas culturales o educativos.
  - Asistir regularmente a cursos o conferencias.
  - Leer libros o artículos que refuercen nuestra educación.
- **Rituales emocionales**
  - Actividades con la familia.
  - Tiempo con la pareja.
- **Rituales espirituales**
  - Eventos sociales.

- Reuniones con amigos.
- Eventos benéficos.

Cómo incorporar rituales en nuestra vida

Cualquier cambio que realicemos implica salir de nuestra zona de confort, lo cual puede generar cierto estrés inicial. Por esta razón es importante que la incorporación de estos rituales se realice de manera gradual.

Debemos entender y aceptar que tardaremos entre treinta y sesenta días en convertir los rituales que adoptemos en actividades automáticas, momento a partir del cual podremos disfrutar de sus beneficios. Es importante también reconocer que para lograr una integración progresiva de los rituales debemos adoptar un solo ritual en cada ocasión. Una vez transcurridos entre treinta y sesenta días, si notamos que el ritual se realiza de forma automática, podemos considerar la posibilidad de incluir uno nuevo.

Otro aspecto importante es que los rituales que integremos en nuestra vida diaria deben cumplir ciertas características para que puedan ser adoptados de forma efectiva, convertidos en acciones automáticas y realizados con facilidad en situaciones de estrés, minimizando así el esfuerzo y el gasto energético de su ejecución. Nuestros rituales tienen que ser:

- **Simples.** Deben ser hábitos simples, sencillos y fáciles de ejecutar.
- **Positivos.** Los hábitos y actitudes deben ser positivos. No se consideran rituales actitudes como «voy a dejar de fumar», «no me voy a enfadar», «no comeré comida basura» o «voy a dejar el alcohol».

- **Específicos y precisos.** Debemos ser muy específicos y precisos con respecto al tipo de hábitos que deseamos introducir, así como con la forma en que los llevaremos a cabo, el lugar donde lo haremos y la hora del día. La especificidad y la precisión aumentan nuestra probabilidad de poder llevarlos a cabo con éxito incluso bajo presión.
- **Agradables.** Todos los rituales que adoptemos en nuestra vida tienen que resultar agradables y placenteros. Serán mucho más fáciles de adaptar incluso para personas con poca fuerza de voluntad.
- **Variados.** Al igual que existen cuatro equilibrios y fuentes de energía, habrá diversos tipos de rituales. Es crucial que dispongamos de una variedad de rituales en nuestra práctica.

> Quizá la consideración más importante que debemos tener en cuenta es que cuanto más estresante sea la situación a la que nos enfrentamos, más debemos aferrarnos a nuestros rituales, que deben ser lo más rigurosos que nos sea posible. Por ejemplo, si observamos a tenistas como Djokovic o Nadal, veremos que en los puntos importantes botan la bola más veces antes de sacar e incluso exageran algunos de sus otros hábitos recurrentes.

Los empresarios, deportistas, artistas y demás personas que carecen de fortaleza mental frente a situaciones difíciles y estresantes suelen abandonar sus rituales. En lugar de reconocer la importancia de los rituales positivos, tienden a volver a sus hábitos de supervivencia.

Rituales, supersticiones o manías

La superstición consiste en creer que ciertos elementos, acciones o sucesos pueden darnos suerte a pesar de que no exista una conexión real entre ellos. Las supersticiones pueden ser beneficiosas si aportan un sentido de calma y confianza, y siempre que estén bajo nuestro control. Sin embargo, pueden volverse peligrosas cuando se basan en objetos, como los amuletos, que están fuera de nuestro dominio. Creer en la suerte asociada a ciertas acciones personales puede ser constructivo, pero depositar nuestra fe en elementos externos puede llevar a situaciones negativas e incluso perjudiciales.

Beneficios de los rituales

Los rituales son actos simbólicos y repetitivos que se realizan antes, durante o después de competiciones, conciertos, conferencias, exámenes o reuniones. Estas acciones, aunque aparentemente sencillas, tienen un impacto considerable en el estado emocional y mental de los individuos, influyendo directamente en su rendimiento. Algunos de sus beneficios son los siguientes:

- **Creación de rutinas.** Los rituales suelen formar parte de las rutinas de preparación en el trabajo, en los estudios, en el entrenamiento deportivo o en los ensayos de los artistas.
- **Ahorro de energía.** Unos rituales positivos bien adoptados nos ayudan a conservar y renovar nuestra energía.
- **Disminución del estrés.** Los rituales pueden ayudar a reducir los niveles de estrés y ansiedad.

- **Mejora del enfoque mental.** Los rituales pueden ser útiles para que estemos más enfocados en lo que de verdad es importante.
- **Control.** Los rituales proporcionan estructura y un sentido de control, lo que puede ser reconfortante, especialmente antes de acontecimientos importantes.
- **Mejora de la confianza.** Los rituales con éxito pueden aumentar la confianza de un jugador.
- **Desarrollo de la resiliencia.** Los rituales pueden ayudar a desarrollar la resiliencia emocional.
- **Fomento del trabajo en equipo.** Algunos equipos deportivos o empresariales tienen rituales que refuerzan el espíritu de equipo, como hemos visto con la haka en el rugby.

Ejemplos de rituales

Cada capítulo de este libro está acompañado de una historia personal o de vivencias que he compartido con celebridades. En la historia que acompaña a este capítulo veremos cómo el legendario cantante Sting adoptó el yoga como su ritual más importante. También cuando hablemos del presidente Obama veremos algunos de los rituales que utilizó en la Casa Blanca.

STING Y EL YOGA

Desde muy temprana edad, mi amor por la música ha sido una constante. Durante mi etapa escolar, aunque a mis padres no les gustaba que estudiara con música, tuvieron que ceder porque mis notas eran buenas. Más adelante, mientras cursaba la carrera de Medicina, la música se convirtió en uno de mis más grandes estímulos y aliados para concentrarme. Durante aquel tiempo mis ídolos indiscutibles eran Police, Pink Floyd y Bob Marley, cuyas melodías acompañaban mis días casi en todo momento. Jamás imaginé que con el tiempo tendría la oportunidad de organizar conciertos de mis ídolos musicales y dialogar con ellos sobre cómo gestionar los nervios sobre el escenario o cómo lidiar con la presión de sus carreras. Como he mencionado en otra sección de este libro, la dificultad que experimenté para controlar mi temperamento y mi ansiedad en mi etapa como tenista me impulsó a buscar lecciones de vida de artistas, deportistas y empresarios, entre otros.

De todos los grandes artistas y músicos legendarios con los cuales he tenido el honor de colaborar, quizá Sting ha sido el que más me sorprendió en lo que se refiere a la calma que reinaba antes y durante el concierto, no solo en el *backstage*, sino también entre todo su equipo. Estábamos mi director financiero y yo sentados en el *backstage* del estadio de tenis del Aviation Club de Dubái, sede de muchos conciertos, donde habíamos organizado dos actuaciones de Sting. De hecho, era la primera vez que un artista actuaba dos noches seguidas en un estadio tan grande, con una capacidad para siete mil personas. Por lo general, el día anterior a un concierto suele ser ya de mucho ajetreo y tensión. Sin embargo, la calma y la serenidad excepcionales que se percibían entre bastidores y en todo el recinto me sobrecogió. En un momento determinado, Sting entró, me saludó en español al verme, se retiró brevemente y volvió al cabo de tan solo cinco minutos. Amablemente, expresó su interés en contar con una alfombra y unas velas en su camerino. Lennart, el amable encargado hindú de las instalaciones, nos aseguró con su característico acento que se encargaría de todo sin inconvenientes: nos proporcionó una alfombra persa proveniente de los aposentos privados del jeque de Dubái, su majestad Sheikh Mohammed; respecto a las velas, envió a uno de sus colaboradores a la tienda de Ikea, situada justo enfrente del estadio, para conseguirlas fácilmente. Sting explicó que su solicitud se debía a que tanto él como algunos miembros de su grupo practicaban yoga antes de los conciertos.

Esa noche, Sting y yo, acompañados por algunos miembros del equipo, teníamos planeado acudir al bar del hotel donde se hospedaba para ver un partido de fútbol del Newcastle United, su equipo favorito. Al día siguiente teníamos programado un desayuno juntos para conversar en un ambiente relajado. Había decidido abordar con él temas como la gestión de momentos difíciles y el estrés durante sus giras, y también aprovecharía para explorar su interés por el yoga. Sting es reconocido por muchos colegas y seguidores como un modelo de vida saludable, que combina deporte, nutrición adecuada y éxito en el escenario. Durante su juventud practicó el atletismo, y llegó al segundo lugar en el campeonato de Inglaterra. Aquella noche disfrutamos del partido de fútbol, que creo recordar que era de la Champions League, en un bar lleno de seguidores británicos que afortunadamente no reconocieron al cantante. Al día siguiente, nos reunimos a las nueve y media de la mañana para desayunar y conversar en un ambiente tranquilo.

Durante nuestras conversaciones, Sting compartió conmigo su creencia inicial de que los practicantes de yoga eran tipos que simplemente se sentaban en el suelo con las piernas cruzadas y contemplaban. Él prefería correr casi ocho kilómetros diariamente y ponía en duda la utilidad del yoga si se comparaba con una buena carrera. Además, expresó su arrepentimiento por no haber comenzado a practicar yoga antes. Descubrió la iluminación física y mística a los treinta y ocho años, una edad a la que muchos deportistas se retiran. A diferencia de ellos, por aquel entonces Sting continuaba corriendo ocho kilómetros todas las mañanas, realizaba entrenamientos aeróbicos y levantaba pesas con dedicación.

Fue su guitarrista, Dominic Miller, quien lo introdujo en la práctica del yoga. Inicialmente escéptico, como he dicho, aceptó probarlo por la insistencia de Dominic y de su profesor, Danny Paradise. A pesar de esa resistencia inicial, Sting quedó sorprendido por los efectos positivos, tanto físicos como mentales, de los asanas de yoga, llegando a aceptar la recomendación de dedicar al menos dos horas diarias a la práctica. Esta experiencia lo llevó a introducir a su mujer, Trudie Styler, en la disciplina del *ashtanga vinyasa*, que practican juntos desde entonces. *Ashtanga yoga* significa «yoga de ocho extremidades», y es un tipo de yoga estructurado al estilo *vinyasa*. El estilo es físicamente exigente y se centra en los asanas y la respiración. El *ashtanga yoga* fue la primera forma de *vinyasa yoga*. La palabra *vinyasa* se refiere a las técnicas que vinculan la respiración con el movimiento, creando una secuencia rápida de asanas.

Con el tiempo, la práctica diaria se ha convertido en un componente esencial de la rutina de Sting. Antes de subir al escenario durante las giras, él y sus compañeros músicos participan juntos en sesiones de yoga, meditación y música. Sting cree que estas prácticas mejoran su unidad. El yoga no solo lo ha transformado físicamente, sino también mentalmente. Reflexionando sobre cómo el yoga ha impactado positivamente en su vida, Sting enfatiza el papel que ha tenido en su desarrollo físico, especialmente a medida que envejece y debe seguir enfrentándose a los desafíos de las exigentes giras. En ese ambiente, el yoga le sirve como una herramienta valiosa que le aporta paz y equilibrio.

Más adelante, en 2011, mi esposa y yo fuimos invitados a una fiesta en la residencia de Sting y Trudie en la Toscana, donde también producen vinos tintos de alta calidad. Durante la velada Sting compartió su perspectiva sobre el yoga tras más de dos décadas de práctica, destacando que ha desarrollado un mayor conocimiento de su cuerpo. Afirmaba que cuando algo no funciona de inmediato, la clave ya no reside en el cuerpo, sino en la conciencia: la mente puede inhibir los músculos si piensa que algo puede ir mal. La creencia de que uno no puede hacer algo debe ser eliminada: un cuerpo bien entrenado tiene la capacidad de superar casi cualquier desafío. «Con el paso de los años, mi objetivo es explorar completamente los límites de mi cuerpo. No temo envejecer, sino que aspiro a envejecer de una manera particular. Mi deseo es envejecer con gracia, manteniendo una postura adecuada, gozando de buena salud y sirviendo de ejemplo para mis hijos.»

Los dos conciertos de Sting en Dubái resultaron un éxito total en términos de organización, venta de entradas y beneficios económicos. Sin embargo, lo que siempre recordaré de ese acontecimiento será la calma y la paz que reinaron en todos los ámbitos: desde los preparativos hasta los ensayos, en el *backstage* y durante los momentos posteriores a los conciertos. No cabe duda de que la influencia positiva que Sting ejerce es significativa, ya que la serenidad y la armonía que él irradia no solo llegó a sus colaboradores, sino que también se extendió a todos nosotros. Aprendí personalmente de Sting cómo afrontar los momentos más estresantes y las situaciones más complejas de una manera simple y práctica gracias a su enfoque en el yoga y la meditación.

¿QUÉ PUEDO APRENDER DEL MÉTODO SMILE CON ESTA HISTORIA?

- Esta anécdota vivida con Sting ejemplifica la relevancia de los rituales, un tema fundamental dentro del método SMILE.
- Los rituales son comportamientos repetitivos y simbólicos que se llevan a cabo antes, durante o después de una competición, una actuación, una reunión o una negociación, entre otros acontecimientos.
- Estos actos, en apariencia sencillos, pueden tener un impacto significativo en nuestro estado mental y emocional, influyendo directamente en nuestro rendimiento.
- Además, estos rituales pueden actuar como anclas emocionales, conectando ciertos gestos o comportamientos con estados mentales positivos, lo cual resulta especialmente útil en situaciones de alto estrés.
- Asimismo, los rituales pueden generar una sensación de control, disminuyendo la ansiedad y fortaleciendo la confianza del individuo que los practica.

- Los rituales que incorporan técnicas de relajación y meditación, como el yoga, tienden a ser muy efectivos para reducir nuestros niveles de estrés.
- Es crucial aceptar los cambios que llegan con la edad para envejecer con gracia.

9

MOTIVACIÓN, INSPIRACIÓN Y PENSAMIENTO POSITIVO

Hay una fuerza motriz más poderosa que el vapor, la electricidad y la energía atómica: la voluntad.

ALBERT EINSTEIN

INSPIRACIÓN

Existen momentos en la vida en los que la preparación, la educación y el entrenamiento no bastan para superar nuestras propias limitaciones, alcanzar una meta o lograr un hito que parecía inalcanzable y ser mejores de lo que pensamos. De igual manera, hay días en los que necesitamos una motivación que nos impulse a entrenar, trabajar o estudiar. Aquí es donde la inspiración juega un papel fundamental. Sin embargo, la pregunta crucial es: ¿cómo podemos hallar esa inspiración, especialmente en momentos difíciles en los que no parece que tengamos otra alternativa ni recursos para ello?

Cuando pienso en inspiración siempre se me viene a la mente Nelson Mandela, quien fue encarcelado en Robben Island, una de las prisiones más duras que se han conocido, durante más de veintisiete años. Allí, sin importar las condiciones climáticas, era obligado a realizar diariamente trabajos forzados picando piedra. Luego era encerrado en una celda de cuatro metros cuadrados, donde dormía en el suelo y hacía sus necesidades en un cubo, sin olvidar las constantes vejaciones físicas y psicológicas por parte de los guardias. Para poder soportar semejante calvario, sobre todo en los peores momentos, Mandela buscó la inspiración en un poema victoriano escrito por el autor inglés William Ernest Henley, quien lo compuso, como un canto a la superación, después de que le amputaran la pierna a causa de la tuberculosis. A Mandela le habían amputado la libertad, por eso encontró en las palabras de Henley una fuente de inspiración para resistir la opresión y mantener su espíritu.

En la noche que me envuelve,
negra, como un pozo insondable,
le doy gracias al dios que fuere,
por mi alma inconquistable.
En las garras de las circunstancias
no he gemido, ni he llorado.
Bajo los golpes del destino,
mi cabeza ensangrentada jamás se ha postrado.
Más allá de este lugar de ira y llantos
acecha la oscuridad con su horror,
y, sin embargo, la amenaza de los años me halla,
y me hallará, sin temor.
Ya no importa cuán estrecho haya sido el camino,
ni cuántos castigos lleve mi espalda,
soy el amo de mi destino,
soy el capitán de mi alma.

Dentro del contexto del método SMILE, la inspiración juega un papel crucial cuando debemos enfrentarnos a situaciones difíciles, llenas de estrés o miedo, pero especialmente cuando buscamos superarnos a nosotros mismos tras haberlo dado todo. Esta inspiración es la esencia del equilibrio espiritual y puede convertirse en una fuente de energía aún más poderosa que otras. La fusión de inspiración, equilibrio y energía espiritual es lo que permite a las personas superar enormes adversidades, como evidencia el caso de Nelson Mandela, pero también ha sido la fuerza motriz de grandes descubrimientos, de récords deportivos y de logros significativos en la historia de la humanidad.

No debemos confundir la inspiración con la motivación, ya que son conceptos muy distintos. La motivación actúa como una fuerza que nos lleva a realizar ciertas acciones para obtener placer o un beneficio específico, así como para evitar un daño. Por otro lado, la inspiración es una fuerza más profunda, capaz de aceptar el sufrimiento, pues su objetivo es mucho más significativo o trascendental. Generalmente, la inspiración no busca un beneficio concreto, sino una plenitud mayor. Es lo que ha impulsado a quienes han sacrificado su vida por la libertad o por su fe, así como a aquellos que soportan cualquier adversidad en nombre de una causa, como fue el caso de Mandela.

La cuestión clave es dónde o cómo podemos hallar la inspiración. Sin embargo, las maneras de inspirarse son tan diversas como lo puedan ser las propias personas. Creo que es fundamental conocernos a nosotros mismos para buscar fuentes de inspiración que se alineen con nuestra forma de pensar, nuestros valores y nuestra esencia. En el caso de Mandela, ya vimos como un simple poema, solo palabras, le ayudaron a soportar veintisiete años de prisión y lo impulsaron a convertirse en uno de los líderes más influyentes de la historia de la humanidad. Muchas personas encuentran inspiración en el contacto con la naturaleza, mientras que otras lo logran escuchando música o incluso en el silencio más absoluto. También hay numerosos líderes, deportistas y artistas que tienen la capacidad de inspirar a miles de personas.

Automotivación

La automotivación se refiere a la fuente interna o energía que nos impulsa a realizar ciertas tareas. Si la motivación proviene de tu interior y te lleva a alcanzar tus propias metas personales, se considera automotivación. Por el contrario, si solo te sientes impulsado por el cumplimiento de expectativas externas, pero no por tu propia satisfacción, es probable que no estés realmente automotivado. Las personas automotivadas se esfuerzan por seguir trabajando para alcanzar sus objetivos incluso ante desafíos de gran dificultad. Transforman los problemas en retos y los perciben como incentivos para superarse. Generalmente, las personas con éxito en cualquier ámbito poseen un alto grado de automotivación, de manera que sus deseos superan a sus miedos.

No obstante, podemos estar automotivados en ciertos aspectos de nuestra vida aunque no lo estemos en otros. Por ejemplo, si trabajamos pensando en pagar la hipoteca, cuidar a nuestra familia y garantizar nuestra alimentación, no estamos actuando por automotivación, ya que no lo hacemos solo por el placer de trabajar. Sin embargo, sí es un reflejo de automotivación que después del trabajo decidamos ir al gimnasio simplemente por placer.

También hay mucha gente que asocia la automotivación con la *fuerza de voluntad*, aunque esta puede ser utilizada tanto para actividades que nos resultan placenteras como para otras que no. La fuerza de voluntad es la capacidad de resistir tentaciones y mantener el enfoque en objetivos a largo plazo. Es un componente esencial de la vida diaria y del autocontrol que influye en diversos aspectos de la vida, como la alimentación, el ejercicio y la gestión del tiempo. Es una habilidad que se puede entrenar y mejorar, como si fuera un músculo. Además, debemos tener en cuenta que la fuerza de voluntad, así como la automotivación, juegan un papel primordial en el desarrollo de los rituales, de los que he hablado en el capítulo anterior. A mayor automotivación y mayor fuerza de voluntad más fácil será desarrollar hábitos constructivos y saludables.

Según Daniel Goleman, especialista en inteligencia emocional, la automotivación es un elemento fundamental de esta inteligencia, que se define como la habilidad de una persona para identificar y manejar sus propias emociones y las de los demás. Goleman destaca cuatro componentes de la motivación:

1. El impulso de logro, que es el deseo individual de alcanzar y cumplir ciertos estándares y progresar.
2. El compromiso con las metas personales.
3. La iniciativa, que se refiere a la «disposición para actuar ante oportunidades».
4. El optimismo, que es la tendencia a anticipar el futuro con esperanza y a perseverar en la creencia de que las metas pueden lograrse.

Una característica muy importante de las personas que saben automotivarse es el pensamiento positivo. Resulta muy difícil o prácticamente imposible motivarnos a nosotros mismos si somos personas que constantemente estamos viendo el lado negativo de las cosas. Debemos centrarnos en lo que tenemos, y no en aquello de lo que carecemos. Cuanto más nos enfoquemos en lo positivo y fomentemos una mentalidad optimista, más sencillo será mantener nuestra motivación. Esto no implica que veamos los hechos negativos de manera positiva o que busquemos la paz interior sin actuar, se trata de fortalecer nuestra resiliencia y afrontar la vida con energía.

Pensamiento positivo

A lo largo de toda mi carrera profesional, he encontrado un denominador común en prácticamente todos los deportistas de élite con los que he trabajado, así como en artistas legendarios y grandes líderes: el pensamiento positivo. Desde Sting hasta el presidente Obama, pasando por Kofi Annan, Andre Agassi, Al Gore y Francis Ford Coppola, todos coinciden en que el pensamiento positivo es una herramienta sumamente útil, no solo para lograr un mejor rendimiento, sino también para enfrentarse al estrés y al miedo e incluso para mejorar la salud.

Aunque el tópico de ver un vaso medio lleno o medio vacío se haya utilizado en repetidas ocasiones, sigue indicándonos si una persona tiende a ver la vida con optimismo o, por el contrario, le dominan los pensamientos negativos. También debemos tener en cuenta que hay personas con más predisposición hacia el optimismo, mientras que otras tienden hacia la negatividad. Lo importante es diferenciar las personas positivas de aquellas que son excesivamente optimistas porque no están en contacto con la realidad, conocidas como *happy*. Además, como veremos más adelante, las personas extremadamente negativas pueden caer en comportamientos obsesivo-compulsivos.

Algunos beneficios del pensamiento positivo

Son numerosos los estudios que se llevan a cabo cada año para entender mejor los efectos del pensamiento positivo y del optimismo en la salud. Algunos de los beneficios que ya se han demostrado ampliamente incluyen los siguientes:

- Menor índice de depresión.
- Mejor capacidad para enfrentarse a momentos de estrés, ansiedad y miedo.
- Menor incidencia de tensión arterial alta.
- Mejor salud cardiovascular.
- Mayor bienestar psicológico y físico.
- Mejor resistencia y predisposición para enfrentar enfermedades.
- Menor riesgo de infecciones y afecciones respiratorias.
- Aumento de la expectativa de vida.

La explicación científica sobre cómo el pensamiento positivo actúa sobre la salud no está del todo definida, pero se cree que mantener una actitud positiva permite afrontar mejor el estrés y la ansiedad, lo que reduce sus efectos nocivos. Asimismo, el diálogo interno y el pensamiento positivo liberan hormonas del placer y endorfinas, lo que genera efectos beneficiosos sobre la salud física y mental, como vimos en el capítulo dedicado a estos neurotransmisores. Otro argumento a favor es que las personas positivas y optimistas tienden a llevar un estilo de vida más saludable y equilibrado, ya que hacen más deporte y son menos sedentarias. Además, siguen una alimentación más sana, evitan la comida basura y consumen menos alcohol y tabaco.

Convierte el pensamiento positivo en un ritual

El optimismo, en nuestro diálogo interno y en nuestra forma de pensar, debería ser un hábito, a poder ser diario. Es decir, convertirse en un ritual. Sin embargo, como ya he explicado con anterioridad, los rituales tardan entre treinta y sesenta días en convertirse en actividades que se realizan de forma automática. Por lo tanto, si tienes una actitud negativa, no esperes convertirte en un optimista de la noche a la mañana. No obstante, con la práctica y el tiempo adecuado tu diálogo interno contendrá menos autocrítica y tu pensamiento positivo se convertirá en algo habitual. Adoptar un pensamiento positivo te ayudará también a ser menos crítico con el mundo que te rodea.

Los pensamientos negativos

Los pensamientos negativos son ideas que surgen en nuestra mente, generalmente sin que las busquemos, y que nos generan todo tipo de emociones adversas, como miedo, ansiedad y estrés. Estos pensamientos pueden convertirse en una repetición constante que desencadena emociones dañinas y destructivas, conocidas como *pensamientos obsesivos*. El pesimismo es una forma de pensar y comportarse caracterizada por juzgar todo de la peor manera posible, por lo que las personas con este rasgo de personalidad tienden a realizar interpretaciones negativas de lo que ocurre y de lo que podría suceder.

Las personalidades pesimistas se centran constantemente en lo negativo, restan importancia a los aspectos positivos y tienden a generalizar los elementos desfavorables de una situación. Suelen verse a sí mismas como víctimas y son propensas a dramatizar las circunstancias. Debido a que estas personas mantienen pocas expectativas optimistas sobre el futuro, no creen que las cosas mejoren por sí solas o sin un esfuerzo consciente. Aunque no se considera un trastorno mental, sí refleja un patrón psicológico que puede predisponer a la depresión. Además, el pesimismo es una actitud mal vista por nuestra sociedad, lo que lleva a algunas personas a ocultarlo para que no afecte a sus relaciones, cosa que puede provocar estrés y ansiedad si esa situación se mantiene durante mucho tiempo.

Autoconversación interna positiva

El pensamiento positivo suele comenzar con un diálogo interno, que es ese flujo interminable de pensamientos no manifestados que se nos pasan por la cabeza. Estos pensamientos automáticos pueden ser positivos o negativos. La autoconversación positiva consiste en mantener un diálogo interno en su mayor parte optimista y alentador. Estos pensamientos y afirmaciones empoderan, incrementan la motivación y hacen que uno se sienta bien consigo mismo y con sus capacidades. La autoconversación positiva puede dar un impulso extra que ayude a sentirse feliz, realizado y bien con uno mismo y con la vida.

La autoconversación influye significativamente en el rendimiento de deportistas, artistas, empresarios y grandes líderes. Los atletas la utilizan para aumentar su motivación y confianza y para permanecer enfocados, ya que el diálogo interno positivo puede ayudar considerablemente a mejorar el rendimiento y a afrontar momentos difíciles durante una competición. Habrás observado a muchos tenistas, como Alcaraz o Nadal, repetir afirmaciones como «¡Vamos!» o «¡Puedo hacerlo!», pues esto favorece el mantenimiento de una mentalidad positiva.

Por tanto, implantar estrategias de autoconversación efectivas proporciona una ventaja competitiva y se convierte en una herramienta esencial en el arsenal de un atleta, artista, cantante o empresario. Sin embargo, cualquier persona, aunque no sea deportista o empresario, debe entender el poder de la autoconversación, ya que puede ayudarle a mejorar su rendimiento y a enfrentarse a momentos difíciles.

Cómo poner en práctica una autoconversación positiva

Ya que la autoconversación positiva puede ser eficaz para reducir el estrés, la ansiedad y el miedo, el primer paso para ponerla en práctica es sustituir el diálogo interno negativo por uno más constructivo y positivo. Si no logramos controlar nuestros pensamientos negativos recurrentes, es mejor no enfocarnos en ellos, sino en cómo reaccionamos ante ellos. Es más sencillo si nos tomamos tiempo para comprenderlos, reconocer su verdadero impacto y actuar de manera adecuada. En esencia, se trata de aceptarlos sin dejar que nos controlen: no permitas que tus acciones estén dictadas únicamente por esos pensamientos.

Utiliza afirmaciones positivas

Las afirmaciones ayudan a mantener una mentalidad positiva. Frases como «Soy fuerte» o «Puedo hacerlo» aumentan la moral y la motivación. Transforma los pensamientos negativos en pensamientos positivos. Cambia el «No puedo hacer esto» por un «Voy a dar lo mejor de mí». Este cambio reduce la ansiedad y construye resiliencia. Es muy importante que mientras mantengas este diálogo interno lo hagas con un lenguaje sencillo basado en el respeto hacia ti mismo y que evite los insultos.

Introduce palabras claves o mantras

Un mantra es una palabra o frase que puede repetirse internamente como un medio para aumentar la confianza. Piensa en un mantra que sea especial para ti y que puedas usar en momentos de presión o estrés. Utiliza palabras específicas para activar las acciones deseadas. Por ejemplo, di «Enfócate» para centrar tu atención durante momentos de alta presión o «Relájate» o «Respira» para aliviar la tensión.

Date instrucciones precisas

Intenta encontrar palabras o frases que se sirvan como instrucciones precisas: «Respira», «Fíjate en la pelota», «Visualiza la jugada», etc.

COPA DAVIS, UN TENISTA FILIPINO Y EL EMIR DE QATAR

A pesar de que en 1992 se hizo realidad mi sueño de participar en unos Juegos Olímpicos, los ocho o diez meses posteriores fueron muy difíciles y complicados para mí, tanto en el ámbito personal como en el profesional. España entró en recesión, lo que afectó a todos los sectores de la economía, y decidí desvincularme de la academia de tenis de Nick Bollettieri, ya que los derechos de explotación para España habían sido adquiridos por Achille Cafarelli, un italiano de reputación muy cuestionable. Además, durante ese año me divorcié de mi primera mujer, Meritxell, quien también era mi mano derecha en la academia y en la empresa de organización de eventos tenísticos que compartíamos.

Dada la situación, decidí tomarme un descanso de unos cuatro o seis meses, durante el cual me fui a vivir a Barcelona, a casa de mis padres. Durante ese tiempo me dediqué a cuidar de mi salud y mi físico, entrenando en el gimnasio prácticamente a diario, a veces en sesiones dobles, pero también a divertirme un poco. Prácticamente no tenía contacto con nadie del mundo del tenis, hasta el punto de que les pedí a mis padres que, si llamaba a casa alguien relacionado con mi exmujer o con mi trabajo, por favor le dijeran que no estaba. Solo quería aislarme y olvidar lo ocurrido lo antes posible.

Sin embargo, cuando ya habían pasado algo más de tres meses empezaba a estar inquieto; echaba de menos trabajar, así que comencé a barajar diferentes opciones, aunque con una clara preferencia por irme al extranjero. Entonces, una tarde, sonó el teléfono. Contestó mi padre y resultó que era Jaime Fillol, uno de los nombres más legendarios del tenis de Chile, quien había sido mi ídolo de pequeño. Inmediatamente mi padre me dijo que para una persona como Jaime Fillol sí tenía que ponerme al teléfono. Jaime y yo ya nos conocíamos, y me llamaba para invitarme al torneo de Wimbledon, que empezaba a los pocos días; además, quería hacerme una oferta para trabajar en su club de tenis, que estaba a punto de abrir en Santiago de Chile.

Mi padre me obligó a comprar inmediatamente un billete de avión a Londres. Al llegar a Wimbledon, donde había estado como entrenador en dos ocasiones, me dirigí hacia la zona de jugadores para buscar a Fillol. Me reencontré también con muchos jugadores y colegas, que ya estaban al tanto de mi renuncia en la academia de Bollettieri y de mi divorcio. Jaime y yo almorzamos juntos y hablamos del mundo del tenis. En un momento de la conversación me dio más detalles sobre el club que estaba a punto de inaugurar en Chile, y me ofreció el puesto de director; sin embargo, al hablar de dinero, la diferencia al cambio de moneda entre Chile y Europa complicaba que yo aceptara su propuesta.

Con cierta decepción, me fui a dar un paseo por Wimbledon y a presenciar algunos partidos. Acabé sentándome en una de las gradas para observar la sesión de entrenamiento de unos jóvenes tenistas, y observé que Doug MacCurdy, director técnico de la ITF (Federación Internacional de Tenis), estaba cerca. Vino a saludarme y, por supuesto, me preguntó por mi divorcio y mi salida de la academia estadounidense. También mostró interés por mis planes futuros, a lo que respondí que estaba considerando diversas opciones, pero que me atraía la idea de trabajar en el extranjero. Me recomendó que contactara con la Federación de Tenis de Qatar, que necesitaba un profesional para dirigir y entrenar a todos los equipos nacionales.

Qatar se había hecho famoso a nivel internacional por su torneo ATP de un millón de dólares, durante el cual el tenista Boris Becker había aparecido montando un camello y vestido al más puro estilo árabe. Nada más regresar a mi casa en Barcelona, redacté un fax dirigido a Ayman Azmy, el director técnico de la Federación de Tenis de Qatar, para mostrar mi interés por el puesto, proporcionándole el nombre de Doug MacCurdy como referencia. Dos o tres días después recibí una respuesta muy positiva en la que me solicitaba que habláramos por teléfono. Durante nuestra conversación, Ayman me invitó a visitar Qatar para entrevistarnos en persona y para que conociera el país, ya que en aquel tiempo Doha no era lo que es hoy y existía una considerable diferencia cultural.

Dos semanas después llegué a Doha, que era una ciudad bastante pequeña con muy poco turismo: apenas contaba con dos o tres hoteles y un reducido número de expatriados que residían en el país. Me alojaron en el hotel Doha Sheraton, considerado uno de los mejores del golfo Pérsico. Pasaron dos o tres días sin que nadie de la federación se pusiera en contacto conmigo. Durante ese tiempo me dediqué a entrenar en el gimnasio del hotel y a jugar al tenis con algunos de sus monitores. También salí a pasear para explorar la ciudad y conocer la cultura local. Me impresionaron enormemente el intenso calor, que superaba cada día los 40 °C, y la alta humedad del mes de septiembre en aquella parte del planeta.

Los días seguían pasando sin que hubiera contacto con

la Federación de Tenis, así que finalmente decidí llamar por teléfono a Ayman Azmy. Este se mostró más preocupado por asegurarse de que estaba siendo atendido adecuadamente y de que me sentía cómodo en el hotel. Durante nuestra conversación expresé mi interés en conocer a los directivos de la federación, visitar sus instalaciones y obtener más información sobre el puesto de trabajo. Ayman me sugirió la posibilidad de entrenar al equipo nacional absoluto esa misma tarde con el fin de que ellos pudieran observar mis métodos, y aprovechar también para conocernos en persona y comenzar a hablar sobre nuestra potencial relación profesional.

Esa tarde me dirigí al espectacular Estadio Internacional Jalifa, donde también se juega el torneo ATP. Nada más entrar en las instalaciones vi que había tres jugadores preparados para entrenar. Al llegar a la pista me recibió Ahmed Said, un egipcio que acabaría convirtiéndose en uno de mis asistentes, especialmente como asesor en asuntos islámicos e intérprete. Me saludó muy amablemente y me presentó a los jugadores, Nasser, Tamim y Sultan. Comenzamos con un calentamiento y estiramientos, para luego continuar con una serie de ejercicios de muy alta intensidad en los que trabajamos los golpes de fondo de pista. Inmediatamente me di cuenta de que les hacía falta mejorar la condición física y trabajar la técnica de algunos golpes, pero, sobre todo, mucha disciplina.

La primera vez que se agotaron las ochenta o cien pelotas del carrito que los entrenadores usamos en pista, les expliqué que les daba un tiempo limitado para recogerlas, advirtiéndoles de que por cada pelota que quedara en el suelo al concluir el plazo deberían realizar una flexión. No me hicieron caso y dejaron dieciocho pelotas sin recoger, por lo que los obligué a hacer dieciocho flexiones. Después de eso, al percatarse de mi determinación, su actitud mejoró y la intensidad de su esfuerzo aumentó. Aunque el calor me resultaba insoportable y estaba empapado de sudor, disfruté plenamente de esa sesión de entrenamiento.

Por lo general, no me gusta que nadie entre en la pista de tenis cuando estoy entrenando. Es como si, siendo médico, alguien entrara al quirófano sin permiso. Sin embargo, dado que estábamos en un país con una cultura diferente, no dije nada cuando, en medio del entrenamiento, se abrió la puerta y entraron dos militares armados acompañando a dos señores vestidos con el típico traje árabe blanco, el *thobe*, y cubiertos con la llamada *gutra*. Resultaba evidente que uno de ellos era una personalidad muy importante. Se sentaron a observar mi sesión de entrenamiento y pude percibir en el rostro del alto dignatario su satisfacción con lo que estaba presenciando, especialmente cuando más exigía a los chicos.

Al finalizar la sesión, los jugadores, con gran cortesía, me dieron las gracias, y Ahmed Said se aproximó a mí para decirme: «Capitán, me gustaría presentarle a su majestad el emir de Qatar, el jeque Hamad bin Khalifa al Zani». Era la primera vez que me hallaba en presencia de un rey, que es a lo que equivale en nuestra cultura un emir. A su majestad lo acompañaba el presidente de la federación, Ali Al Fardan, uno de los hombres más ricos de la región y mi futuro jefe. Yo estaba empapado y tenía las manos húmedas. Sin embargo, su majestad me ofreció la mano, así que yo, al estrechársela, me disculpé. Sheikh Hamad elogió mi sesión de entrenamiento y me preguntó mi opinión sobre su hijo. Para mi sorpresa, su hijo era el jugador con el que más exigente había sido, Tamim bin Hamad al Zani, quien actualmente es el emir del país.

No sabía cómo contestar para no meter la pata, pero tenía que ser franco. Le dije que me parecía un chico con bastante talento y con el físico adecuado para jugar al tenis, pero que tenía una clara falta de disciplina y era muy vago. El presidente de la federación, Ahmed Said y los demás jugadores se miraron entre ellos esperando la reacción del emir. Hamad estuvo de acuerdo conmigo en que a su hijo le hacía falta mucha disciplina, y me advirtió de que no porque fuese el príncipe heredero había que tratarlo de manera diferente. Inmediatamente se dio la vuelta hacia Ali Al Fardan para decirle algo en árabe con voz firme y tajante. No supe lo que su majestad le había dicho al presidente de la federación hasta el día de mi despedida, años más tarde: «Ali, tienes que contratar a Pancho Campo cueste lo que cueste y pida lo que pida», habían sido sus palabras, según me confesó Ahmed Said.

Su majestad se despidió amablemente de mí, expresándome su deseo de que aceptara el cargo de entrenador nacional. Permanecí en la pista un rato más, ya que quería conocer mejor a los jugadores. Además de Tamim, el príncipe heredero, estaban presentes Sultan Khalfan, quien se convertiría en uno de los mejores jugadores del golfo, y Nasser Al-Khelaïfi, el primer jugador del Medio Oriente en alcanzar un ranking ATP. Actualmente, Al-Khelaïfi es el presidente del Paris Saint-Germain (PSG), de la Federación de Tenis de Qatar y del canal de televisión beIN Sports. El presidente de la federación, Ali Al Fardan, quien también era el propietario de la prestigiosa joyería Tiffany de Nueva York, me invitó a cenar al día siguiente junto al resto de los directivos de la federación para discutir mi contrato.

Durante los dos años que viví en Doha tuve la suerte de trabajar a diario con los jugadores del equipo nacional, y pude desarrollar una bonita amistad con todos ellos, pero especialmente con Nasser Al-Khelaïfi y Tamim bin Hamad. Como yo en aquel entonces estaba soltero, casi todos los fines de semana me invitaban a excursiones al desierto, a pescar o a cenar, tanto en alguno de los palacios que la familia real tenía repartidos por Qatar como en casa de alguno de ellos, generalmente en la de Nasser. Llegué a conocer muy bien la cultura local, sus costumbres, gastronomía e idiosincrasia, aunque lamento enormemente no haber aprendido a hablar árabe.

Los éxitos que logramos con los equipos nacionales de tenis de Qatar no han sido aún igualados. Por ejemplo, fuimos campeones en tres de las cuatro categorías del Consejo de Cooperación del Golfo (GCC), que es como la Unión Europea de la región. Siempre recordaré el momento en que nos proclamamos campeones en la categoría infantil, ya que el partido decisivo lo ganó Tamim frente a Kuwait. Era la primera vez que Qatar vencía a Kuwait, con la emoción añadida de que era el príncipe heredero quien había logrado apuntalar la victoria en el encuentro decisivo. Al llegar a Doha fuimos recibidos como héroes, y desfilamos por la *corniche* de la ciudad, sentados en el techo de los vehículos todoterreno del equipo, mientras éramos felicitados por los ciudadanos qataríes, que nos acogían con banderas, pitos y tambores.

Pero el mayor triunfo desde el punto de vista tenístico fue ganar la Copa Davis en División III para lograr el ascenso a la División II. El año anterior a mi llegada a Qatar, se había celebrado la eliminatoria de la Copa Davis en Doha, que resultó muy humillante para la federación, ya que su equipo, siendo el anfitrión, quedó en la última posición entre los once equipos participantes. La presión sobre la federación de tenis y sobre mí como capitán era enorme, ya que no podíamos permitirnos repetir el ridículo de la edición anterior. Una tarde, al concluir los entrenamientos, Ali Al Fardan me pidió que nos reuniéramos con su junta directiva para hablar sobre la Copa Davis.

Durante aquella reunión, los directivos de la federación expresaron su deseo de que el equipo no quedara en último lugar, y también manifestaron que se sentirían muy satisfechos si lográbamos clasificarnos entre los seis primeros. En ese momento ya conocía bien a mis jugadores y, por supuesto, el reglamento de la Copa Davis, por lo que le comuniqué al presidente que tenía una estrategia para llegar a las semifinales e incluso a la final.

Expliqué que, de acuerdo con la Federación Internacional de Tenis, la Copa Davis la puede disputar un ciudadano extranjero que haya residido más de cinco años en el país. «Capitán, creo que no estamos entendiendo a qué te refieres», manifestó uno de los directivos. Les expliqué que uno de los entrenadores del hotel Doha Sheraton, Boy Diong, tenía un nivel superior al de todos nuestros jugadores y podría ser el refuerzo que nos hacía falta. Todos los directivos se miraron entre ellos e intercambiaron comentarios en árabe que no entendí, pero que, básicamente, giraban alrededor del hecho de que Boy Diong tenía nacionalidad filipina. Los ciudadanos del golfo muestran un profundo orgullo por su nacionalidad, su cultura y su religión, por lo que siempre han considerado que los ciudadanos de países como Filipinas, India o Sri Lanka pertenecen a la clase trabajadora.

Mi sugerencia había creado un pequeño altercado entre los miembros de la junta directiva, quienes discutían —de forma algo acalorada en ocasiones— sobre el asunto, aunque al hacerlo en árabe no lograba captar claramente los detalles. Sin embargo, percibía la división entre aquellos favorables a incluir al jugador filipino y quienes se oponían. Una vez que la discusión se tranquilizó, Ali Al Fardan me preguntó si creía sinceramente que llegaríamos a las semifinales si incorporábamos a Boy Diong.

Con una cierta arrogancia le aseguré que, contando con Boy y con los recursos necesarios para preparar adecuadamente el torneo, le garantizaba que llegaríamos a la final. Fardan intercambió algunas palabras en árabe con sus colegas antes de preguntarme cuáles eran mis necesidades. Le indiqué que, además de poder disponer del jugador filipino, todos los jugadores se concentrarían en un hotel junto a mi equipo de entrenadores y preparadores físicos, y que la disciplina de los jugadores estaría en mis manos durante la concentración y la disputa del torneo. El presidente me miró fijamente y me preguntó si estaba dispuesto a poner mi cargo a disposición de la federación en caso de que no llegáramos a la final. Acepté esa condición y sellamos el acuerdo estrechándonos la mano.

Me trasladé junto con mi equipo —los dos asistentes australianos, Simon Walsh y Chris Holness, el preparador físico de Madrid, José Antonio Aparicio, y Ahmed Said— al hotel Doha Sheraton. Nuestros principales retos eran conseguir que los jugadores mantuvieran la disciplina, se fueran a la cama a la hora indicada, comieran equilibradamente y, sobre todo, aceptaran al filipino Boy Diong como miembro del equipo. Entre todos logramos crear un ambiente extraordinario. Aunque había muchos nervios, estábamos muy motivados: los jugadores por dejar a su país en un buen lugar, Boy Diong porque representaba a toda la comunidad filipina y mis entrenadores porque jugar la Copa Davis suponía un reto; para mí, aparte de conservar mi trabajo, el desafío no solo era llegar a la final, sino también salir campeones.

No voy a relatar todas las eliminatorias que disputamos porque no viene al caso en este libro, pero cada una de ellas fue una verdadera epopeya, especialmente la primera, ya que todas las miradas de la prensa, los directivos y el público de Qatar estaban puestas en el jugador filipino. Boy Diong, que tenía más de treinta años por aquel entonces, era un profesor de tenis que había dejado la competición hacía ya muchos años y que antes de la concentración no estaba en su mejor forma física; sin embargo, nos dio a todos una lección de entrega, pundonor, sacrificio, deportividad y compañerismo. Ganó sus primeros partidos con relativa facilidad, pero a partir de cuartos de final cada encuentro se convirtió en una batalla. El partido de semifinales fue de los más duros que he visto disputar a un jugador, y Boy lo ganó en tres sets, todos ellos muy ajustados. Era tal su sacrificio en cada partido que tuvimos que contratar a un fisioterapeuta que se dedicase a él en exclusiva para intentar recuperarlo lo mejor posible.

Clasificarnos para la final fue una alegría tremenda para todos nosotros, y yo había logrado conservar mi puesto de trabajo. Esa tarde fui a hablar con todos mis jugadores uno por uno, especialmente con Boy, porque su tremendo esfuerzo le había provocado ampollas y llagas en los pies, estaba muy cansado y con agujetas en las piernas. En realidad, no lo vi en las mejores condiciones para afrontar la final, pero su fortaleza mental y determinación eran tan grandes que me aseguró que, si yo le proporcionaba asistencia médica, él se encargaría de estar al pie del cañón al día siguiente.

Por otra parte, el ambiente en el hotel no podía ser mejor, especialmente porque el director era un gran aficionado al tenis, así que cada vez que ganábamos una eliminatoria nos recibía con refrescos y preparaba comidas especiales para los jugadores. Esa noche reuní a jugadores y entrenadores alrededor de una cena muy relajada para celebrar lo que habíamos conseguido, pero también para convencerlos de que, si habíamos llegado tan lejos, con un esfuerzo más lograríamos ser campeones. Al terminar la cena, y antes de retirarnos a nuestras habitaciones, hablé con Nasser Al Khelaïfi, a quien le expliqué en qué condiciones físicas se encontraba Boy y también que la eliminatoria posiblemente se decidiría en el partido de dobles. Para motivarlo le dije que tenía plena confianza en él, pero que iba a tener que hacer un esfuerzo sobrehumano para compensar el desgaste de Boy.

Al día siguiente, como ya era costumbre, desayunamos todos juntos. Sin embargo, antes de bajar al comedor, visité a Boy para verificar el estado de sus lesiones. Me impresionó ver que habían mejorado considerablemente y que, aunque estaba cansado y algo dolorido muscularmente, se encontraba lleno de energía y muy motivado. Sin embargo, y para mi sorpresa, perdimos el primer partido de forma inesperada, lo que obligaba a Boy a ganar el suyo si queríamos optar al título. Aunque temía lo peor a causa del estado físico de nuestro jugador filipino, también había algo dentro de mí que aún me hacía creer que podríamos lograrlo. Pero Boy perdió el primer set de manera ajustada, lo cual no parecía augurar un buen resultado para nosotros. Sin embargo, en el segundo set, demostrando una garra tremenda, logró ganar la manga por 7 a 5. Para el tercer set modificamos su estrategia con el fin de disimular algunas de sus deficiencias al tiempo que nos enfocábamos en sus puntos fuertes. A pesar de esto, la situación se volvió trágica cuando comenzaron los calambres y una de las llagas del pie empezó a sangrarle. Aun así, logró una apretada victoria.

Con la eliminatoria empatada, todo se decidiría en el partido de dobles. Fui a los vestuarios a comprobar cómo iba la rehabilitación de Boy, y, al verlo, se me pasó por la cabeza buscar a otro compañero para que jugara con Nasser los dobles. Le pedí a todo el mundo que se marchara para tener una conversación a solas con Boy. Le dije que me sentía muy orgulloso de que hubiéramos trabajado juntos y que él se tenía que sentir todavía más satisfecho de lo que había logrado, porque había demostrado un espíritu de lucha que yo pocas veces había visto. También le insinué que entendía que no jugase el último partido; sin embargo, él me contestó: «Capitán Pancho, te lo ruego, déjame jugar y no me saques del equipo ahora. Es un tema de orgullo para mí y mis compatriotas».

Inmediatamente le pedí a Nasser que se uniese a nosotros y le expliqué que, debido al tremendo esfuerzo que Boy había hecho, él tendría que liderar el partido de dobles. Debía dejarse la piel porque podíamos ganar. Nasser, con gran motivación, me contestó: «Sí, capitán Pancho, vamos». Nos dimos un abrazo los tres y salimos a reunirnos con el resto del equipo. Esa mañana, José Aparicio y yo habíamos pedido a todos los jugadores del equipo, a los entrenadores y a la federación que invitasen a cuanta más gente mejor para animar al equipo. También nos habíamos aliado con la prensa local para que se hiciese eco de la eliminatoria. Simon y Chris se encargaron de conseguir banderas, pitos y panderetas, y se dedicarían a espolear al público durante el encuentro. Ese partido lo teníamos que ganar entre todos, ya que a nuestros jugadores les quedaba muy poco que dar.

Aproximadamente dos horas más tarde, Boy y Nasser lograron ganar su partido de dobles, lo que proclamó a Qatar como campeón de la Copa Davis en su categoría, permitiéndole ascender a la División II. El ambiente en el Estadio Jalifa era sencillamente increíble, y las expresiones de felicidad en los rostros de los jugadores y el equipo, inolvidables. Nos abrazamos, saltamos y gritamos porque habíamos ganado la Copa Davis, aunque fuese en una división menor. El presidente me felicitó efusivamente, expresando su confianza en mí, aunque también que nunca había imaginado que nos convertiríamos en campeones.

Al llegar al hotel nos esperaban los empleados, junto

al director y algunos clientes, con pancartas, una gran tarta y una cena especial para los jugadores. Sin embargo, hubo un instante que quedó grabado en mi mente por encima de otros: la felicitación del presidente de la comunidad filipina en Qatar, quien me agradeció profundamente lo que había hecho por los filipinos de Doha. Esa noche, después de la cena, lo celebramos con mis colegas y con oficiales de otros de los equipos en el único bar que había en Doha, precisamente dentro del hotel. Comentamos anécdotas de la eliminatoria, nos reímos y disfrutamos del trabajo bien hecho.

¿QUÉ PUEDO APRENDER DEL MÉTODO SMILE CON ESTA HISTORIA?

- Cuando una persona está atravesando momentos muy difíciles, ya sea en el ámbito personal o en el profesional, a veces resulta conveniente tomarse un tiempo sabático.
- Hay que dar un respiro a aquellas áreas del método SMILE que están muy desequilibradas para reagruparnos y recargar nuestras energías.
- Sin embargo, hay circunstancias personales que quizá no permitan disfrutar de dicho descanso. Es en tales momentos cuando tener un pasatiempo, una afición o practicar deporte se convierten en excelentes formas de alejarse de las dificultades y manejar el estrés.
- Equilibrio y energía espiritual: con una adecuada motivación y enfrentando nuestros temores, es factible alcanzar metas que nunca pensamos que podríamos lograr.

- Al interactuar con culturas distintas, resulta fundamental comprender y respetar las diferencias culturales, sociales y religiosas.
- El trabajo en equipo siempre será más productivo que el esfuerzo individual y solitario.

10

CÓMO REDUCIR EL ESTRÉS DE LOS VIAJES

> Viajar es una brutalidad. Te obliga a confiar en extraños y a perder de vista todo lo que te resulta familiar y confortable de tus amigos y tu casa. Estás todo el tiempo en desequilibrio. Nada es tuyo excepto lo más esencial: el aire, las horas de descanso, los sueños, el mar, el cielo; todas aquellas cosas que tienden hacia lo eterno o hacia lo que imaginamos como tal.
>
> CESARE PAVESE

Viajar o irnos de vacaciones son dos actividades que pueden ayudar a reducir el estrés y la ansiedad. En realidad, la gran mayoría de las personas aprovechan sus vacaciones para escapar de la rutina diaria, descansar y, supuestamente, recargar energías. Sin embargo, viajar es una actividad que, aunque no lo parezca, nos saca de nuestra zona de confort, y por eso también puede generar una cantidad considerable de ansiedad y estrés.

Además, viajar se ha convertido, en la actualidad, en un componente fundamental de numerosas profesiones, desde ejecutivos de alto nivel que necesitan trasladarse para reuniones de negocios o presentaciones hasta deportistas que participan en competiciones que se desarrollan en diferentes lugares del mundo o trabajadores cuyo empleo requiera movilidad. En este capítulo examinaremos el estrés y la ansiedad que pueden producir los viajes, los aeropuertos, las comidas en restaurantes y las estancias en hoteles. Sin embargo, la parte más práctica del capítulo consiste en ofrecerte algunos consejos para mitigar los efectos negativos de los viajes, tanto laborales como recreativos.

Jet lag

El *jet lag*, también conocido como *trastorno del desfase horario*, es quizá el inconveniente más común asociado a los viajes en avión, especialmente en trayectos de larga distancia. Es el que más influye en nuestro rendimiento, y una causa frecuente de estrés entre los viajeros. Se trata de un problema temporal de sueño que puede afectar a cualquier persona que vuele a través de múltiples zonas horarias.

Síntomas del jet lag

Los síntomas del *jet lag* pueden diferir de una persona a otra, y es posible que aparezcan uno o varios de ellos simultáneamente. Generalmente, estos síntomas comienzan a aparecer uno o dos días después de haber viajado a través de al menos dos zonas horarias. Es probable que sean más intensos y prolongados cuanto mayor sea el desplazamiento, especialmente si se viaja hacia el este. Por lo general, se necesita alrededor de un día por cada zona horaria que se cruza para recuperarse. Los síntomas más frecuentes del *jet lag* son:

- **Problemas de sueño y somnolencia diurna.** Puede resultar complicado dormir a la hora deseada o que te despiertes antes de lo previsto. El desfase horario también provoca un sueño intermitente y que la sensación de aletargamiento se prolongue a lo largo del día.
- **Capacidad física alterada.** Es posible sentirse fatigado y falto de energía. El rendimiento físico máximo puede verse afectado, lo cual es especialmente grave en el caso de los deportistas.
- **Problemas cognitivos.** Es posible experimentar también problemas de memoria o concentración, o que los pensamientos vayan más lentos o la capacidad de razonamiento sea menos precisa de lo habitual.
- **Malestar general.** El desfase horario puede acarrear una sensación general de incomodidad, enfermedad o desasosiego.
- **Problemas estomacales.** Muchos viajeros se quejan de pérdida de apetito, estreñimiento, náuseas o síndrome del intestino irritable.
- **Dificultades emocionales.** En algunas personas aumentan la irritabilidad, el mal humor y la falta de paciencia.

¿Por qué ocurre el jet lag*?*

Estos síntomas, que aparecen después de vuelos largos en los que se produce un cambio de zona horaria, se deben a un desajuste entre el reloj circadiano interno, que sigue en la antigua zona horaria, y el nuevo huso horario, por el que se rigen en ese momento los comportamientos de la persona (horarios de sueño, de comida...), lo que afecta al sueño y a otros procesos corporales. Estos son los elementos que pueden producir *jet lag*:

- **Desregulación de tus ritmos circadianos.** El *jet lag* puede manifestarse cada vez que cambias de zona horaria. Al cruzar zonas horarias, tu reloj interno se desincroniza respecto a la hora del nuevo destino. Este reloj interno, que marca los ritmos circadianos, es el encargado de regular el ciclo de sueño-vigilia. Por ejemplo, si sales de Miami en un vuelo a las cuatro de la tarde del martes y llegas a Madrid a las siete de la mañana del miércoles, tu reloj interno aún interpreta que es la una de la madrugada. Eso implica que estás listo para dormir justo cuando los madrileños se están despertando. Tu organismo necesita varios días para acostumbrarse. Durante este tiempo, tu ciclo de sueño-vigilia, junto con otras funciones corporales como el apetito y los hábitos intestinales, estarán desincronizados respecto del ritmo de vida en Madrid.
- **El efecto de la luz solar.** Un elemento clave en los ritmos circadianos es la influencia de la luz solar, que regula la producción de melatonina, la hormona que induce el sueño. Cuando la cantidad de luz que entra por nuestros ojos disminuye, una región del cerebro conocida como *núcleo supraquiasmático* interpreta que es de noche y envía señales al hipotálamo y a la glándula pineal para incrementar la producción de melatonina. Por el contrario, durante las horas diurnas, la producción de melatonina es muy baja. Dado que la luz es vital para el reloj biológico, puede ser beneficioso exponerse a la luz natural del día para adaptarse a un nuevo huso horario. Sin embargo, es fundamental que esa exposición se realice en el momento adecuado.
- **La presión en la cabina y la deshidratación.** Varios estudios indican que las variaciones en la presión de la cabina y las altitudes elevadas relacionadas con los

vuelos pueden influir en ciertos síntomas del *jet lag* sin necesidad de que se produzca un cambio de zona horaria. Asimismo, la humedad en los aviones es baja, por lo que si no se bebe suficiente agua durante el vuelo puede experimentarse una leve deshidratación, que también puede ocasionar o propiciar algunos síntomas del *jet lag*.

Factores de riesgo

Los elementos que incrementan la posibilidad de sufrir *jet lag* son:

- **El número de zonas horarias que se atraviesan.** A mayor cantidad de zonas horarias cruzadas, mayor es la probabilidad de experimentar *jet lag*.
- **Volar hacia el este.** Volar hacia el este puede ser más complicado, ya que *pierdes* tiempo, mientras que al hacerlo hacia el oeste lo *ganas*.
- **Ser un viajero frecuente.** Los pilotos, asistentes de vuelo y viajeros de negocios son los que con mayor frecuencia padecen *jet lag*.
- **La edad.** Las personas mayores pueden requerir más tiempo para recuperarse.

¿Cómo prevenir y tratar el jet lag?

- **Horario de sueño.** Cuando es de noche en el lugar de partida te resultará más fácil conciliar el sueño durante el vuelo.
- **Higiene del sueño.** Minimiza la exposición a la luz azul del iPad o el teléfono móvil, usa antifaz, tapones

para los oídos, almohada para el cuello, ropa cómoda y holgada.

- **Adapta tu horario de forma progresiva antes de partir.** Si viajas hacia el este, procura acostarte una hora antes cada noche durante los días previos a tu viaje. Si tu destino es el oeste, acuéstate una hora más tarde. Siempre que sea posible, intenta comer más cerca de los horarios de las comidas que seguirás durante tu viaje.
- **Llega con antelación.** Si tienes una reunión importante u otro acto que requiere que estés en plena forma, intenta llegar unos días antes para darle a tu cuerpo la oportunidad de ajustarse.
- **Viaja lo más descansado que puedas.** Comenzar un vuelo con cansancio y con falta de sueño empeora el *jet lag*.
- **Mantén tu nuevo horario.** Ajusta tu reloj o teléfono a la nueva hora antes de salir. Al llegar a tu destino, trata de no dormir hasta la noche en horario local, sin importar lo fatigado que te sientas. Además, intenta adaptar tus comidas y tus hábitos de trabajo a los horarios locales.
- **Mantente hidratado.** Asegúrate de hidratarte adecuadamente antes, durante y después de tu vuelo para reducir los efectos del aire seco y la presurización de la cabina. La deshidratación puede intensificar los síntomas del *jet lag*, así que también es recomendable evitar el alcohol y la cafeína, ya que pueden aumentar la deshidratación y afectar al sueño.
- **Sincroniza adecuadamente la exposición a la luz**
    1. Tras viajar hacia el oeste, exponte a la luz nocturna para facilitar tu adaptación a un huso horario posterior.

2. En cambio, si has viajado en dirección este, adáptate a la luz matutina para ajustarte a un huso horario más temprano.
3. La única excepción es si has cruzado más de ocho husos horarios, ya que tu organismo podría confundir la luz de la mañana con el anochecer, así como la luz vespertina con la matutina. Por lo tanto, si te has desplazado más de ocho husos horarios hacia el este, usa gafas de sol y evita la luz intensa por la mañana; en su lugar, permite la mayor cantidad de luz solar posible durante la tarde en los primeros días en tu nuevo destino.
4. Si has viajado hacia el oeste y has cruzado más de ocho husos, evita la luz solar unas horas antes del anochecer en esos primeros días para adaptarte a la hora local.

- **Intenta dormir en el avión si es de noche en tu destino.** Los tapones para los oídos, los auriculares y las máscaras para los ojos pueden ser útiles para bloquear el ruido y la luz. Si es de día en el lugar al que te diriges, evita la tentación de dormir.
- **Melatonina.** El organismo interpreta la melatonina como un indicador de que ya es de noche, lo que tiende a producir el efecto opuesto al de la luz intensa. La hora en que consumes la melatonina es crucial. Así pues, si has volado hacia el este, toma la melatonina cuando sea de noche en tu nuevo huso horario. Puedes continuar tomándola hasta que te adaptes al horario local. En cambio, si has volado hacia el oeste, toma la melatonina por la mañana en tu nuevo huso horario hasta que te aclimates.
- **Medicamentos.** Se pueden consumir *pastillas para dormir* tanto durante el vuelo como en las noches posteriores a la llegada mientras te ajustas a la nueva

zona horaria. Entre estos fármacos se incluyen los análogos de benzodiazepinas y las benzodiazepinas propiamente dichas. Aunque estos medicamentos pueden facilitar un sueño más prolongado y reparador, es posible que a pesar de todo experimentes síntomas de desfase horario durante el día. Por lo general, se recomiendan únicamente para quienes no obtienen resultados con otros tratamientos.

- **Fototerapia.** Una forma de adaptarse a otro horario diurno es el uso de la fototerapia, que consiste en exponerse a una lámpara o luz artificial brillante que simula la luz del sol. La luz se utiliza durante un tiempo específico durante el que se supone que debes estar despierto.

Consejos útiles a la hora de viajar

Crea un itinerario

Elabora un itinerario de todo tu viaje, incluyendo tus vuelos, reuniones y otros actos a los que necesitas asistir. Este itinerario debe incluir detalles como números de confirmación, teléfonos de contacto, direcciones y tarjetas de embarque. Conserva copias digitales y físicas de tu itinerario para asegurarte de que siempre tengas acceso a él.

Infórmate sobre las cuestiones locales

Es aconsejable informarse sobre la mayor cantidad de detalles posible acerca de tu destino, incluyendo los documentos necesarios, visados, permisos de conducir, tarjetas de crédito, efectivo, propinas, vacunas, religión, festividades, clima y costumbres. Asimismo, es fundamental conocer las coberturas de tus seguros, especialmente el de salud.

Utiliza solo maletas de cabina

Este punto puede ahorrar mucho tiempo, ya que, si quieres evitar una espera media de treinta minutos en la recogida de equipaje o incluso que tu maleta se pierda, es recomendable utilizar solo equipaje de mano.

Reserva vuelos directos

Siempre que sea posible, elige vuelos sin escalas y evita las conexiones. Pasarás menos tiempo viajando y llegarás más descansado. También será más fácil evitar retrasos, cancelaciones, sobreventas y pérdidas de equipaje.

Ten a mano los documentos esenciales

Las tarjetas de embarque, el pasaporte o DNI, el teléfono, las tarjetas de crédito, la cartera y otros documentos importantes deben guardarse juntos, de manera que puedas encontrarlos fácilmente cuando los necesites, en especial si deseas pasar los controles de seguridad y embarcarte en el avión con rapidez.

Ten en cuenta los controles de seguridad cuando prepares el equipaje

Los controles de seguridad pueden ser muy estrictos, así que, para pasarlos lo más rápido posible, guarda todos los artículos que deben ser revisados (líquidos, dispositivos electrónicos e incluso cargadores) en un lugar fácilmente accesible.

Asegúrate de cargar los dispositivos electrónicos

Carga todos los dispositivos electrónicos antes de salir de casa y, siempre que sea posible, también durante el viaje. ¡Nunca sabes cuándo puede surgir un retraso, una cancelación o un problema laboral para el que necesites el teléfono!

Lleva contigo los productos de aseo y una muda de ropa

En el caso de haber facturado la maleta, procura llevar en el equipaje de mano tus principales artículos de aseo, como el cepillo de dientes, el desodorante, la maquinilla de afeitar y el champú, así como una muda completa. Esto puede ser útil en caso de que la maleta se pierda al llegar al destino o si se te mancha la ropa durante el viaje, especialmente si tienes una reunión importante.

No te olvides de los auriculares con cancelación de ruido o los tapones para los oídos

Es sumamente recomendable que, en viajes de larga duración, lleves tapones para los oídos o, mejor aún, auriculares con cancelación de ruido. Te ayudarán a dormir mejor y te aislarán del ruido de los motores del avión, que también puede contribuir al cansancio.

Lleva una batería externa y un adaptador de corriente

Si eres una persona que depende del teléfono móvil o de la tableta, siempre es recomendable llevar una batería externa o un banco de energía, ya que nunca sabes cuándo vas a necesitar recargarlos. Asimismo, es aconsejable tener a mano un adaptador de corriente, pues los enchufes en algunos países son diferentes.

Consejos para el aeropuerto y el avión

Elige tu asiento en el avión sabiamente

Especialmente si viajas en un vuelo largo, la selección del asiento puede marcar la diferencia entre un vuelo decente y uno incómodo. Si no viajas en clase ejecutiva, te recomiendo que elijas asiento lo antes posible. Aunque tengas que pagar un poco más, opta por los que estén cerca de la puerta, en la salida de emergencia y, preferiblemente, en el pasillo.

Haz el check-in *con antelación*

Ya sea para volar, entrar al hotel o, incluso, el alquiler del coche, si es posible hacer el *check-in* con antelación, no dudes en hacerlo, ya que ahorrarás tiempo y evitarás sorpresas desagradables de última hora.

Utiliza las salas vip del aeropuerto

En principio, las salas vip solo son accesibles a los pasajeros que viajan en clase *business* o en primera. Sin embargo, hoy en día se pueden obtener algunas tarjetas, como Priority Pass, que permiten el acceso a muchas de estas salas en la mayoría de los aeropuertos. Puede parecer un lujo, pero si realizas un viaje de trabajo de larga duración o viajas con tu familia, suele ser muy interesante poder disfrutar y relajarte en un espacio cómodo con conexión wifi, enchufes, comida, bebida, duchas y, a veces, incluso *spa* y guarderías para niños.

Fast track *y* priority boarding

Especialmente en un viaje de negocios, aunque también si viajas con la familia, contar con *fast track* y *priority boarding* puede facilitar y reducir mucho el proceso de tránsito en el aeropuerto. Aunque se tiende a confundirlos, se trata de dos servicios totalmente diferentes. El *fast track* permite pasar el control de seguridad por una puerta diferente y mucho más rápidamente. Sin embargo, el *priority boarding* consiste en el acceso preferente al avión, lo que permite colocar el equipaje cómodamente y sentarte antes que los demás pasajeros. Prácticamente todas las aerolíneas ofrecen estos servicios a los clientes que viajan en clase *business*, aunque también puedes contratarlos si viajas en clase económica, incluso en líneas de bajo coste, por un precio que realmente vale la pena.

Estudia el control de seguridad

Pasar por el control de seguridad en un aeropuerto se ha convertido en todo un reto y, en algunos aeropuertos, puede ser una verdadera pesadilla. Además de los servicios de *fast track* que he mencionado anteriormente, te recomiendo que prestes atención a algunos detalles interesantes. Evita ponerte en las mismas filas donde vayan familias numerosas, sobre todo con bebés, ya que el proceso de pasar los carritos por los escáneres puede ser bastante engorroso. Asimismo, las personas de la tercera edad suelen proceder con mucha lentitud. Intenta elegir filas donde solo haya gente con apariencia de ejecutivos.

Recomendaciones para el alojamiento

Uno de los aspectos más conflictivos y estresantes para muchas personas es elegir el alojamiento. Supongamos que se trata de un viaje de trabajo o negocios y que nuestra elección será un hotel. El primer consejo que te puedo dar es que utilices una página de reservas conocida, como Booking o Expedia. También es interesante buscar reservas con políticas de cancelación flexible, ya que nunca sabes qué cambios de planes pueden surgir. Busca hoteles que se ajusten a tu presupuesto, pero que preferiblemente sean de cadenas reconocidas y estén ubicados en zonas y barrios seguros. Te recomendaría que verifiques que el hotel cuente con las instalaciones y servicios que necesitarás durante tu estancia. Por último, suele ser útil leer algunos comentarios de clientes que se hayan alojado en los hoteles que estás considerando.

También te recomiendo que nunca deshagas la maleta hasta que hayas revisado la habitación. No hay nada peor que darte cuenta a las once de la noche, mientras te metes en la cama, de que las sábanas están sucias o de que el aire acondicionado no funciona. Antes de instalarte, tómate unos minutos para comprobar el estado de la habitación y asegurarte de que ha sido limpiada correctamente y de que todo funciona. Para descansar y evitar ruidos, alójate en habitaciones que no estén muy cerca del ascensor o de las puertas de servicio; además, verifica que no haya otros ruidos que puedan molestarte.

Una vez que hayas decidido que te quedarás en esa habitación y que cumple con todos los requisitos necesarios para trabajar y descansar adecuadamente, mi recomendación es que deshagas la maleta y cuelgues en el armario los trajes, camisas y pantalones para evitar que se arruguen. También te sugiero que montes una pequeña oficina, conectando tu portátil a la electricidad y colocando el cargador de tu teléfono en la mesita de noche o en un lugar accesible. Además, saca tu maquinilla de afeitar, el cepillo de dientes y los artículos de higiene personal y déjalos listos en el baño. Todos estos pequeños detalles no solo harán que tu estancia sea más eficiente, sino que también te brindarán la sensación de que todo está organizado como en casa, ayudándote a sentirte más asentado, lo que puede ser muy útil para concentrarte y relajarte.

MIS EXPEDICIONES PARA EXPLORAR EL CAMBIO CLIMÁTICO

En mis diversas expediciones para investigar el cambio climático me he enfrentado a un tipo de miedo muy distinto. En el año 2003 surgió mi profundo interés por estudiar la crisis climática, conocida entonces principalmente como *calentamiento global*. Pocos meses después de haber dejado los Emiratos Árabes decidí practicar nuevamente uno de mis deportes favoritos, el esquí, en la estación de Sierra Nevada, que se encuentra a menos de dos horas de mi hogar en Marbella. Aquel fue uno de los años más cálidos que se conocen y tuvo uno de los primeros veranos en los que se experimentaron olas de calor, fenómenos que hoy son lamentablemente comunes. Durante mi estancia en la estación de esquí escuché a varios instructores expresar su preocupación por la duración de las temporadas, que se acortaba, la virulencia de la meteorología y la disminución de la calidad de la nieve, todos ellos fenómenos asociados al calentamiento global.

Al regresar de mi viaje, comencé a investigar sobre el cambio climático. A pesar de la escasez de información que existía en aquel momento, mi interés por el tema crecía constantemente. En años posteriores, inmerso en la industria del vino, tuve la idea de organizar en 2006 el primer Congreso Mundial de Cambio Climático y Vino, aunque lamentablemente resultó un fracaso económico, con menos de cien asistentes, a muchos de los cuales tuve que invitar, y con pérdidas financieras difíciles de afrontar. Sin embargo, dos acontecimientos de relevancia marcaron ese acontecimiento. Por un lado, la presencia de destacados medios de comunicación especializados del sector vinícola, así como de National Geographic, BBC y Discovery Channel, generó una amplia atención hacia nuestra pequeña empresa, que dirigía junto a mi amigo Javier Arauz. Por otro lado, tres o cuatro semanas después recibí una llamada de la oficina española del vicepresidente Al Gore, quien me invitó a un curso que él impartiría en Sevilla ese verano, pues el tema del cambio climático y el vino había despertado su interés.

Así, en septiembre de 2007, tuve el privilegio de participar en el curso de capacitación para formar embajadores climáticos dirigido por el vicepresidente Al Gore en Sevilla. Desde entonces he tenido el honor de colaborar con él en diversas ocasiones. En varios de nuestros congresos, el vicepresidente ha sido el orador principal, y hemos mantenido conversaciones tanto sobre la crisis climática como sobre aspectos personales, explorando cómo ha afrontado desafíos en su vida.

A lo largo de estos años, mi interés por la crisis climática ha ido en constante aumento debido a los cambios meteorológicos que están afectando a nuestro planeta. En respuesta a esta preocupación he fundado la ONG Planet Future Foundation, con el propósito de organizar expediciones a diversas regiones del mundo para estudiar el impacto del cambio climático, analizar la influencia de la actividad humana en el medio ambiente y comprender las estrategias de mitigación y adaptación implementadas. Estas expediciones me han llevado a lugares como el Ártico, Islandia, África, el Caribe y Norteamérica, y sobre todo a explorar diversos entornos marinos, desde los arrecifes mesoamericanos hasta las profundidades bajo el hielo de Groenlandia, incluyendo inmersiones con tiburones para estudiar su comportamiento.

El *miedo climático* difiere del experimentado en el paracaidismo, ya que comprende factores fuera de nuestro control, como la naturaleza y la meteorología. Además, he tenido la oportunidad de interactuar con un animal que tiene una injustificada reputación como depredador humano: el tiburón. Antes de describir la experiencia de bucear con tiburones, compartiré mis vivencias bajo el hielo de Groenlandia y en los cenotes mexicanos, actividades que forman parte del buceo técnico, uno de los deportes más peligrosos que existe. El buceo técnico es la forma más avanzada y exigente de explorar el mundo submarino. Diferente del buceo recreativo, requiere un entrenamiento exhaustivo y equipos especializados. Los buceadores técnicos hacemos inmersiones a profundidades extremas, explorando cuevas submarinas, naufragios profundos y aguas frías debajo del hielo. Utilizamos mezclas de gases personalizadas y equipos de respiración avanzados para superar desafíos únicos. La precisión y la planificación son cruciales, ya que cualquier error puede ser muy peligroso.

Una vez finalizados con éxito los cursos de Tec40, Tec45 y Tec50 como parte de mi introducción al buceo técnico, tuve la oportunidad de sumergirme en los fascinantes cenotes de la Riviera Maya mexicana. Estos cenotes, sumergidos en el sureste de México, no solo son ecosistemas únicos, sino que también han desempeñado un papel significativo a lo largo de la historia de las civilizaciones en esta región, especialmente en la cosmovisión de los antiguos mayas. Los mayas consideraban los cenotes como portales al inframundo, y les servían como escenario para diversos rituales y sacrificios sagrados durante el apogeo de su civilización. Adentrarse en las profundidades de un cenote representaba una conexión espiritual con la tierra, el agua y la fauna local.

Además de su importancia cultural y espiritual, los cenotes se definen como depósitos de agua manantial que se encuentran en depresiones geológicas. Estos ecosistemas acuáticos albergan especies que han evolucionado de manera única para adaptarse a su entorno, muchas de las cuales son exclusivas de esta región. Desde microorganismos hasta peces y aves, los cenotes son testimonios vivientes de la vida que florece en armonía con su entorno natural. Según un informe de las Naciones Unidas del 2017, los cenotes representan un recurso hídrico fundamental para la Riviera Maya y es crucial protegerlos, ya que se prevé que se vuelvan cada vez más escasos debido al impacto del cambio climático.

Participar en una actividad de buceo en cavernas implica explorar complejas redes de pasajes subacuáticos. Los buceadores que se aventuran en estos entornos desafiantes con visibilidad limitada deben contar con habilidades de navegación precisas. Además, esta práctica ofrece la oportunidad de descubrir formaciones rocosas únicas, incluyendo estalactitas y estalagmitas submarinas. Es fundamental que la flotabilidad del buceador sea perfecta, ya que incluso el más mínimo roce podría dañar esas estalactitas milenarias. Reconozco que hay momentos durante el buceo en cuevas que puede resultar agobiante, pues hay que atravesar áreas estrechas y completamente oscuras.

Tuve la fortuna de llevar a cabo estas exploraciones con el respaldo de ProTec Dive Centers, uno de los principales centros de buceo en cuevas a nivel mundial, con Tamara Adame, una de las mejores buceadoras del mundo especializadas en cuevas y cavernas, como experimentada guía. Bucear en los cenotes de México proporciona una experiencia única, aunque implica riesgos que necesitan un entrenamiento meticuloso. Para algunas personas con tendencia a la aprensión o la claustrofobia, esta actividad puede llegar a resultar muy intimidante.

Otra de las aventuras más emocionantes de mi vida fue mi expedición al Ártico y a Groenlandia. Desde mi infancia he sentido una profunda admiración por los grandes exploradores de los polos, y devoraba con entusiasmo relatos de las expediciones de Amundsen, Scott y Robert Peary. Cuando surgió la posibilidad de viajar a Groenlandia, particularmente para bucear bajo el hielo ártico, no dudé en aceptar. Dada la gran exigencia física de esa actividad, comencé a prepararme físicamente seis meses antes del viaje, a la par que perfeccionaba mi destreza en el uso del traje seco requerido para las inmersiones bajo el hielo.

Llegar a Groenlandia no resultó sencillo, ya que implicaba hacer una escala en Islandia, donde sufrimos una demora de tres días debido al mal clima. Además, mi compañero de expedición, José Villegas, uno de los mejores buceadores que conozco, contrajo el COVID-19 en Islandia y desarrolló una pulmonía, lo que lamentablemente le impidió proseguir el viaje a Groenlandia. Esto suponía un desafío adicional, ya que tendría que finalizar la travesía por mi cuenta, aunque contaba con un guía inuit que me esperaba en Tasiilaq.

Una vez que las condiciones climáticas mejoraron, por fin pude volar a Groenlandia, despidiéndome de mi amigo y compañero de viaje, José Villegas. Su pulmonía no mejoraba y el médico le había aconsejado regresar a España en cuanto la fiebre disminuyera. Me preocupaba afrontar la expedición a Groenlandia sin su compañía y apoyo, por lo que me comuniqué con mi guía en Groenlandia, quien me aseguró que, a pesar del desafío, podríamos completar la travesía. Desde Reikiavik, volé a la isla de Kulusuk, nuestro punto de entrada en la costa este de Groenlandia, donde esperé varias horas hasta subir a un helicóptero que me llevó al pueblo de Tasiilaq. Todavía puedo recordar el impacto que me produjo observar desde la cabina del helicóptero la inmensidad del hielo de Groenlandia junto al mar lleno de icebergs. Era exactamente como lo había imaginado y me sentí conmovido por la grandiosidad del paisaje.

Durante aquel viaje a Groenlandia me había propuesto varios objetivos. Deseaba conocer la cultura inuit y sus tradiciones. Tenía la intención de examinar de cerca los efectos del cambio climático no solo en el entorno natural, sino también en la comunidad local. Por último, y quizá el más destacado, quería realizar varias inmersiones bajo el hielo de Groenlandia para comprender el ecosistema marino y observar las repercusiones de la crisis climática en él. Tuve el privilegio de coincidir con buceadores expertos que estaban filmando un documental para Netflix, así como con la campeona de apnea alemana, Anna von Boetticher, quien viajaba con Alex Dawson, reconocido como uno de los mejores fotógrafos submarinos del mundo. Una de las fotos capturadas por él durante esas inmersiones bajo el hielo obtuvo el galardón a la mejor fotografía del año 2022. La colaboración de todas estas personas fue esencial para culminar con éxito mi viaje a Groenlandia.

A pesar de contar con una amplia experiencia buceando en diferentes entornos y lugares estrechos como los cenotes de México, era la primera vez que buceaba bajo el hielo. Tras seleccionar el lugar de inmersión, abrieron un agujero en el hielo a través del cual los buceadores podían entrar y salir. Se veía una extensión completamente blanca de hielo y nieve con un agujero abierto. Nuestro guía, Sven Gust de Northern Explorers, había identificado un sitio de buceo que albergaba restos óseos de ballenas que habían sido cazadas hace tiempo por pescadores de la tribu inuit.

La temperatura exterior rondaba los ocho grados bajo cero, mientras que dentro del agua se mantenía alrededor de un grado, lo que resultaba soportable gracias al traje seco.

Después de equiparnos y posicionarnos en el borde del agujero, Sven procedió a verter agua caliente en los reguladores para evitar la congelación y posibles fugas de aire de los tanques. Con cierta aprensión y nerviosismo, me sumergí. La vista era increíble, ya que la luz solar penetraba en el hielo ártico, iluminando los restos de ballenas, que se hallaban a menos de ocho metros de profundidad. No me sorprende que Alex Dawson ganara el premio a la mejor foto del año, el espectáculo era impresionante y único. Pasamos alrededor de cuarenta minutos bajo el agua, capturando imágenes del paisaje mientras nuestra amiga alemana realizaba varias inmersiones en apnea. Todo lo que sucedió ese día parecía sacado de una película. Para culminar esta experiencia tan extraordinaria, al salir del agua y quitarme el equipo de buceo vi a mi guía, Julius, esperándome con su trineo de perros para llevarme de vuelta a la cabaña. No se podía pedir más.

Tras la inmersión, esa noche empecé a encontrarme mal: tosía y tenía dolores musculares y de garganta. La noche resultó desagradable, y, al amanecer, aunque relativamente recuperado, me sentía débil, por lo que decidí suspender las inmersiones del día para mejorar. En lugar de bucear bajo el hielo, le propuse a Julius que pasáramos el día juntos para explorar la cultura de su pueblo y analizar los efectos del cambio climático en ellos. Julius, representante destacado de su tribu, es pescador, cazador y *musher*, término que designa a quienes conducen trineos tirados por perros. Nuestra primera actividad fue una excursión de dos o tres horas en su trineo. Me sorprendió que tuviera una escopeta, pero Julius me explicó que era necesario llevar un arma de fuego al salir del poblado para protegerse de los posibles ataques de los osos polares. Durante esa travesía por el hielo ártico, Julius me señaló la inusual cantidad de nieve que había para la época del año en que estábamos, lo cual obstaculizaba la labor de los perros.

Aquel viaje a través de la nieve en un trineo tirado por perros ha sido una de las experiencias más hermosas que he vivido. Deslizarse suavemente por vastas extensiones, en las que solo se distingue la impecable blancura del paisaje y se oyen tan solo los ladridos de los perros, puede resultar realmente conmovedor. Julius me informó sobre cómo, debido al calentamiento global, el grosor del hielo ya no soportaba el peso de los trineos, impidiendo así a sus colegas viajar a los lugares donde solían cazar focas, que, además de ser la base de su economía, es una de sus principales fuentes de alimento, piel y grasa. En consecuencia, tienen que desplazarse a los lugares de caza en barcos propulsados por motores diésel, incrementando así su huella de carbono, el coste del traslado y el tiempo que tardan en llegar a su destino.

Durante una de las noches que pasé en Tasiilaq, Julius me invitó a conocer a su familia y a disfrutar de una cena típica inuit. Fue su hermana Silpa quien preparó platos locales con focas cazadas durante la última expedición liderada por su esposo, Tobias Ignassiusen, un respetado cazador de la región. También se unieron a nosotros su hermano Thomas y su mujer, Joelsine. Durante la velada conversamos sobre las tradiciones de su pueblo y todos coincidieron en que el cambio climático estaba teniendo un impacto considerable en el medio ambiente y en la comunidad local. Me contaron, por ejemplo, que las temperaturas aumentan en esa zona tres veces más rápido que en el resto del planeta, lo que provoca que el hielo se derrita, dificultando los viajes y las actividades en trineo. Los patrones de pesca también se han modificado debido a las corrientes más cálidas, lo que ha provocado la migración de muchos peces. Asimismo, son conscientes de que el cambio climático está generando un clima impredecible con cambios y variaciones significativas.

Al llegar esa noche a nuestra cabaña, era evidente que estaba experimentando síntomas del COVID-19 o que quizá sufría la misma neumonía que previamente había afectado a mi compañero José en Islandia. Me dolían mucho la garganta y la cabeza, me encontraba exhausto y tosía constantemente. Nuevamente me vi obligado a cancelar las inmersiones que había planeado para el día siguiente. No obstante, a pesar de mi sensación de debilidad y desánimo, me esforcé al máximo para cumplir con los objetivos de mi expedición. Solamente me quedaba por llevar a cabo un viaje en un pequeño barco con el fin de conversar con los pescadores locales. Mi intención era navegar entre los numerosos icebergs que, en teoría, no deberían estar presentes en esa época del año, pero que en los últimos tiempos eran cada vez más habituales debido a un mayor desprendimiento de hielo provocado por el cambio climático.

A causa de las condiciones meteorológicas, me vi obligado a quedarme un día más en Tasiilaq, ya que mi helicóptero no podía trasladarme a la isla de Kulusuk, desde donde estaba planeado que volara hacia Reikiavik, continuando así mi viaje de regreso a España. Aunque finalicé con éxito mi expedición en Groenlandia, afrontar y cumplir con los objetivos previstos fue todo un desafío. Incluso teníamos planeado hacer una parada en Islandia durante el regreso para estudiar los efectos del cambio climático en la zona y conocer las estrategias ambientales implementadas por el país, pero, lamentablemente, el COVID-19 y los síntomas incipientes de neumonía me lo impidieron, forzándome a regresar directamente a España.

Los tiburones, especialmente los grandes blancos, fueron catapultados a la fama con el estreno de la película *Tiburón* en el verano de 1975. La película narra la historia de un enorme tiburón blanco que aterroriza a una comunidad costera, y la sola imagen del cartel, las mandíbulas expuestas de un gran tiburón emergiendo en aguas turbias, es suficiente para infundir miedo a los posibles nadadores. Es ampliamente reconocido que la población de tiburones a nivel mundial está en declive debido a su único depredador: el ser humano. Más de un tercio de todas las especies de tiburones conocidas se hallan en riesgo de extinción, convirtiéndolas en el segundo grupo de animales más vulnerable del planeta. Sus poblaciones acusan la sobrepesca, la pérdida de hábitats, el cambio climático y la contaminación. Se necesita una acción inmediata para prevenir extinciones y proteger a los tiburones, que desempeñan un papel vital en las economías de muchos países, así como para ayudar a garantizar la seguridad alimentaria, el funcionamiento de los ecosistemas y la preservación del patrimonio cultural.

Siempre me ha fascinado la idea de bucear con tiburones a pesar de su reputación, y en el año 2019 tuve la oportunidad de participar en un curso sobre conservación de tiburones en Nassau, la capital de las Bahamas. Durante este programa adquirí conocimientos acerca de las distintas especies y sus comportamientos característicos, y aprendí técnicas seguras para bucear junto a ellos, además de comprender la importancia de estos depredadores en los ecosistemas marinos. Tras casi dos días de clases teóricas, llegó el momento de sumergirnos en aguas pobladas por diversas especies de escualos, desde tiburones azules hasta tiburones toro, pasando por tiburones tigre, tiburones nodriza, tiburones limón y tiburones coralinos.

Antes de eso, nos preparamos adecuadamente en tierra.

Realizamos una inmersión inicial con tiburones para aplicar lo aprendido en clase. Posteriormente, nos trasladamos a otro punto de buceo, donde presenciamos a uno de nuestros instructores alimentando a un grupo numeroso de tiburones. El instructor me solicitó que fuera el primero en sumergirme, pues era el buceador más experimentado del grupo, lo cual me halagó, aunque la idea de sumergirme entre tantos tiburones también me generó cierto nerviosismo. Pronto divisé la majestuosa silueta de los tiburones azules en la distancia, una visión que consideré asombrosa. Me emocionaba estar cumpliendo finalmente mi sueño de bucear con tiburones sin experimentar ninguna sensación de intimidación. Durante la inmersión seguí los consejos de los instructores, disfrutando de un espectáculo único. La experiencia duró alrededor de cincuenta minutos, se desarrolló cerca de un arrecife, a una profundidad de veinte metros, aproximadamente, y tuvimos la oportunidad de nadar con más de treinta tiburones.

Hay más de 465 especies conocidas de tiburones, y su tamaño puede variar desde la veintena de centímetros del tiburón pigmeo espinoso hasta los más de quince metros del tiburón ballena. Muchos de ellos se alimentan de peces, crustáceos, moluscos, plancton, kril, mamíferos marinos y otros tiburones; en resumen, los humanos no están en el menú. Sin embargo, aunque la preocupación ante la posibilidad de sufrir un ataque y ser devorados por un tiburón tigre de gran tamaño es bastante común, es importante recordar que la percepción del peligro puede ser mayor que la realidad. Tras bucear en varias ocasiones con diferentes especies de tiburones, he aprendido que lo más importante es respetar su hábitat, evitando invadir su espacio vital o provocar situaciones que los hagan sentir amenazados.

¿QUÉ PUEDO APRENDER DEL MÉTODO SMILE CON ESTA HISTORIA?

- El miedo es una sensación negativa que surge al percibir un posible peligro, ya sea real o imaginario, que puede estar presente, en el futuro o incluso en el pasado. Esta emoción básica se origina en el instinto natural de evitar el riesgo, la amenaza y lo desconocido.
- El origen de muchos de nuestros miedos suele provenir de lo desconocido. Por consiguiente, una estrategia efectiva para afrontar nuestros temores es adquirir conocimientos y obtener la máxima información disponible acerca de la situación a la que vamos a enfrentarnos.
- Los seres humanos avanzan gracias a los individuos que se atreven a salir de su zona de confort. Sin embargo, para salir de esa zona de confort de manera efectiva es muy recomendable hacerlo con la preparación, educación y entrenamiento necesarios.
- Para sumergirme con tiburones, para bucear en cuevas o bajo el hielo llevé a cabo los correspondientes entrenamientos, que me capacitaron para enfrentarme a estas situaciones con el menor riesgo posible.
- En nuestras vidas cotidianas también podemos poner en práctica estos principios. Cuanto más nos preparemos para una reunión o cuanto más estudiemos para un examen, menos situaciones desconocidas nos encontraremos.
- Salir de nuestra zona de confort con la preparación adecuada conllevará la liberación de una gran cantidad de endorfinas, incluso si no logramos alcanzar nuestro objetivo.

11

ALCOHOL, TABACO Y ESTRÉS

> Toma consejo en el vino, pero decide después con agua.
>
> BENJAMIN FRANKLIN

Te preguntarás por qué dedicamos un capítulo completo al consumo de alcohol y tabaco. Hoy en día, especialmente el alcohol, se ha convertido en una de las herramientas más utilizadas para hacer frente al estrés, la ansiedad y los problemas cotidianos. Habrás escuchado a muchas personas decir que, tras un mal día, necesitan una copa y un cigarrillo. Además, lamentablemente, existen numerosas ocasiones en las que prácticamente nos vemos obligados a consumir alcohol, como por ejemplo durante una fiesta tradicional o una cena de negocios, para cerrar un trato comercial o para celebrar un éxito deportivo, profesional o académico. Incluso hay sociedades en las que consumir alcohol se considera prácticamente obligatorio para cerrar un trato o lograr un buen acuerdo. Por ello, el método SMILE incluye un apartado con recomendaciones sobre cómo consumir alcohol y también sobre cómo reducir o contrarrestar los efectos de la resaca.

No obstante, para hacer frente a los nervios, el miedo y la ansiedad, siempre teniendo en cuenta los objetivos del método SMILE, nuestra recomendación es evitar cualquier consumo de alcohol o, en su defecto, reducirlo al mínimo. Esto es especialmente importante en el caso de los deportistas, los estudiantes o los empresarios que deban enfrentarse a retos importantes. El consumo de alcohol debe cesar completamente al menos una o dos semanas antes de afrontar cualquier desafío significativo. Desde mi experiencia, cuando necesitamos rendir al máximo, tanto física como mentalmente, el consumo de alcohol está totalmente contraindicado, incluso si se hace con moderación.

Alcohol, estrés y miedo

Por desgracia siempre ha existido una falsa creencia de que el alcohol es uno de los mejores tratamientos cuando estamos pasando periodos de ansiedad o de miedo. El consumo de alcohol, por su capacidad sedante, puede tener, en principio, un efecto beneficioso para hacer frente al estrés y la ansiedad. No obstante, su consumo a largo plazo puede llevar a trastornos de la ansiedad y a desarrollar dependencia. Esto se debe a que el alcohol afecta a la bioquímica del cerebro y a nuestro sistema nervioso, alterando la regulación de las emociones.

El efecto del alcohol es un fenómeno bidireccional, ya que es un depresor del sistema nervioso central que ralentiza las funciones cerebrales y puede generar una sensación temporal de relajación. No obstante, a medida que el cuerpo lo metaboliza y disminuye su cantidad en sangre, es común que se produzca un incremento en la actividad del sistema nervioso, lo que conduce a un estado de hiperactividad y ansiedad.

Un nuevo estudio ha demostrado que el estrés por sí solo puede llevar a las mujeres a beber en exceso, mientras que en el caso de los hombres esto solo ocurre cuando ya eran consumidores de alcohol, según publican sus autores en la revista *Psychology of Addictive Behaviors*. Aunque las tasas de consumo excesivo de alcohol son mayores en los hombres que en las mujeres, estas tienen un mayor riesgo que los hombres de desarrollar problemas relacionados con el alcohol.

La resaca

La resaca es un conjunto de síntomas desagradables que pueden aparecer después de consumir una cantidad excesiva de alcohol. Además de causar malestar físico, las resacas frecuentes también se asocian con un bajo rendimiento laboral y conflictos en nuestras relaciones afectivas. Por lo general, los síntomas de la resaca comienzan a manifestarse cuando los niveles de alcohol en la sangre descienden hasta aproximadamente cero. Dependiendo del tipo y la cantidad de alcohol ingerido, es posible que experimentes los siguientes síntomas:

- dolor de cabeza
- náuseas o vómitos
- cansancio
- trastornos gastrointestinales
- mareos
- aceleración del ritmo cardiaco
- deshidratación con sed y boca seca
- temblores y sudoración
- dolores musculares
- baja tolerancia a la luz y al sonido
- problemas para concentrarse
- cambios en el estado de ánimo

- irritabilidad y mal humor
- depresión

El consumo de grandes cantidades de alcohol en un periodo muy breve de tiempo puede dar como resultado una intoxicación alcohólica, llegando incluso al coma etílico. Cualquiera de los siguientes síntomas puede ser indicativo de una intoxicación alcohólica:

- confusión
- respiración lenta o irregular
- piel sudorosa o húmeda
- vómitos
- convulsiones
- frecuencia cardiaca lenta
- temperatura corporal baja
- dificultad para mantenerse consciente
- desmayo
- coma

Origen de la resaca

Desde un punto de vista médico, la resaca o veisalgia, que es el nombre médico, es un fenómeno no completamente comprendido. Un artículo publicado en el *British Medical Journal* concluye: «No existen evidencias convincentes que sugieran que cualquier intervención convencional o complementaria sea efectiva para prevenir o tratar la resaca alcohólica. La forma más efectiva de evitar los síntomas de la resaca es simplemente abstenerse de beber». En general, la mayoría de los remedios no reducen significativamente la gravedad de la resaca, pues, aunque algunos productos, medicamentos y alimentos pueden aliviar síntomas específicos, como el vómito, la deshidratación y el dolor de cabeza, no hay ninguno eficaz frente a todos.

Ya que el método SMILE tiene como objetivo ayudarnos a manejar el estrés y a enfrentarnos a nuestros miedos para mejorar nuestro rendimiento, es fundamental conocer y entender el origen de la resaca, ya que nos será más fácil prevenir sus efectos y, sobre todo, manejar sus síntomas más desagradables. Por ello, a continuación, mencionaré los principales factores que contribuyen a producir resaca y cómo podemos evitar sus síntomas más desagradables.

Congéneres

Es comúnmente aceptado que las bebidas con niveles más altos de congéneres suelen provocar síntomas de resaca más intensos. Aunque el etanol es su principal causa, es interesante considerar el impacto de los congéneres, dado su potencial toxicidad, a pesar de estar presentes en cantidades mínimas. Estos congéneres incluyen sustancias como el metanol, las aminas biógenas, la histamina, los ésteres y el acetaldehído, entre otras, algunas de las cuales son tóxicas. Por lo general, las bebidas alcohólicas más oscuras, como el ron, el whisky o el brandy, suelen contener una mayor concentración de congéneres en comparación con las bebidas más claras, como el vodka o la ginebra.

Acetaldehído

El acetaldehído es el primer subproducto del etanol, y resulta entre diez y treinta veces más tóxico que el alcohol. Desafortunadamente, puede permanecer en el organismo, y en niveles elevados, durante muchas horas después del consumo inicial de alcohol. Además, ciertos factores genéticos pueden amplificar sus efectos negativos. Por ejemplo, algunas personas, en especial de Asia oriental, tienen una mutación en su gen de la alcohol-deshidrogenasa que hace que esta enzima convierta el etanol en acetaldehído de manera inusualmente rápida. Asimismo, alrededor de la mitad de las personas de Asia oriental metabolizan el acetaldehído en ácido acético más lentamente, lo que provoca una acumulación mayor de acetaldehído de lo que se observa habitualmente en otros grupos. La alta concentración de acetaldehído causa la reacción de enrojecimiento por alcohol, conocida coloquialmente como el *rubor asiático*.

Deshidratación y pérdida de electrolitos

El alcohol aumenta la diuresis inhibiendo una hormona conocida como *ADH* u *hormona antidiurética*, lo que puede originar una severa deshidratación. También debemos recordar que las bebidas alcohólicas con un alto contenido en azúcar favorecen mucho más la deshidratación debido a un fenómeno conocido como *diuresis osmótica*. Los principales síntomas de la deshidratación serán mucha sed, boca seca, dolor de cabeza y mareos. La deshidratación también conlleva un desequilibrio electrolítico por la pérdida de minerales como el magnesio, el zinc, el sodio y el potasio, lo que tendrá como resultado fatiga o dolores musculares.

Irritación estomacal

El alcohol puede tener un efecto irritante sobre la mucosa de la pared gástrica, y también aumenta la secreción de ácido clorhídrico, lo que puede dar como resultado acidez, dolor de estómago, náuseas y vómitos.

Cambios en el sistema inmunitario

Las náuseas, los dolores de cabeza, los vómitos y la fatiga causados por el consumo de alcohol y la resaca están directamente relacionados con alteraciones del sistema inmunitario. Esto es debido a que el consumo de alcohol eleva los niveles en sangre de unas sustancias conocidas como *citoquinas*, que son las responsables de esos síntomas. Nuestro sistema inmunitario, en presencia del alcohol, se comporta como si hubiera una inflamación, activando nuestro sistema de defensa.

Alteración del sueño

Durante mucho tiempo ha existido la creencia de que tomar una copa de vino u otra bebida alcohólica antes de ir a la cama ayuda a conciliar el sueño. Sin embargo, se ha demostrado científicamente que no solo no es así, sino que el consumo regular de alcohol puede tener un impacto considerable sobre su calidad.

El sueño cumple diversas funciones, siendo la más importante la de proporcionar descanso y recuperación a nuestro organismo, especialmente al corazón, ya que durante el sueño el ritmo cardiaco disminuye y la presión arterial se reduce. Por el contrario, el alcohol tiene un efecto opuesto, ya que acelera el pulso y eleva ligeramente la presión arterial.

El alcohol repercute también en la calidad de nuestro sueño porque influye negativamente en una de sus etapas:

el sueño REM. Durante el REM, soñamos y experimentamos relajación y atonía muscular casi total. La interrupción o alteración de esta fase puede incidir en la consolidación de la memoria, causar aturdimiento y afectar a la concentración al día siguiente. El desequilibrio entre el sueño REM y no REM puede también incidir en la capacidad del cuerpo para regenerarse, tanto física como mentalmente.

A medida que los efectos del alcohol desaparecen, se produce un efecto rebote en nuestro cuerpo. Este fenómeno puede incrementar los despertares durante la noche y ocasionar un sueño más agitado.

Prevención y tratamiento de la resaca

Existe mucha publicidad engañosa de laboratorios o empresas que aseguran que sus técnicas, tratamientos o productos pueden prevenir o mitigar la resaca; sin embargo, hasta la fecha, esto es médicamente imposible. La forma más efectiva de prevenirla es consumir alcohol con moderación; cuanto menos alcohol se ingiera, menores serán las probabilidades de acabar con resaca. También es aconsejable tener cuidado con el tipo de alcohol que se consume, evitando las bebidas que contengan muchos congéneres y azúcar. No obstante, si se desea evitar del todo, la única manera es abstenerse completamente de consumir alcohol. Ahora bien, las siguientes estrategias pueden ayudar a disminuir algunos de los efectos desagradables de la resaca:

- **Mantente hidratado.** Cuando ingerimos grandes cantidades de alcohol, tendemos a orinar con frecuencia, lo que puede llevar a la deshidratación. Como hemos podido observar, la deshidratación suele ser la causa principal de los efectos desagradables de la resaca, como el dolor de cabeza, la sequedad bucal o la fatiga entre otros. Por tanto, es fundamental mantenerse bien hidratado antes, durante y después de consumir alcohol, así que recomiendo tomar agua de manera constante. Mi sugerencia es que antes de salir de casa te hidrates adecuadamente, y que intentes beber al menos un vaso de agua cada hora. Asimismo, te recomiendo que prepares una botella de agua de un litro y le añadas una pizca de sal y una cucharada de miel para reponer electrolitos y aportar algo de calorías. Antes de dormir, asegúrate de beber al menos dos vasos de agua de esa botella y déjala cerca de ti, ya que es probable que te despiertes con mucha sed en medio de la noche.

- **Come adecuadamente.** Tener el estómago medianamente lleno retrasará la absorción del alcohol. Por lo tanto, es importante haber comido algo antes de empezar a beber y continuar ingiriendo alimentos mientras seguimos bebiendo, ya que también evitaremos los efectos irritantes del alcohol en el estómago.
- **Bebe despacio y con moderación.** Aunque en la actualidad la definición de moderación es un tema controvertido, es cierto que cuanto menos bebamos, mejor para nuestro organismo y para prevenir la resaca. También es importante tener en cuenta la velocidad a la que consumimos alcohol, ya que no es lo mismo beber dos cubatas en una hora que a lo largo de toda una noche.
- **Elige bien el alcohol.** Como hemos visto anteriormente, las bebidas alcohólicas que contienen una mayor cantidad de congéneres suelen provocar resacas más intensas. Como regla general, se recomienda evitar todas aquellas bebidas alcohólicas de colo-

res oscuros, especialmente cuando el color proviene de sustancias añadidas y no del envejecimiento natural. También es aconsejable abstenerse de consumir bebidas alcohólicas con alto contenido de alcohol y con mucho azúcar residual. Por lo tanto, la opción más recomendable sería el vino seco, ya sea blanco, tinto, rosado o espumoso.

- **Conoce tus límites.** Es sumamente importante conocer cuáles son las bebidas alcohólicas que más nos afectan, la cantidad que nuestro cuerpo tolera mejor y el tiempo que necesitamos para metabolizar el alcohol.
- **Analgésicos.** Dicen que «cada maestrillo tiene su librillo». Hay médicos o personas con amplia experiencia en el consumo de alcohol que recomiendan tomar algún tipo de analgésico antes de ir a la cama tras haber consumido alcohol. Sin embargo, aquí debemos tener en cuenta dos consideraciones: por un lado, que hay medicamentos que pueden irritar el estómago, como la aspirina o el ibuprofeno, y, por otro lado, los analgésicos que se metabolizan en el hígado, como el paracetamol, ya que el alcohol también sobrecarga este órgano.

Consumo de alcohol con moderación

El consumo moderado de alcohol es, actualmente, un tema controvertido. Durante décadas ha habido médicos, periodistas y expertos del sector de las bebidas alcohólicas que afirmaban que el consumo moderado de alcohol podía tener efectos beneficiosos para la salud. Esta ha sido una de las estrategias del sector del vino para intentar promocionar su consumo y mejorar las ventas.

El irlandés Samuel Black, estudioso de la cultura y la

gastronomía francesa, publicó en 1819 un artículo científico en el que afirmaba: «Los franceses consumen una gran cantidad de grasas, como quesos y *foie gras*, pero aun así tienen, en general, menos ataques al corazón que los ingleses y otros europeos». Al final del artículo, Black sugería que el consumo de vino tinto podía ser la causa. En 1991, en el programa de televisión «60 Minutes» de la cadena estadounidense CBS, se afirmó que esto se debía a las propiedades del vino, sobre todo del tinto, lo que provocó un aumento considerable de las ventas de vino en Estados Unidos. Desde entonces, a este fenómeno se le conoce como *la paradoja francesa*.

Aunque durante muchos años se ha argumentado que un consumo moderado de alcohol, especialmente de vino, que contiene polifenoles, resveratrol y flavonoides, es beneficioso para la salud, los últimos estudios concluyen que no hay relación entre el consumo de grasas saturadas, las enfermedades cardiovasculares y el consumo de vino. La Organización Mundial de la Salud ha publicado recientemente una declaración en *The Lancet Public Health* que dice que, en lo que respecta al consumo de alcohol, no existe una cantidad segura que no afecte a la salud. No hay estudios que demuestren que los posibles efectos beneficiosos de beber alcohol con moderación y de forma controlada para las enfermedades cardiovasculares y la diabetes tipo 2 superen el riesgo de padecer cáncer asociado con esos mismos niveles de consumo de alcohol para los consumidores individuales.

Alcohol, tabaco y estrés

Por desgracia, otro de los seudorremedios utilizados para combatir el estrés y la ansiedad es el consumo de tabaco. En una fase inicial, la nicotina puede disminuir algo el estrés, la ira y la ansiedad, mejorando el estado de ánimo y la concentración. Fumar también ayuda a relajar los músculos y reduce el apetito. No obstante, el consumo regular de tabaco provoca cambios en la bioquímica del cerebro que dan lugar a síntomas de abstinencia cuando se disminuye el suministro de nicotina. Fumar reduce temporalmente esta sensación de abstinencia, lo que puede reforzar el hábito. Este ciclo es el que sigue la mayoría de los fumadores que acaban dependiendo de la nicotina. Por otra parte, está científicamente demostrado que los efectos positivos de la nicotina son pasajeros y que a la larga aumenta la ansiedad y la sensación de miedo.

Nuestra musculatura utiliza el oxígeno como fuente de energía y requiere un suministro constante para mantener un funcionamiento adecuado. El monóxido de carbono que se inhala al fumar tiene la capacidad de desplazar el oxígeno que transportan los glóbulos rojos, lo que significa que los fumadores cuentan con menos oxígeno disponible para entregar a los músculos. Fumar provoca que los vasos sanguíneos se contraigan, reduciendo aún más la cantidad de oxígeno que llega a los músculos y haciendo que el corazón tenga que trabajar aún más para lograr los mismos resultados. Por eso los fumadores se cansan y se quedan sin aliento mucho más rápidamente que los no fumadores.

Uno de los pilares más importantes del método SMILE para hacer frente al estrés, la ansiedad y los miedos, aunque principalmente para aumentar el rendimiento personal y profesional, se basa en la utilización del deporte. Además, nuestro sistema usa, como herramienta fundamental para combatir el estrés, la respiración y la buena oxigenación. Por lo tanto, fumar es un hábito que te sugiero que descartes totalmente de tu vida. En cualquier caso, las propias estrategias del método SMILE te ayudarán, probablemente, a dejar de fumar.

MIS CONVERSACIONES CON EL VICEPRESIDENTE AL GORE

En capítulos anteriores he mencionado mi profundo interés por el medio ambiente y el cambio climático, una pasión que me llevó a entablar relaciones con destacados líderes como el exvicepresidente de Estados Unidos y ganador del Premio Nobel de la Paz, Al Gore, o el ex secretario general de las Naciones Unidas, Kofi Annan, y el presidente Obama, a quien le dedico gran parte de un capítulo del libro. Siguiendo esa tónica, en este caso me enfocaré en las conversaciones que tuve el privilegio de mantener con Al Gore en las múltiples ocasiones en las que hemos colaborado. Para contextualizar, Gore, reconocido político y defensor del medio ambiente, ocupó el cargo de vicepresidente de Estados Unidos entre 1993 y 2001, durante la administración de Bill Clinton.

Tal como mencioné previamente, tras el primer Congreso Mundial de Cambio Climático y Vino tuve el privilegio de ser invitado por el equipo de The Climate Reality Project, fundado por Al Gore, a participar en un programa de capacitación para líderes climáticos que se llevó a cabo en septiembre de 2007 en Sevilla. Esta ONG se enfoca en abordar la crisis climática mediante programas de desarrollo de liderazgo comunitario, eventos mediáticos a nivel global, uso de comunicaciones digitales y campañas de concienciación. The Climate Reality Project se esfuerza por difundir información veraz y promover la sensibilización sobre la problemática climática. En la actualidad, Gore ejerce el cargo de presidente de esta organización, colaborando estrechamente con ella para aumentar la conciencia sobre los riesgos vinculados a la contaminación producida por el calentamiento global y las posibles soluciones al cambio climático.

Diversos aspectos captaron mi atención en este encuentro dedicado a la formación de líderes climáticos. En primer lugar, el destacado perfil de los invitados, que abarcaba figuras prominentes de la política española, cantantes, artistas de cine y deportistas entre otros, sumando alrededor de doscientas cincuenta personalidades. Entre los nombres que acudieron al programa de capacitación se encontraban la reconocida diseñadora Ágatha Ruiz de la Prada; el también diseñador Adolfo Domínguez; los escritores Lucía Etxebarria y Alberto Vázquez-Figueroa; y Federico Mayor Zaragoza, expresidente de la Unesco, entre otros destacados asistentes. En segundo lugar, resaltaría la excelencia de los conferenciantes que acompañaban al vicepresidente durante el evento, como Henry Pollack, eminente geólogo especializado en cambio climático; el presidente de Google Maps, Bernardo Hernández; y Peter Sweatman, de Climate Change Capital. Sin embargo, lo más notable fue el nivel de compromiso y el interés demostrado por Al Gore al compartir no solo su saber, sino también su entusiasmo con nosotros.

Durante la pausa para el almuerzo tuve el privilegio de encontrarme con Gore en persona. Me sorprendió que me conociera y estuviera familiarizado con mi trabajo en el congreso sobre cambio climático en el ámbito vinícola. Mantuvimos una larga conversación, durante la cual me impresionó su profundo interés por comprender la interacción entre la crisis climática y la producción de vino en todo el mundo. Al cierre de la jornada, se llevó a cabo un evento privado con el presidente de la Junta de Andalucía y varios líderes políticos locales, al cual tuve el honor de asistir acompañado por mi esposa, Melissa. Al despedirme de Gore, me elogió por mi labor en el congreso y me permití preguntarle si estaría dispuesto a participar como orador principal en la siguiente edición, programada aproximadamente para dieciséis meses más tarde en la ciudad de Barcelona. Con entusiasmo y amabilidad, expresó su interés en colaborar y me recomendó contactar con sus representantes en Nueva York para coordinar su posible participación.

Al regresar a mi oficina en Marbella, me comuniqué de inmediato con la agencia de Nueva York que representa a la mayoría de los líderes políticos, incluyendo a destacadas figuras como Obama y Al Gore. Les envié una detallada propuesta del congreso en que especificaba la sede y quiénes serían los demás conferenciantes y realizaba una oferta económica. Dos semanas después recibimos una respuesta confirmando la participación de Al Gore en el II Congreso Mundial de Cambio Climático y Vino, que se llevaría a cabo en 2008 en Barcelona. A pesar de que la primera edición había sido un fracaso en términos financieros, me sentía muy motivado no solo por haber asegurado la participación de Gore, sino también por el creciente interés mediático en el cambio climático y por el reconocimiento internacional que había adquirido nuestra pequeña empresa dentro del sector vinícola internacional.

Sin embargo, lo más emocionante estaba aún por llegar. Durante esos dieciséis meses que transcurrieron desde la confirmación y firma del contrato con la agencia de Nueva York hasta la celebración del congreso, Al Gore lanzó la película *Una verdad incómoda*. Esta obra le hizo merecedor de dos premios Óscar de Hollywood, el Premio Nobel de la Paz de 2007 y el Premio Príncipe de Asturias, entre otros reconocimientos. Al recibir el Premio Nobel de la Paz (junto a los miembros del IPCC de las Naciones Unidas) por su contribución a la investigación sobre el cambio climático y a crear conciencia de la importancia que tiene afrontar este problema lo antes posible, declaró: «Nosotros, la especie humana, estamos enfrentándonos a una emergencia planetaria, una amenaza para la supervivencia de nuestra civilización que está reuniendo un potencial ominoso y destructivo incluso mientras estamos aquí reunidos». Donó su parte del premio a una nueva organización sin fines de lucro, la que ahora se conoce como The Climate Reality Project, dedicada a actuar sobre el problema del cambio climático.

Cuando se celebró el congreso, Gore era posiblemente la personalidad con mayor reconocimiento a nivel mundial. Este hecho contribuyó al éxito del encuentro, que contó con la participación de más de ochocientos congresistas de más de sesenta nacionalidades, incluyendo cincuenta destacadas personalidades del sector vinícola como ponentes. Además, logramos no solo recuperar la inversión perdida en la primera edición, sino también continuar con las actividades relacionadas con el medio ambiente. Eso permitió organizar importantes cumbres sobre temas medioambientales en diversas partes del mundo, que contaron con la participación de destacadas figuras como el presidente Obama, el secretario general de las Naciones Unidas, Kofi Annan, y la directora general de la Unesco, Irina Bokova.

En 2013, durante la conferencia Thinking Green, que mi empresa organizó para el Gobierno de Gibraltar, tuve la oportunidad de entablar una conversación con Al Gore en el *backstage* del complejo deportivo Tercentenary Sports

Hall. Disponíamos de aproximadamente dos horas antes de su intervención, y aprovechamos ese tiempo para analizar la crisis climática y repasar la agenda de actos. Posteriormente, le pedí a Gore que me permitiera realizarle unas preguntas de carácter más personal.

Al interesarme por cuáles habían sido los momentos más difíciles de su vida, identificó tres sucesos significativos. El primero fue la pérdida de su hermana mayor a causa de un cáncer de pulmón, lo cual llevó a su familia a dejar el cultivo de tabaco, que constituía una fuente importante de ingresos para ellos. En su primer documental, Gore describe este hecho como una dolorosa metáfora que ilustra el desafío del mundo industrial frente al exceso de carbono en la atmósfera. El segundo episodio, que consideró aún más traumático, fue el accidente de su hijo. «Habíamos ido a un partido de béisbol. Fue un día maravilloso. Mi hijo me sujetaba la mano y, de repente, uno de sus amigos salió corriendo, cruzando la calle. No me di cuenta porque estaba ocupado haciendo otra cosa. Miré hacia atrás sin ser plenamente consciente del momento. Luego la mano... se deslizó..., se liberó... de la mía. Y entonces se desencadenó la tragedia...»

Seguimos hablando del tema, que me relató de forma muy parecida a como lo había hecho delante de muchos líderes climáticos durante sus jornadas de capacitación. Básicamente, el vicepresidente vino a decir lo siguiente: «Pasé los siguientes treinta días en la unidad de cuidados intensivos del hospital sin saber, durante gran parte de ese tiempo, cuál sería el resultado. Recuerdo claramente repasar mi agenda y ver todos esos actos programados para los próximos días, semanas, meses. Recordé lo extremadamente importantes que me parecieron cuando los anoté en mi agenda. Qué serios eran todos esos temas. Y entonces, sencillamente, desaparecieron de las páginas; ya no me importaban nada. El único asunto que no desapareció de la lista fue la crisis climática, porque de alguna manera estaba conectada en mi interior con el principal desafío de mi vida: ayudar a mis hijos a vivir una buena vida». La historia tiene un final feliz, ya que el hijo de Gore se recuperó perfectamente sin ningún tipo de secuelas.

«Como seres humanos, tendemos a protegernos de reflexionar en profundidad sobre situaciones terribles o pérdidas inimaginables para preservar nuestra alegría en la vida. No obstante, en aquel momento me vi obligado a afrontar directamente la posibilidad de perder a alguien muy querido, que dejaría una herida emocional profunda en mi ser. Durante este proceso aprendí valiosas lecciones de personas de diversos ámbitos que se acercaron a mí, desde desconocidos con los que compartía ascensores hasta camareros en restaurantes, así como individuos que habían leído sobre mi situación y compartieron sus propias experiencias conmigo. Me pareció que un aspecto revelador de la naturaleza humana es que las personas que han sufrido tienden a sentir una conexión entre sí, acercándose instintivamente a aquellos que atraviesan momentos difíciles. Este hallazgo tuvo un profundo impacto en mi vida. La resiliencia está en tu corazón y en tu mente y en tu carácter.»

Habíamos agotado la mayor parte de nuestro tiempo y el comienzo del congreso se acercaba. Sin embargo, aún me quedaba por plantear una cuestión, posiblemente la más interesante. Estaba especialmente interesado en conocer su análisis sobre las elecciones presidenciales que perdió frente a Bush. Quería saber cómo había afrontado esa situación y cuáles habían sido para él las repercusiones emocionales de no resultar elegido presidente de Estados Unidos. En ese momento entró el primer ministro de Gibraltar, Fabian Picardo, para conocer a Gore y acompañarlo al escenario donde impartiría su conferencia. Así que, tras agradecerle sinceramente su franqueza y el tiempo que me había dedicado, acordamos mantener una nueva conversación en próximos encuentros.

Aunque el exvicepresidente y yo coincidimos en diversas conferencias y eventos relacionados con el cambio climático, pasaron casi seis años hasta que tuvimos tiempo de volver a sentarnos a hablar con suficiente tiempo y tranquilidad. Después del gran éxito del encuentro sobre el cambio climático en el que participó el presidente Obama, en 2018, nuestros socios en Portugal insistieron en llevar a cabo una segunda edición, pero esta vez con mayor presencia de personalidades del sector vinícola y con el discurso del vicepresidente Al Gore como cierre. Conseguir la confirmación de Gore fue tarea relativamente fácil, ya que su agenda en esa época no estaba completa y su agencia de representación nos conocía perfectamente. Mi hermana Paulina y yo fuimos personalmente a recogerle al aeropuerto con una caravana de vehículos proporcionados por las autoridades portuguesas.

Como es costumbre, Gore viajó en un vuelo regular acompañado por una sola persona que, oficialmente, ejercía las funciones de asistente personal, pero yo estoy seguro de que se trataba de un exmilitar o un marine en activo que actuaba también como ayudante. El único tratamiento especial que tuvo en Oporto fue que entró por la terminal destinada a vips y vuelos privados, además de la caravana de cuatro vehículos y dos motos de policía que nos acompañaron. Nada más entrar en la terminal del aeropuerto, alrededor de las ocho de la mañana, nos reconoció y se dirigió hacia nosotros, saludándonos de manera afectuosa. Después de preguntar por mi familia y por el acto, me dijo: «Pancho, ¿tienes tiempo para desayunar conmigo y así hablamos un rato?». Como el congreso estaba totalmente bajo control, accedí a acompañarle al hotel para desayunar.

Paulina y yo nos subimos en uno de los coches de la caravana que nos aguardaba, y el policía al mando me preguntó: «¿Vamos al hotel con el tráfico habitual o nos desplazamos a toda velocidad cortando las calles para llegar rápidamente?». Te podrás imaginar cuál fue mi respuesta. Era la primera vez que circulaba en un *motorcade*, como lo llaman los norteamericanos, y además lo hacía junto a todo un exvicepresidente de Estados Unidos. A medida que las motos de los policías iban cortando las calles, los vehículos circulaban a gran velocidad y sin detenerse un solo momento: me pareció una experiencia irreal, igual que en las películas. En menos de veinte minutos llegamos al hotel The Yeatman, uno de los más elegantes del mundo. Nos sentamos a tomar café Paulina, mi sobrino Daniel, que también suele trabajar en los actos que organizo, Al Gore y yo. Después de un rato, Paulina y Daniel tuvieron que marcharse a seguir trabajando en el congreso, por lo que me quedé a solas con Gore. Era el momento propicio para seguir con la conversación que no habíamos podido terminar en Gibraltar.

Las dos preguntas que rondaban mi cabeza tenían que ver con su carrera política: ¿cómo le afectó no ser elegido presidente? Era lo primero que le quería preguntar. Y lo segundo era saber si alguna vez se había planteado volver a presentarse a las elecciones presidenciales. En cuanto a la primera cuestión, Gore me confesó: «Debo admitir, Pancho, que lo que ocurrió con las elecciones del 2000 me afectó muchísimo, y, aunque acepté el resultado, nunca estuve de acuerdo». Me contó que ese episodio le había perturbado tanto como el accidente de su hijo, o casi más, ya que este, finalmente, se había recuperado por completo. Sin embargo, el revés de las elecciones acabó suponiendo una transformación muy positiva para Gore. Se dedicó a una causa mayor, haciendo todo lo que estaba en su poder para dar la alarma sobre la crisis climática. Esta decisión ayudó a transformar la forma en que los estadounidenses perciben el calentamiento global y llevó a Gore a un nuevo estado de gracia. Su supervivencia psicológica dependía de mirar hacia delante. Como una especie de terapia para superar la pérdida de las elecciones, Gore dedicó toda su energía y capacidad de influencia a crear conciencia sobre el impacto de la crisis climática.

Al hablar de ese proceso electoral, se percibe que el dolor y un profundo disgusto persisten aún en su interior. En el 2000 se convirtió en el cuarto candidato en la historia de Estados Unidos en perder una elección presidencial a pesar de haber ganado el voto popular. Tras aquella desoladora decepción, demostró un enorme autocontrol, sabedor de que había estado cerca del triunfo y convencido de que la Corte Suprema había cometido un grave error al detener el recuento en Florida. Sin embargo, decidió no abordar este tema en público, consciente de que no quería minar la confianza de los estadounidenses en su sistema. Aquel proceso transformó al hombre de manera irrevocable. Cuando se le pregunta si consideraría presentarse nuevamente a las elecciones presidenciales, su respuesta es tajante: «He dejado de amar la política, y no estoy seguro de que la presidencia sea el cargo más elevado y adecuado que yo podría desempeñar. Sin embargo, si llevo a cabo correctamente mi trabajo, todos los candidatos hablarán acerca de la crisis climática. La senda que visualizo implica la creación de un consenso tan sólido que la identidad del candidato no sea tan relevante. Habría que esforzarse mucho para quitarme la idea de que la contribución más valiosa que puedo hacer consiste en fomentar ese consenso».

Esa tarde, Gore impartió su conferencia frente a una

audiencia de unas mil personas, entre las que se encontraban las personalidades más influyentes del sector del vino internacional, representantes de la prensa y el Ministerio de Medio Ambiente de Portugal, y los alcaldes de Oporto y Vila Nova de Gaia. Su presentación fue una versión actualizada de la que sirvió como base del documental *Una verdad incómoda*. Aunque he presenciado esta conferencia en numerosas ocasiones, nunca había visto a un Gore tan locuaz, con tanta energía, y, por momentos, juraría que hasta algo enfadado. Cuando fue el orador principal en el encuentro de 2008 era más moderado y medía más sus palabras. Con el paso de los años, y al ver que la crisis climática no hace más que empeorar y que la comunidad internacional no está realizando grandes avances al respecto, se ha vuelto mucho más incisivo. Al terminar su presentación tuve el honor de moderar la correspondiente tanda de preguntas. Al subir al escenario me dio un abrazo y pude notar su cara de cansancio y su excitación, con el sudor corriéndole por la frente. Aún queda mucho camino que recorrer en la concienciación sobre la crisis climática.

¿QUÉ PUEDO APRENDER DEL MÉTODO SMILE CON ESTA HISTORIA?

- Una de las bases importantes del método SMILE es la experiencia adquirida en las conversaciones y el trabajo con celebridades y destacados líderes como Al Gore.
- El hecho de que Gore haya sido vicepresidente de Estados Unidos, candidato a la presidencia y ganador del Premio Nobel lo convierte en una figura distinta a no-

sotros. Sin embargo, los nervios, el estrés y el miedo son sensaciones que él, como cualquier otro ciudadano, ha experimentado.

- La forma en que estas personalidades han afrontado sus miedos y desafíos posiblemente les ha ayudado a llegar hasta donde lo han hecho, y esto es precisamente lo que el método SMILE aspira a aprender de ellos.
- En el caso del vicepresidente Gore, hemos presenciado significativos desequilibrios emocionales derivados del accidente de su hijo y la pérdida de su hermana, así como un marcado desequilibrio espiritual al no acceder a la presidencia de Estados Unidos.
- Hay momentos en la vida en los que un fracaso o una gran derrota nos abren las puertas a actividades que jamás hubiéramos imaginado poder llevar a cabo. Estas nuevas experiencias pueden recompensarnos ampliamente, sobre todo si contribuyen también al bienestar de los demás. No solo liberarán una gran cantidad de endorfinas en nuestro cuerpo, sino que nos proporcionarán una tremenda energía espiritual.

12

LA IMPORTANCIA DE DORMIR Y DESCANSAR

> El secreto de la creatividad está en dormir bien y abrir la mente a las posibilidades infinitas.
>
> ALBERT EINSTEIN

Dormir, relajarnos y descansar son elementos básicos de cualquier programa de entrenamiento efectivo. Como ya hemos visto en la sección dedicada al equilibrio y la energía, toda actividad física, mental, emocional y espiritual conlleva un gasto energético. Por lo tanto, para lograr el máximo rendimiento y mantener nuestro organismo equilibrado es fundamental aprender a recargar nuestra energía. Una buena alimentación e hidratación nos proporcionarán el combustible necesario para ello. El entrenamiento físico y mental nos permitirá utilizar esa energía de la manera más eficiente posible. Sin embargo, es el descanso, relajarnos y dormir adecuadamente, lo que permitirá que ese combustible llegue a nuestro organismo y se asimile correctamente.

El estrés, el miedo, el descanso y el sueño están estrechamente relacionados. No descansar adecuadamente o no dormir bien nos impide afrontar los momentos difíciles en las mejores condiciones físicas y mentales. La falta de sueño también puede causar fatiga, mal humor y somnolencia excesiva durante el día, afectando a nuestro rendimiento. Además, las personas con estrés son más propensas a sufrir trastornos del sueño como el insomnio. La combinación de estrés crónico y una calidad de sueño deficiente provoca una hiperactividad constante del sistema nervioso, lo que, a su vez, aumenta la presión arterial y la frecuencia cardiaca, factores que, a largo plazo, están relacionados con las enfermedades cardiovasculares.

En la sociedad moderna, la falta de sueño o el sueño de mala calidad se han convertido en uno de los problemas más comunes, mientras que el insomnio afecta a casi el 20 por ciento de la población. Dada la importancia del sueño para alcanzar la máxima efectividad del método SMILE, en este capítulo intentaré explicarte cómo y por qué dormimos, cuáles son los beneficios del sueño y cómo prevenir algunas de las alteraciones más comunes que impiden una buena noche de descanso. Para finalizar esta sección, compartiré contigo un método desarrollado junto a los colaboradores del método SMILE que te ayudará a descansar y dormir mejor.

¿Por qué dormimos?

En capítulos anteriores hemos visto que hay tres funciones vitales para los seres humanos: comer, beber y respirar. No obstante, la realidad es que hay una cuarta función que es absolutamente necesaria no solo para nuestro bienestar, sino también para nuestra supervivencia: dormir. Si se nos priva de comida, agua, aire y sueño, finalmente esto acabará significando la muerte del organismo.

El cerebro consume aproximadamente 350 kilocalorías cada 24 horas simplemente por el hecho de existir, lo que representa alrededor del 20 por ciento de la energía corporal. Por lo tanto, requiere tiempo para poder restaurarse. El sueño permite que nuestras neuronas, o células nerviosas, se reorganicen. Si dormimos muy poco, seremos incapaces de procesar lo que hemos aprendido durante el día y tendremos más dificultades para recordarlo en el futuro.

Muchos investigadores coinciden en que el sueño podría promover la eliminación de productos de desecho en las células cerebrales, un proceso que parece ocurrir de manera menos eficiente cuando el cerebro está despierto. La investigación también sugiere que el sueño fortalece los recuerdos, permitiendo que el cerebro borre u olvide información innecesaria, que, de otro modo, podría saturar el sistema nervioso.

Mejora de la salud emocional

El sueño es fundamental para la salud emocional, ya que cuando dormimos la actividad cerebral aumenta en áreas que regulan la emoción, estimulando un funcionamiento saludable del cerebro y favoreciendo la estabilidad emocional.

Consolidación de lo aprendido

Durante el sueño el cerebro organiza y procesa toda la información y el conocimiento adquirido a lo largo del día, facilitando así su consolidación en la memoria y haciendo más sencillo recordar lo vivido o aprendido. Además, dormir ofrece un descanso a la mente, permitiéndole afrontar nuevos desafíos.

Estimulación del sistema inmunitario

El sueño contribuye a optimizar el funcionamiento del sistema inmunitario, permitiendo que nuestro cuerpo se repare, regenere y recupere. La falta de sueño disminuye la capacidad para combatir infecciones, haciéndonos más susceptibles a resfriados o lesiones.

Reducción del riesgo de enfermedad cardiaca

De acuerdo con el Centro para el Control y la Prevención de Enfermedades (CDC), dormir adecuadamente cada noche ayuda a regular la presión arterial en el organismo. Durante el sueño, la presión arterial puede disminuir hasta un 10 por ciento, lo que reduce las probabilidades de desarrollar problemas cardiacos.

Mejora muscular y prevención de lesiones

Al entrar en la fase REM, el cuerpo secreta la hormona del crecimiento, esencial para la recuperación muscular. Los microdesgarros que se producen en los músculos durante el entrenamiento requieren regeneración, y esto ocurre precisamente en esta fase. Si no duermes lo suficiente, esos músculos no dispondrán del tiempo necesario para repararse completamente, lo que podría conllevar, con el tiempo, un mayor riesgo de lesiones.

Prevención de la depresión

Un descanso adecuado es esencial para sobrellevar la depresión y reducir la ansiedad. Mientras dormimos, tanto nuestro cuerpo como nuestra mente se restablecen, lo que nos capacita para enfrentarnos mejor a los retos cotidianos. El insomnio multiplica casi por diez la probabilidad de presentar síntomas depresivos. Tanto el insomnio como la hipersomnia están vinculados a un incremento de la frecuencia de los pensamientos y las conductas depresivas o incluso suicidas.

¿Cómo dormimos?

Nuestro cuerpo regula el sueño de dos maneras fundamentales: mediante la homeostasis del sueño y la vigilia y a través de los ritmos circadianos. La homeostasis del sueño y la vigilia es el sistema que equilibra la necesidad de dormir y de estar despiertos en función del tiempo que hemos permanecido despiertos. A medida que transcurre el tiempo en estado de vigilia, la necesidad de sueño aumenta, mientras que disminuye conforme dormimos más. Entre las moléculas que pueden intervenir en la regulación homeostática del sueño se encuentra la adenosina, cuyos antagonistas son la cafeína y la teofilina. La adenosina es un factor endógeno capaz de ejercer acciones reguladoras sobre circuitos del ciclo vigilia-sueño.

Los ritmos circadianos son controlados por un *reloj maestro* situado en un área del cerebro conocida como *núcleo supraquiasmático*, que se localiza justo por encima del cruce de los dos nervios ópticos. Este núcleo regula el sueño, la temperatura corporal y el estado de vigilia. Los ritmos circadianos juegan un papel vital en la capacidad de una persona para dormir en un bloque consolidado de tiempo por la noche y para mantenerse despierto durante aproximadamente dieciséis horas seguidas cada día. A medida que el sol se pone por la tarde, el cerebro comienza a producir melatonina, una hormona que induce la somnolencia. La temperatura corporal central también desciende, contribuyendo a la disminución de la alerta. Por la mañana, a medida que aumenta la exposición a la luz, la producción de melatonina se detiene y la temperatura corporal aumenta, promoviendo la vigilia.

Melatonina

Nuestros niveles de hormona de la oscuridad, también llamada *hormona vampírica*, comienzan a elevarse poco después de que caiga la noche. Su propósito es controlar el momento en que se inicia el sueño, enviando señales de oscuridad a todo el organismo. Esta hormona actúa como la señal para dar inicio al proceso del sueño. Sin embargo, no es un somnífero muy potente. Una vez que el sueño se ha iniciado, su concentración disminuye gradualmente a lo largo de la noche. Al amanecer, cuando la luz solar llega al cerebro a través de los ojos, su liberación se detiene.

El sueño es más efectivo y restaurador cuando los ritmos circadianos, el ciclo natural de luz y oscuridad y los patrones de sueño están en armonía. Si no descansas cuando tu cuerpo indica que es el momento adecuado o si dormitas durante largos periodos durante el día, tus ritmos circadianos pueden desajustarse respecto al ciclo diario de 24 horas.

Existen diversas razones por las que esto puede llegar a ocurrir, como viajar a través de diferentes zonas horarias, desplazarse de oeste a este, ejercer profesiones que generan horarios de sueño irregulares, dormir en entornos con mucha luz o ruido, ciertas enfermedades, el estrés y la ansiedad. La descoordinación entre los ritmos circadianos y el entorno, especialmente a largo plazo, puede hacer que el rendimiento disminuya e, incluso, tener serias repercusiones para la salud.

Las etapas del sueño

Pueden distinguirse cuatro etapas del sueño, divididas a su vez en dos categorías. Las tres primeras pertenecen a la categoría de sueño no REM (*Rapid Eye Movement* o movimiento rápido de los ojos). La cuarta es la que se conoce como *fase REM* o *sueño REM*. La estructura de las etapas y ciclos de sueño de una persona conforman su *arquitectura del sueño*.

La etapa 1 o N1 se produce cuando acabas de quedarte dormido, y suele durar entre uno y cinco minutos. La etapa 2 o N2, que normalmente dura entre diez y sesenta minutos, se caracteriza por una mayor desaceleración de la actividad en el cerebro y el cuerpo.

Es mucho más fácil despertarse durante estas primeras fases del ciclo de sueño.

La etapa 3 o N3 es la parte más profunda del sueño no REM o NREM. En esta fase, los músculos y el cuerpo se relajan aún más, y las ondas cerebrales muestran un patrón claro de actividad reducida, que es notablemente diferente de la actividad cerebral en vigilia. Esta etapa suele durar entre veinte y cuarenta minutos.

Durante la etapa 4, o fase REM, la actividad cerebral aumenta significativamente y la mayor parte del cuerpo, excepto los ojos y los músculos respiratorios, experimenta una parálisis temporal. La explicación más frecuente de este fenómeno es que la inmovilización del cuerpo impide que nos hagamos daño mientras estamos soñando. Aunque los sueños pueden aparecer en cualquier etapa, estos son más intensos durante el sueño REM. Esta fase suele durar entre diez y sesenta minutos.

Se cree que la etapa de sueño REM es esencial para el cerebro, pues permitiría funciones clave como la consolidación de la memoria y el aprendizaje. A medida que avanza la noche, es normal pasar un mayor porcentaje de tiempo en sueño REM, en su mayor parte durante la segunda mitad. El ciclo se va repitiendo, pero en cada nuevo periodo se pasa menos tiempo en las etapas más profundas, la 3 y la 4 y más en el sueño REM. En una noche típica, se pasa por cuatro o cinco ciclos completos.

Adenosina y cafeína

Como he explicado anteriormente, la adenosina es un químico que se acumula en el cerebro a medida que se pasa más tiempo despierto. Es este aumento de la adenosina en el cerebro lo que produce un creciente deseo de dormir. Por otra parte, será durante el sueño cuando el cerebro se dedique a degradar y eliminar la adenosina acumulada a lo largo del día. Después de aproximadamente ocho horas de sueño, la purga de adenosina ha finalizado.

Ahora bien, hay otro factor que se debe tener en cuenta: la señal de sueño asociada a la adenosina se puede silenciar de forma artificial mediante el uso de productos químicos como la cafeína, la teofilina o la taurina.

La cafeína es el estimulante psicoactivo más utilizado en el mundo, y del que más se abusa, siendo la segunda mercancía más comercializada del planeta después del petróleo. Su mecanismo de acción es sencillo, y consiste básicamente en competir con la adenosina por los mismos receptores del cerebro. Una vez que la cafeína ocupa estos receptores, se interrumpe el efecto de la adenosina. La cafeína tiene en nuestro organismo una vida media de entre cinco y siete horas, con lo cual sus efectos se prolongan durante bastante tiempo. Y si estás pensando en evitar su consumo tomando una taza de café descafeinado, te advierto que generalmente esta contiene entre el 15 y el 30 por ciento de la dosis de una taza de café normal. Finalmente, la cafeína se elimina del sistema mediante una enzima hepática que la degrada gradualmente, aunque hay personas que tienen una versión más eficiente de la enzima que otras. También es interesante saber que a mayor edad, más tiempo nos llevará eliminarla.

¿Cómo saber si estamos durmiendo adecuadamente?

Hablando en general, hay tres puntos clave para determinar la buena calidad del sueño: la duración, la profundidad y la continuidad. Es decir, un adulto debería pasar entre siete y nueve horas de sueño, de las cuales entre un 10 y un 25 por ciento deberían ser de sueño profundo, siendo importante que no se despierte durante la noche.

En cuanto a la llamada *latencia del sueño*, también conocida como *latencia para iniciar el sueño*, es el periodo que transcurre desde que estás completamente despierto hasta que te duermes, y puede variar según las personas. Su duración y la rapidez con la que entras en la fase REM pueden ser indicadores de la cantidad y calidad del descanso.

El hecho de experimentar una somnolencia excesiva en momentos en los que deberías estar activo podría estar relacionado con tu latencia del sueño o con ciertos trastornos del sueño. Para evaluarlo, el médico podría recomendarte una prueba de latencia múltiple del sueño (MSLT), que mide el tiempo que tardamos en conciliar el sueño durante el día en un entorno tranquilo.

Por último, los colaboradores del método SMILE hemos diseñado un sencillo cuestionario que puede ayudarte a comprender si estás durmiendo adecuadamente. Si la respuesta a cualquiera de estas diez preguntas es «Sí», se trata de un indicio claro de que puedes estar teniendo problemas para dormir y descansar bien.

1. Después de despertarte por la mañana, ¿podrías volver a dormirte a las diez o las once?
2. ¿Necesitas consumir cafeína antes del mediodía para funcionar de forma óptima?
3. ¿Tardas treinta minutos o más en dormirte cada noche?
4. ¿Te despiertas al menos una vez durante la noche y te cuesta volver a dormirte?
5. ¿Sufres de somnolencia diurna excesiva y te cuesta concentrarte durante el día?
6. ¿Te falla la memoria?
7. ¿Estás más estresado, irritable, deprimido o sensible de lo habitual?
8. ¿Te cuesta tomar decisiones?
9. ¿Te entran ganas de comer, sobre todo comida basura?
10. ¿Tienes dificultades con la visión o se te cansa más de lo habitual?

El método SMILE para dormir mejor

A continuación detallaré los diez puntos más importantes de este método, creado junto a un equipo de colaboradores que incluye a una doctora en Psicología, un médico especialista en medicina del rejuvenecimiento, un preparador físico, una nutricionista y un experto en yoga. Este sistema nos ha proporcionado resultados muy positivos, es fácil de aplicar y se basa en la idea de que dormir debería ser, quizá, el ritual más importante que podemos incorporar en nuestras vidas.

1. Crea tus rituales para dormir

Dormir, en sí mismo, debería ser, como he dicho, el ritual más importante de nuestra vida. Es el único que todos los seres humanos llevamos a cabo a lo largo de toda nuestra existencia. Aunque damos por hecho que cada noche vamos a dormir, debemos tener en cuenta algunos aspectos que ya mencionamos en el capítulo dedicado a los rituales. Es fundamental que establezcamos una franja horaria dentro de la cual nos preparemos para irnos a la cama e intentemos conciliar el sueño, así como también para despertarnos por la mañana.

2. Ejercicio, deporte y luz solar

Aunque una de las bases sobre las que se sustenta el método SMILE es el deporte, a la hora de conseguir un sueño adecuado debemos tener cuidado con el tipo de actividad que realizamos y a qué hora. En líneas generales, no deberíamos practicar deporte tres o cuatro horas antes de irnos a la cama, especialmente si se trata de deportes competitivos, ya que pueden generar sentimientos de negatividad si sufrimos una derrota o alterarnos si ganamos. También es recomendable evitar los deportes extremos, ya que conllevan una abundante liberación de adrenalina. Los ejercicios que sí son recomendables, incluso si se realizan muy cerca de la hora de dormir, son los estiramientos, el yoga o los aeróbicos de baja intensidad.

Los expertos en sueño también recomiendan entre treinta y sesenta minutos de exposición diaria a la luz solar, preferiblemente al aire libre, y disminuir la intensidad de la luz de casa o de la habitación un tiempo antes de acostarte.

3. Cuidado con lo que comes ante de ir a la cama

Debemos considerar no solamente la cantidad de comida que ingerimos antes de acostarnos, sino también el tipo de alimentos. Las comidas copiosas pueden provocar una digestión lenta y pesada, y si además son muy grasas o picantes, causar irritación estomacal y problemas gastrointestinales, lo cual no nos permitirá descansar adecuadamente.

En caso de tener hambre poco antes de dormir, se recomienda consumir, en cantidades moderadas, alguno de los siguientes alimentos:

- Los productos lácteos como la leche, el queso fresco y el yogur son ricos en triptófano, que es un precursor de hormonas o neurotransmisores que favorecen el sueño.
- La pasta y el arroz blanco favorecen la liberación de serotonina, pero se deben consumir con moderación por su alto índice glucémico.
- Las nueces, pistachos, almendras y anacardos contienen melatonina, así como magnesio y zinc, que ayudan a conciliar el sueño.
- Los pescados grasos, como el salmón, el atún o las sardinas, fomentan la liberación de serotonina, que es el neurotransmisor que favorece el sueño.

4. No te engañes con el alcohol

Durante décadas, se ha creído que una copa de vino, brandy o coñac por la noche ayuda a conciliar el sueño. Sin embargo, estudios científicos recientes demuestran que el alcohol, incluso en pequeñas cantidades, empeora la calidad del sueño. Aunque pueda parecer que, tras consumir alcohol, hemos dormido más profundamente debido a su efecto sedante, la realidad es que se trata de un sueño de escasa calidad y poco reparador.

Se sabe que el alcohol suprime el sueño REM, especialmente durante la primera mitad de la noche. Esto puede provocar una reducción general del sueño REM, lo que afecta la consolidación de la memoria y puede generar aturdimiento y falta de concentración al día siguiente. A medida que los efectos del alcohol desaparecen, el cuerpo experimenta un efecto rebote, lo que puede aumentar el número de veces en que la persona se despierta durante la noche, dando lugar a un sueño fragmentado.

5. Nicotina, cafeína y medicamentos

Deberías evitar consumir cualquier bebida que contenga cafeína o taurina, como los diferentes tipos de colas o las bebidas energéticas. También deberías evitar el té negro, el té verde, la yerba mate, el matcha, la canela, la guaraná, el jengibre, el chocolate negro y los picantes como el chile, ya que todos ellos contienen estimulantes como la cafeína o la teína, así como sustancias que aceleran el metabolismo y aumentan la temperatura corporal.

6. Cuidado con la siesta

Aunque, por desgracia, la siesta cada día es más rara en nuestra moderna y estresante sociedad, todavía hay personas que pueden permitirse echar una cabezadita al llegar a casa después de trabajar. No obstante, hay que tener mucho cuidado, tanto con la duración de la siesta como con la hora a la que se realiza. Para que no afecte al sueño nocturno, te recomiendo levantarte y activarte al menos tres o cuatro horas antes de que te vayas a dormir por la noche. Asimismo, es aconsejable que la siesta no dure más de sesenta minutos. De esta forma podrás recargar tu energía para afrontar el resto del día sin que interfiera en tu sueño nocturno.

7. *Relájate antes de ir a la cama*

Es sumamente importante que antes de conciliar el sueño estemos lo más relajados posible. Por lo que debemos asegurarnos de no realizar tareas estresantes. Por el contrario, debemos buscar actividades que nos ayuden a relajarnos tanto física como mentalmente, que disminuyan nuestras pulsaciones, reduzcan nuestro nivel de tensión muscular y nos alejen de pensamientos negativos. Por ello, es recomendable dejar de trabajar al menos un par de horas antes de iniciar el sueño, escuchar música relajante, leer un libro o, incluso, ver una película con una temática que no nos altere. Para desarrollar un ritual eficiente a la hora de dormir, sería interesante descubrir cuál es la forma más efectiva de relajarte.

8. *Ducha o baño*

A muchos de nosotros nos gusta asearnos antes de meternos en la cama. Una ducha, o preferiblemente un baño caliente, nos puede ayudar a relajar la musculatura, bajar la tensión arterial y reducir las pulsaciones. Además, al salir del baño o de la ducha caliente, experimentaremos una bajada de la temperatura corporal que nos ayudará a conciliar el sueño. Hay personas a quienes les gusta darse una ducha fría al final del baño, lo cual puede ser muy contraproducente, ya que el cambio drástico de temperatura, del calor al frío, puede despertarlas y hacer que liberen algo de adrenalina.

9. Evita los aparatos electrónicos y pon el modo avión

Hoy en día, un 90 por ciento de la población pasa al menos una hora antes de dormir delante de las pantallas de portátiles, televisores, smartphones y tabletas con tecnología led. Ahora bien, debemos saber que los receptores de luz del ojo que comunican al núcleo supraquiasmático que ya es de día son más sensibles a la luz de corta longitud de onda dentro del espectro azul, que es el punto exacto en que las pantallas led azules son más potentes. Por tanto, la luz azul led tiene por la noche un mayor impacto en cuanto a la supresión de la melatonina humana que la luz cálida y amarilla de las bombillas tradicionales, impidiéndonos sincronizar adecuadamente el inicio del sueño. En consecuencia, es fundamental restringir al mínimo su uso en horas próximas al sueño o, al menos, procurar activar el modo luz nocturna, que bloquea la luz azul.

También debemos evitar tener conectado cualquier aparato electrónico que pueda emitir durante la noche algún sonido que interrumpa nuestro sueño, como los mensajes de texto, WhatsApp, los correos electrónicos, etc. Para ello, podemos dejar nuestros teléfonos móviles en modo avión, o configurarlos para que permanezcan en silencio entre ciertas horas si es posible.

10. Temperatura y luz en la habitación

Como parte de este ritual del sueño, también debemos tener en cuenta aspectos como que la cama y las almohadas sean cómodas o que no estemos expuestos a ruidos, olores u otros factores que puedan perturbar nuestro descanso. Intenta que la luz sea tenue cuando entres en la habitación, y que esté completamente a oscuras al dormirte; de esta forma le estarás indicando al cerebro que ya es de noche, lo que ayudará a que empiece a liberar melatonina.

Como hemos visto, el ritmo circadiano se ve influido por una serie de factores externos, como la exposición a la luz o la actividad física, pero también por la temperatura exterior. Mientras dormimos, la temperatura corporal tiene que descender aproximadamente un grado centígrado hasta las primeras horas de la mañana. Para dormir bien, el dormitorio no debe estar ni demasiado frío ni demasiado caliente, oscilando entre los 18 y 19 grados; en cualquier caso, la temperatura no debe ser inferior a 15 grados ni superior a 21.

Ciclos ultradianos

Aunque una buena noche de sueño, tal como la hemos definido anteriormente, puede considerarse la mejor forma de descanso, existen evidencias científicas de que es posible descansar sin haber dormido. Por otro lado, si no logramos dormir no habremos tenido un descanso adecuado, así que necesitaremos realizar múltiples descansos durante el día. Por lo tanto, queda claro que sueño y descanso son dos conceptos que representan estados diferentes. Así, dado que ya he abordado ampliamente el sueño, en esta sección me centraré en los momentos de descanso que, independientemente del sueño, nuestro cuerpo necesita a lo largo del día.

Cuando hablamos de periodos de descanso debemos considerar los ritmos ultradianos, que son los ritmos biológicos que tienen una duración inferior a veinte horas e incluyen la frecuencia cardiaca, la respiración y otros. Uno de los aspectos más importantes de los ritmos ultradianos es que dentro de ellos están incluidos los ciclos del sueño. Según el doctor Nathaniel Kleitman, pionero en el estudio de estos fenómenos, mientras estamos despiertos el cerebro lleva a cabo ciclos similares a los que se producen durante el sueño. Tanto es así que se ha podido determinar que, debido a la existencia de estos ritmos ultradianos, experimentamos picos y caídas en nuestra productividad diaria. Estos ciclos tienen una duración aproximada de noventa o ciento veinte minutos, dependiendo de la persona y el momento. Por lo tanto, tu cuerpo y tu mente van a necesitar un descanso cada ochenta o noventa minutos.

Los ritmos ultradianos ayudan a explicar cómo la energía, el enfoque mental y la atención fluctúan a lo largo del día. Por ejemplo, se ha descubierto que los niveles hormonales, la frecuencia cardiaca, la actividad de las ondas cerebrales e incluso la tensión muscular aumentan durante la primera parte del ciclo ultradiano, a la vez que el nivel de alerta y el enfoque mental. Sin embargo, después de aproximadamente una hora, comienzan a disminuir. Alrededor del minuto ochenta o noventa, el cerebro y el cuerpo comienzan a demandar un periodo de descanso.

Los ritmos ultradianos deberían ser objeto de un estudio más exhaustivo por parte de las empresas y sus departamentos de Recursos Humanos, con el fin de mejorar tanto el rendimiento de los empleados como su bienestar. Dado que las investigaciones científicas indican que la productividad de una persona disminuye tras aproximadamente ochenta minutos de trabajo, es recomendable incentivar pausas cortas y breves en todos los entornos laborales y educativos. Un estudio de la Universidad de Illinois, publicado en la revista *Science* en 2011, reveló que la productividad alcanza su punto máximo cuando se realizan descansos cada cincuenta minutos.

Debemos tener en cuenta que cuando pasamos por periodos de estrés o ansiedad resultará más difícil alcanzar nuestro rendimiento máximo y nos costará mucho más sostenerlo en el tiempo. Por lo tanto, necesitaremos descansos más frecuentes y efectivos. Es recomendable que durante estos descansos realizados en momentos de desequilibrio incorporemos ejercicios de respiración. Además, es aconsejable eludir conversaciones o interacciones que puedan estar relacionadas, directa o indirectamente, con el origen de nuestro estrés y evitar caer en la tentación de recurrir a la comida basura, el café en exceso o el alcohol durante esos descansos.

A continuación te doy una serie de consejos para aumentar al máximo tu productividad aprovechando los ritmos ultradianos:

- Es importante que organices tu agenda de manera que las tareas más relevantes y exigentes coincidan con los momentos de mayor energía.
- Debes aprender a reconocer la duración de tus ritmos ultradianos y programar actividades menos exigentes o descansos cuando alcances tu nivel de mínima energía.
- Los descansos conscientes pueden consistir en dar un paseo, realizar ejercicios de respiración, practicar la relajación, meditar o hacer estiramientos. También puede ser efectivo compartir un refrigerio con

un compañero, pero evitando hablar del trabajo, el exceso de cafeína y la comida basura.

- Si tu trabajo te obliga a estar sentado durante largos periodos, intenta moverte y caminar durante tus descansos.
- Evita utilizar las redes sociales, activa el modo avión en tu teléfono y no respondas a mensajes de texto o wasaps relacionados con tu trabajo que no sean urgentes.
- Cuando estés pasando un periodo de mayor estrés o ansiedad de lo habitual, es importante que tomes descansos más frecuentes.

LA MUERTE DE MI PADRE

El buen sabor de boca y la alegría de haber ganado la Copa Davis me duraron relativamente poco. Dos o tres meses más tarde, el equipo de Qatar tenía que participar en los Juegos Panarábigos, que se celebraban en el Líbano. Viajé a este país desde Filipinas, donde me encontraba impartiendo una serie de conferencias para la Federación Internacional de Tenis. Uno de mis asistentes fue a recogerme para llevarme a un restaurante típicamente libanés, donde me encontraría con los jugadores. Mientras atravesábamos el centro de Beirut, me llamó la atención la persistente devastación causada por la guerra, aunque también pude percibir indicios de reconstrucción.

El restaurante estaba a las afueras de la ciudad, que una vez fue considerada como una de las más cosmopolitas del Mediterráneo. Se trataba de una zona residencial, situada a unos treinta minutos de Beirut, en la cual se habían construido bastantes edificios y residencias al lado del mar, lo que me ayudó a entender por qué al Líbano se le conocía como la Suiza del Medio Oriente. Fue una cena muy agradable en la que hablamos sobre la táctica que íbamos a seguir contra Marruecos, que era nuestro primer contrincante y uno de los mejores equipos del mundo árabe. Dado que al día siguiente teníamos que jugar nuestra primera eliminatoria y yo estaba muy cansado por el largo viaje, decidimos irnos todos a dormir antes de la medianoche.

A pesar de que mi habitación era bastante pequeña, incómoda y no tenía aire acondicionado, no tuve problemas para conciliar el sueño debido al cansancio y al *jet lag*. Alrededor de las tres de la madrugada, mientras dormía profundamente, sonó el teléfono de la habitación. Me desperté sobresaltado y respondí de inmediato en una mezcla de inglés y francés, ya que no sabía si me encontraba en Filipinas, Doha o el Líbano. Para mi sorpresa, quien llamaba era un amigo español residente en Qatar. Después de saludarme afectuosamente me comunicó que tenía malas noticias que darme. Tras una pausa, y con voz temblorosa, me informó que mi padre había fallecido en un accidente de coche mientras se dirigía al hospital donde trabajaba como médico.

Me quedé en silencio durante unos segundos que parecieron eternos. No podía articular palabra y me costaba creer lo que estaba escuchando. Incluso llegué a pensar que podía ser una pesadilla producida por el *jet lag* y el cansancio. Le pedí a mi amigo que me diera unos minutos y le prometí que lo llamaría. Me levanté de la cama para mojarme la cara, refrescarme e intentar despertarme por completo. Llamé a mi amigo. Después de varios intentos, finalmente logré hablar de nuevo con él. Me explicó que esa mañana mi padre, de camino al trabajo, había perdido el control del vehículo y chocado con una furgoneta que iba en dirección contraria. También me informó que habían estado intentando comunicarse conmigo todo el día sin éxito a causa de mi viaje entre Filipinas y Beirut vía Dubái.

Le agradecí a mi amigo su esfuerzo por intentar contactar conmigo y pensé en llamar a mi madre, que estaría en Barcelona, o a mi hermana Paulina, que vivía en las islas

Canarias, pero pensé que al ser las cuatro o las cinco de la madrugada no era el mejor momento. Sin embargo, creo que mi mente buscaba excusas para no enfrentar la realidad; pensaba con ingenuidad que si me volvía a dormir la pesadilla que estaba viviendo desaparecería por la mañana. Después de unos minutos, el cansancio y el agotamiento me vencieron, y finalmente me quedé dormido. Un par de horas más tarde el teléfono volvió a sonar, despertándome otra vez. Era uno de mis asistentes informándome de que teníamos una reunión durante el desayuno antes de encontrarnos con los jugadores.

Le pedí que subiera a mi habitación, ya que necesitaba comunicarle la noticia. Inmediatamente llamé a mi hermana Paulina a Canarias, quien me confirmó la trágica noticia del accidente y los detalles del fallecimiento de mi padre. Me dijo que tenía que trasladarme a Barcelona con urgencia, que mi madre se encontraba en estado de shock. También me preocupé por mi hermana menor, quien, a sus diecisiete años, se sentía muy unida a mi padre, y seguramente estaría pasando por un momento muy difícil. Paulina me informó de que ella y mi cuñado Rony iban de camino al aeropuerto para viajar a Barcelona y que todos los amigos de mis padres estaban acompañando a mi hermana Daniela y a mi madre mientras la familia se dirigía hacia Barcelona, pero me rogó que volviese lo antes posible.

Creo que todavía no había asimilado lo ocurrido y que de alguna forma mi mente se defendía para que no me desmoronara. Llamaron a la puerta y, al abrir, me encontré a mi asistente, que nada más ver mi cara se dio cuenta de que algo pasaba. Entró en la habitación y le conté lo que había ocurrido con voz temblorosa. Yo estaba muy nervioso, pero le pedí que no comunicáramos la noticia a ninguno de los jugadores hasta que no acabase la eliminatoria, pues sería injusto para ellos. También le dije que yo seguiría siendo el capitán dentro de la pista: si delegaba en otra persona los jugadores sospecharían y se pondrían nerviosos.

Aunque desayunamos todos juntos como era costumbre, mi mente no se encontraba en Beirut en ese momento y vagaba por diferentes lugares. Pensaba en cómo estarían mi madre y mi hermana pequeña, me preguntaba si mi padre habría sufrido en el accidente y cómo podría llegar a Barcelona lo más rápidamente posible. Tenía un nudo en la garganta y me costaba responder a las preguntas de mis jugadores, a quienes les expliqué que estaba exhausto a causa del largo viaje desde Filipinas a Beirut y el *jet lag*, porque además no había podido descansar adecuadamente. No obstante, intenté motivarlos, pero, para evitar tener más contacto con ellos en ese momento, les pedí a mis ayudantes que trasladaran a los jugadores al club de tenis para que comenzaran con sus ejercicios de estiramiento y calentamiento.

Hoy en día me doy cuenta de que debería haberles contado la verdad antes del partido, ya que durante toda la eliminatoria mi mente estuvo desconectada y alejada de la cancha de tenis. Una profunda tristeza me invadía, y comencé a comprender que la muerte de mi padre era un hecho irreversible. Quería salir corriendo, tomar el primer avión a Barcelona y reunirme con mi familia. La eliminatoria se decidió en el último partido, disputado por Sultan Khalfan. A pesar de que su oponente era en teoría superior, tuvo la oportunidad de ganar, pero le faltó mi apoyo táctico y mi capacidad de motivación como capitán suyo en el momento más crítico, lo que supuso su derrota y que perdiéramos la eliminatoria.

Nada más terminar la eliminatoria, reuní a los jugadores en el vestuario y les informé de lo que había ocurrido con mi padre la noche anterior. Les pedí perdón por no habérselo contado antes y les expliqué mis motivos. Inmediatamente, todos ellos me abrazaron, me dieron sus condolencias y me ofrecieron su apoyo. Nunca olvidaré el cariño y la ayuda que me proporcionó Nasser Al-Khelaïfi, presidente del PSG en la actualidad. Creo que cuando me abrazó y me dijo: «Capitán, así es la vida, pero ahora debes pensar en tu madre y en tus hermanas y volver a casa lo antes posible» fue cuando rompí a llorar por primera vez aquel día.

Conseguí un vuelo de Beirut a Barcelona con escala en Zúrich, que no saldría hasta altas horas de la noche, prácticamente de madrugada. No quería perturbar más la concentración del equipo, así que me despedí de los jugadores, que me habían estado apoyando durante todo el día. Intenté conseguir un taxi que me llevara al aeropuerto, pero me resultó imposible, ya que era de noche y estábamos lejos. El capitán del equipo de Kuwait, un francés cuyo nombre nunca he podido recordar y con el que tenía una relación muy tensa, se ofreció a llevarme. Subimos a su coche y, después de unos minutos conduciendo, al intentar agradecerle su gesto, no pude evitar desplomarme y empezar a llorar. Cuando logré calmarme, me comentó que él también había perdido a su padre trágicamente. Cuando por fin le di las gracias me dijo que, a pesar de que nunca nos habíamos llevado bien y habíamos tenido fuertes discusiones en los torneos, sentía un profundo respeto por mí como profesional.

Por aquel entonces el aeropuerto de Beirut no había sido todavía reconstruido después de la guerra. Era apenas una pista de aterrizaje rodeada de edificios en ruinas con una serie de almacenes y estructuras prefabricadas muy rústicas. Al entrar en el complejo me sorprendió ver que estaba muy oscuro y prácticamente vacío. Me dirigí al mostrador de Swissair para embarcar, pagar el billete de avión y esperar al vuelo. No había nadie, ni en el aeropuerto ni en el mostrador, y tuve que esperar hasta que salió un representante de la línea aérea, quien me informó de que el vuelo saldría al cabo de cuatro horas y que, además, venía con retraso.

Para mi sorpresa, la aerolínea no aceptaba tarjetas de crédito, y yo no llevaba efectivo encima. En ese momento entré en pánico y tuve que explicarle el motivo de mi viaje, suplicándole entre lágrimas que me ayudara, pues necesitaba llegar a mi casa en Barcelona lo antes posible. Al escuchar mi historia, me invitó a esperar en su oficina, me ofreció una taza de té y trató de reconfortarme. Me alentó a desahogarme y le conté a qué me dedicaba y lo sucedido con mi padre. Después de pasar un rato en su despacho, me dijo que estaba dispuesto a emitir el billete de avión, y me pidió que le dejara los datos de mi tarjeta de crédito con la intención de intentar cobrar el importe unos días más tarde.

Le agradecí sinceramente que me ayudara, y después él me ofreció una pequeña sala contigua a su oficina para esperar mi vuelo, que no saldría hasta dos o tres horas más tarde. Fue entonces la primera vez que me encontré solo desde que me habían comunicado la muerte de mi padre. En ese momento me di cuenta de que acababa de marcharse la persona que había tenido mayor influencia en mi vida, mi mejor amigo, consejero y compañero de deportes. Fue mi padre quien me enseñó a montar en bicicleta, a bucear, a jugar tenis, a catar vinos, a jugar golf, a poner inyecciones, epidurales y muchas otras cosas. Una mezcla de pensamientos y recuerdos, en especial de mi infancia, invadía mi mente, quizá por lo mágica que había sido mi niñez. Nunca había experimentado un dolor tan profundo en mi corazón ni una sensación de soledad tan abismal. Creo que lloré todas las lágrimas que pude, ya que al llegar a Barcelona tenía que ser muy fuerte para apoyar a mi madre y a mis hermanas.

Han transcurrido más de treinta años desde que falleció mi padre a los sesenta y un años recién cumplidos. No pasa un solo día en el que no lo recuerde. A pesar de ser un hombre de pocas palabras y de que nuestras conversaciones siempre fueran breves, me conocía y me entendía a la perfección. Me ha costado mucho aceptar su partida a una edad tan temprana, e incluso he llegado a pensar erróneamente que mi vida sería corta. Su influencia ha estado presente en todos estos años, lo que me ha ayudado a intentar ser el mejor padre posible para mis hijos Andreah y Christian. Incluso en los momentos más difíciles, su memoria, desde algún lugar del universo, me ha inspirado. Durante el secuestro en Sudáfrica, cuando me perdí en Miami haciendo paracaidismo o en el aeropuerto Charles de Gaulle, al descubrir que tenía una notificación roja de Interpol.

¿QUÉ PUEDO APRENDER DEL MÉTODO SMILE CON ESTA HISTORIA?

- Debemos aceptar que tarde o temprano nuestros seres queridos fallecerán, especialmente si están enfermos o tienen una cierta edad.
- Es fundamental comprender que cuando perdemos a un ser querido debemos atravesar un periodo de duelo. Intentar ocultar nuestro dolor o aparentar que nada ha ocurrido solo generará un estrés innecesario.
- La muerte de un familiar cercano es uno de los pocos acontecimientos de la vida que puede afectar a nuestros cuatro ámbitos de equilibrio.

- Nuestro equilibrio emocional será el que resulte más afectado por este hecho, pues hemos perdido a un ser querido. Naturalmente, nuestro equilibrio mental sufrirá el impacto y, si no atravesamos el proceso de duelo, podemos padecer un desequilibrio físico significativo. Por último, dependiendo de la relación que hayamos tenido con la persona fallecida, nuestro equilibrio espiritual podría verse profundamente alterado.

13

EL MIEDO

> Aprendí que el coraje no era la ausencia de miedo, sino el triunfo sobre él. El valiente no es quien no siente miedo, sino aquel que conquista ese miedo.
>
> NELSON MANDELA

Muchas de las experiencias que he vivido, desde mi trabajo en las urgencias de un hospital con pacientes en estado crítico hasta saltar en paracaídas desde más de 7.000 metros, pasando por mi secuestro en Sudáfrica y el impacto que tuvo para mi empresa el ataque terrorista a las Torres Gemelas en Nueva York, me han enseñado a enfrentarme al miedo y superarlo.

En este capítulo, exploraré cómo enfrentarse al miedo, dado que es la principal razón por la que muchas personas no consiguen alcanzar sus objetivos, realizar sus sueños o conquistar una felicidad plena. Te explicaré qué son el miedo, la ansiedad y las fobias, sus orígenes y los efectos que este miedo puede tener en la mente y el cuerpo. Sin embargo, lo más importante es que compartiré contigo las técnicas y estrategias que he empleado no solo para enfrentar situaciones altamente estresantes y aterradoras, sino también para manejarlas a mi favor.

Según un estudio de la OMS realizado en 2022, el 37 por ciento de los encuestados informó de que había experimentado miedo o ansiedad en el lugar de trabajo durante el año anterior. Los datos más recientes de esta misma organización muestran que los niveles de ansiedad y depresión han aumentado un 25 por ciento a nivel mundial desde el inicio de la pandemia del COVID-19. Una encuesta de McKinsey & Company realizada hace poco mostraba que el 85 por ciento de los ejecutivos cree que el miedo frena los esfuerzos de innovación en sus organizaciones. Además, el 90 por ciento de las empresas no está haciendo nada al respecto. La investigación de McKinsey revela que la innovación corporativa se ve obstaculizada principalmente por tres tipos de miedo: a la crítica, a la incertidumbre y al impacto negativo en la carrera.

El miedo se suele entender como una emoción desagradable provocada por la percepción de un peligro, ya sea real o supuesto, presente, futuro o incluso pasado. Es una emoción primaria que deriva del temor natural a situaciones percibidas como un riesgo o una amenaza para nuestra integridad. El mecanismo que desencadena el miedo se encuentra en lo que se conoce como *cerebro reptiliano*, encargado de regular acciones esenciales para la supervivencia, como comer y respirar, y en el sistema límbico, que regula las emociones, la huida, la lucha, la evitación del dolor y, en general, todas las funciones de protección del individuo.

El miedo produce una serie de cambios fisiológicos en el organismo: aumenta la frecuencia cardiaca, la presión arterial, los niveles de glucosa en sangre y la actividad cerebral, y también mejora la coagulación sanguínea. Asimismo, todas las funciones no esenciales, como el sistema inmunitario o reproductivo, tienden a ralentizarse o incluso a inhibirse para que la sangre fluya hacia los órganos y músculos que participarán en acciones de supervivencia y protección del individuo. Las extremidades inferiores se preparan para la huida, mientras que los brazos están listos por si son necesarios para defendernos. El corazón bombea una mayor cantidad de sangre y a mayor velocidad para llevar nutrientes y oxigenar adecuadamente el organismo. También se producen modificaciones importantes en nuestros sentidos, como el agrandamiento de los ojos para mejorar la visión y la dilatación de las pupilas para facilitar la entrada de luz.

El miedo se convierte en un problema cuando nuestras creencias e interpretaciones lo exageran de manera disfuncional, llevando a que las consecuencias de sentirlo sean mucho más graves que si no lo experimentáramos. En otras palabras, en lugar de servirnos de ayuda, se vuelve dañino y poco adaptativo. Si esto ocurre, podríamos estar ante un trastorno mental o, al menos, una dificultad psicológica. Además, el miedo está estrechamente vinculado a la ansiedad, siendo el terror la forma más extrema de esta emoción.

Resulta crucial entender que el miedo en sí mismo no es negativo, sino que más bien lo es la forma en que lo interpretamos y manejamos cuando afecta a nuestra calidad de vida. Debemos recordar que el miedo no nos define, sino que ofrece una oportunidad para crecer y mejorar. Al confrontar nuestros miedos podemos descubrir nuevas fortalezas y habilidades que estaban ocultas dentro de nosotros. No debemos permitir que el miedo nos inmovilice, sino emplearlo como una motivación para superar obstáculos y alcanzar nuestras metas. De hecho, en muchos deportes, especialmente los extremos, se considera que el miedo no solo es positivo, sino necesario para permanecer alerta y motivado. En mi caso particular, el miedo, tal como lo he aprendido a gestionar, es lo que me ayuda a no cometer errores. Me mantiene completamente enfocado en la tarea que debo realizar y me obliga a confiar en mi entrenamiento y preparación.

Fobias

Las fobias específicas son un temor intenso hacia ciertos objetos o situaciones que representan poco o ningún riesgo, pero que generan una gran ansiedad, lo que lleva a evitar acercarse a ellos. A diferencia de la ansiedad temporal que puedes experimentar al dar una charla o durante un examen, estas fobias tienden a persistir durante un periodo prolongado. Es más, si no se recibe un tratamiento adecuado suelen acompañarte toda la vida. Además, pueden desencadenar respuestas físicas, mentales y emocionales muy intensas, afectando también al comportamiento en el ámbito laboral o escolar y en las interacciones sociales.

Una fobia específica, como indica su nombre, se refiere a un miedo particular hacia algo determinado. Algunos ejemplos son la claustrofobia (miedo a los espacios cerrados), la nictofobia (miedo a la oscuridad), la agorafobia (miedo a los espacios abiertos), la zoofobia (miedo a los animales en general), la cinofobia (miedo a los perros) o la aerofobia (miedo a viajar en avión).

El miedo en el alto rendimiento

La ansiedad que surge en situaciones que demandan un alto rendimiento, particularmente en campos como el deporte, la música o el mundo empresarial, es un fenómeno psicológico que se manifiesta a través de un incremento de la aprensión, el miedo o el nerviosismo, y se produce especialmente antes y durante actos, conferencias, conciertos o competiciones. Es una situación compleja, influenciada por una combinación de factores emocionales, fisiológicos y cognitivos.

Los individuos que sufren de ansiedad asociada al alto rendimiento suelen tener dificultades de concentración, lo que puede provocar inseguridades, pensamientos negativos y una disminución general de la confianza. La presión por sobresalir, junto con las expectativas de compañeros de equipo, superiores, accionistas, entrenadores y asistentes, puede amplificar esta ansiedad.

Causas y síntomas de la ansiedad en el alto rendimiento

Este tipo de ansiedad tiene múltiples orígenes, tanto internos como externos. Una de las causas principales es el temor al fracaso, que puede incluir la inquietud por no satisfacer tus propias expectativas, aunque también las de entrenadores, compañeros de equipo, colegas o espectadores. La participación en competiciones de alto riesgo y la presión para mantener un rendimiento óptimo constantemente pueden intensificar este temor. Además, factores externos como el juicio del público, la cobertura mediática o la relevancia de un acontecimiento específico pueden aumentar la ansiedad. Por otro lado, las inseguridades personales, el fracaso en actuaciones previas o una falta de estrategias de afrontamiento también pueden contribuir a que aparezca o se agrave este problema.

Identificar los síntomas de la ansiedad o el miedo es esencial para llevar a cabo una intervención efectiva. Los empresarios, artistas y deportistas que se enfrentan a esta situación pueden presentar una variedad de señales fisiológicas, cognitivas y emocionales que afectarán sin duda a su capacidad de rendimiento. Entre estos síntomas se incluyen los siguientes:

- nerviosismo
- inquietud
- *mariposas* en el estómago
- manos sudorosas
- sudoración en la frente y las axilas
- aumento de la frecuencia respiratoria
- frecuencia cardiaca acelerada
- escalofríos
- fatiga
- tensión muscular
- sentimiento de muerte inminente
- temblor
- debilidad

Entre los miedos más comunes con capacidad para frenar a las personas predominan el miedo al fracaso, el miedo a decepcionar a otros, el miedo a verse mal, el miedo al *bullying* y el *mobbing* o a perder el respeto de los demás, aunque también destacan miedos más primitivos como el de ser rechazado o marginado. A menudo, estos miedos no son racionales, sino viscerales en su esencia. A pesar de que generalmente actúan de manera subyacente, representan una fuerza activa que fomenta conductas que limitan la productividad del individuo y el alto rendimiento. Varios factores pueden influir en la aparición de la ansiedad en actividades que requieren un alto rendimiento. Algunas de estas causas son:

Ansiedad social

Se trata de un temor excesivo ante situaciones sociales o que requieren un alto rendimiento. El contexto más frecuente que da lugar a este miedo se produce al hablar en público. No obstante, otros tipos de presentaciones, como las musicales y deportivas, también pueden generar ansiedad social. En su forma más severa, puede diagnosticarse como TAS (trastorno de ansiedad social).

El temor, en estos casos, se manifiesta generalmente cuando las personas exageran las consecuencias de expresar sus ideas ante una audiencia; perciben esa exposición como una amenaza potencial a su credibilidad y su imagen, y creen que no van a lograr conectar con el público. Las percepciones negativas sobre la propia capacidad comunicativa (como pensar «No soy bueno hablando en público», «No soy un buen orador», «Resulto aburrido», etc.) pueden intensificar la ansiedad y agravar ese miedo.

Falta de experiencia

El atleta aficionado, el artista principiante o el empresario inexperto tienen una mayor tendencia a experimentar los efectos de la ansiedad en su rendimiento, especialmente bajo presión, en comparación con los profesionales consolidados. Esto resulta comprensible, debido a su menor experiencia para mantener un rendimiento óptimo en situaciones de estrés y a que los efectos del miedo pueden ser más severos.

Actuaciones individuales

Es más probable sufrir ansiedad si eres un artista solista, un emprendedor independiente o un deportista enfocado en disciplinas individuales. Es lógico que formar parte de un equipo, de una banda musical o de un grupo empresarial ayude a manejar parte de la presión que se experimenta al actuar en solitario.

Fracasos anteriores

Si has cometido errores anteriormente, esos fallos pueden tener un peso significativo en tu mente. Es posible que sientas la necesidad de *redimirte* teniendo un rendimiento superior del que mostraste en aquella ocasión.

Jugar fuera de casa

En el ámbito deportivo, jugar un partido en casa suele ofrecer más beneficios que hacerlo en el estadio del equipo rival. Los niveles de ansiedad suelen ser mayores cuando un equipo compite fuera de casa. De igual manera, en el entorno corporativo, es más ventajoso celebrar una reunión en tu propia empresa que desplazarte a las instalaciones de un cliente o competidor. Siempre que realicemos una actividad que pueda provocar ansiedad, miedo o estrés, es preferible llevarla a cabo en lugares donde nos sintamos cómodos, es decir, *jugando en casa*.

Padres helicópteros

En el ámbito deportivo, se denomina *padres helicópteros* a aquellos que están constantemente vigilando a sus hijos, controlando todas sus actividades e interfiriendo en sus entrenamientos. En muchos casos, esta supervisión excesiva puede generar una considerable ansiedad en los niños. En el mundo corporativo, el equivalente a estos padres helicópteros son los jefes o superiores que monitorizan continuamente a sus empleados, dirigiendo su trabajo y limitando su capacidad para ser creativos e independientes. De manera similar, esto suele ocurrir en las escuelas donde los profesores son muy autoritarios, ya que, en lugar de estimular el pensamiento crítico y la creatividad, sofocan a los estudiantes a causa de la gran ansiedad que generan.

El miedo escénico

Artistas como Lady Gaga, Mariah Carey, Roy Orbison, Barbra Streisand y Adele, entre muchos otros, se han enfrentado a este problema. Hugh Grant filmó *Tú la letra, yo la música* bajo los efectos del lorazepam. El miedo a hablar en público, conocido como *glosofobia*, es bastante común, ya que más del 25 por ciento de la población lo padece.

Llamamos *miedo escénico* a la ansiedad, temor o fobia persistente que puede experimentar una persona cuando debe actuar frente a una audiencia, ya sea real, como en el teatro, o imaginaria, como en las grabaciones cinematográficas. Por lo general, actuar ante un público desconocido genera mucha más ansiedad que hacerlo frente a personas conocidas, y, en algunas ocasiones, el individuo no siente realmente miedo, sino que le angustia no saber quién es su audiencia. Este miedo a menudo se presenta incluso antes de la propia actuación. Sus manifestaciones son variadas e incluyen sudoración en las manos, boca seca, temblores en piernas y manos, tartamudeo, taquicardia, tics nerviosos y mareos.

¿Cómo hacer frente a nuestros miedos?

Para evitar que el miedo te paralice, te anule y te afecte de manera negativa, lo primero que hay que hacer es reconocer que se trata de una emoción fundamental en el desarrollo humano. Si se gestiona adecuadamente, no solo puede dejar de ser algo negativo, sino que pasa a convertirse en una gran fuente de motivación. Para liberarnos del miedo o mitigar sus efectos perjudiciales, el primer paso que debemos dar es aceptarlo y entender que es precisamente ese miedo el que nos limita. Como dice mi amigo y entrenador, el paracaidista Ernesto Gainza: «El miedo es lo que nos impide conseguir grandes logros».

Intentar identificar las causas de nuestros miedos

En numerosas ocasiones, el miedo surge de situaciones totalmente irracionales. No obstante, en la mayoría de los casos es posible identificar su origen y encontrar una solución. Como paracaidista, hasta hace poco mis aterrizajes no eran tan suaves y efectivos como deberían, a pesar de contar con más de doscientos saltos de experiencia. Pedí ayuda a uno de mis entrenadores, quien se dio cuenta de que, aunque mi técnica de aterrizaje era impecable, la ejecutaba con cierta aprensión y falta de determinación. Después de una extensa conversación, comprendí que mis errores se debían al miedo generado por una traumática caída que sufrí en mis primeros días como paracaidista, concretamente en mi salto número nueve, en el que me lesioné la espalda. El temor al aterrizaje se había instaurado tras ese accidente y, de manera consciente o inconsciente, el miedo a una nueva caída me impedía realizar la maniobra con confianza y decisión.

Prepararse lo mejor posible

Con frecuencia tememos lo desconocido o lo que no dominamos totalmente. Por esta razón, una de las primeras recomendaciones que les ofrezco a los empresarios, deportistas o estudiantes con quienes colaboro es que se preparen hasta dominar su materia por completo. De esta manera les será más sencillo manejar los nervios y evitar que el miedo juegue en su contra cuando se enfrenten a un reto significativo. ¿Recuerdas los exámenes? Si no habíamos estudiado lo suficiente, nuestro nerviosismo era mayor.

Esta preparación debe abarcar tanto el aspecto físico como el mental, emocional y técnico. Para mi desafío más reciente, que consistió en saltar en paracaídas desde más de 7.000 metros, dediqué dos meses a prepararme en todos estos aspectos. En el ámbito físico, conté con la ayuda de mi hijo, que es entrenador personal; también realicé más saltos en paracaídas de los que suelo hacer normalmente, estudié a fondo la técnica necesaria para llevar a cabo ese salto y busqué el apoyo emocional y espiritual de mi familia y de quienes me rodean.

Ensayar, ensayar y ensayar

Un aspecto relevante que podemos aprender de los deportistas de élite y de los artistas más destacados es que entrenan o ensayan hasta el agotamiento. Así pues, una vez que asimilamos el principio de que debemos prepararnos de la mejor manera posible, hay que intentar llevarlo a la práctica, es decir, entrenar o ensayar sin descanso. Lo mismo ocurre en el ámbito empresarial antes de una presentación o una conferencia o con los estudiantes, que también deberían practicar realizando simulacros de exámenes. Prepararse adecuadamente y ensayar repetidamente permite desarrollar la memoria muscular y nos lleva a actuar de manera automática, lo que resulta más eficiente en términos de ahorro de energía y permite una mejor gestión de los nervios, el estrés y el miedo.

Visualizar

Los atletas utilizan el poder de la visualización positiva al ensayar mentalmente las jugadas que los llevarán al éxito, practicando ejercicios bien realizados o maniobras que forman parte de una rutina impecable. En el tenis, el momento más habitual para visualizar una jugada es cuando se está botando la pelota antes de servir. Todos los grandes jugadores imaginan hacia dónde dirigirán el saque y el desarrollo de la jugada como si estuvieran proyectando una película en su mente. Esta técnica aumenta la confianza y prepara la mente para alcanzar el éxito, disminuyendo el efecto del miedo y la ansiedad. La visualización establece un mapa mental para el triunfo, fortaleciendo la mentalidad positiva antes de momentos estresantes como un torneo, un examen o una conferencia.

Autoconversación positiva

La autoconversación positiva son los diálogos de motivación que mantenemos con nosotros mismos, ya sea en voz alta o en silencio. Esta práctica puede contribuir a disminuir los pensamientos negativos. Al dirigir nuestra atención hacia pensamientos constructivos y optimistas podemos motivarnos, inspirarnos y animarnos al mismo tiempo. Hablar positivamente con uno mismo puede potenciar la confianza personal, al ofrecernos mensajes de apoyo y fomentar la creencia en nuestras propias capacidades.

No centrarse en el resultado

En los días que preceden a cualquier acontecimiento significativo de nuestras vidas, seamos deportistas, artistas, empresarios, estudiantes o, simplemente, personas que se hallan ante una boda, una primera comunión, etc., la razón más frecuente para sentir miedo es el temor al fracaso. Por ello, una recomendación que ha resultado bastante valiosa para las personas con las que he trabajado es evitar centrarse en la noción de éxito o fracaso y, en su lugar, enfocarse en el proceso. Ser conscientes de que hemos hecho todo lo posible, con el máximo esfuerzo y dedicación, es el enfoque que deberíamos adoptar, más que preocuparnos por *ganar o perder*.

Técnicas de relajación

Utilizar técnicas como la respiración profunda, el yoga, la meditación y la relajación muscular progresiva puede ser beneficioso para empresarios, estudiantes y atletas, pues ayuda a manejar la ansiedad y fomenta un estado mental tranquilo y concentrado. Estas técnicas promueven una mayor autoconciencia, lo que facilita que nos enfrentemos a situaciones de miedo y estrés de una manera más efectiva.

La respiración

Como habrás notado, el método SMILE otorga una gran relevancia a la respiración. A mi juicio, las técnicas de respiración son una de las estrategias más efectivas y rápidas para manejar situaciones críticas o de crisis, en las que podemos sentir un intenso miedo, ansiedad o estrés.

Establecer metas

Proponerse objetivos que sean realistas y alcanzables, así como ver los desafíos como oportunidades para el crecimiento, puede transformar la mentalidad de una persona. Este enfoque proactivo fortalece la confianza y disminuye el temor al fracaso. Fijarse metas genera un sentido de logro, lo que ayuda a desarrollar una perspectiva más positiva y aleja el miedo, ya que nuestra atención estará centrada en alcanzar los objetivos propuestos.

Rituales o rutinas precompetitivas

Los rituales, también conocidos como *rutinas precompetitivas*, son asimismo básicos dentro del método SMILE. Se llevan a cabo antes de una competición, una presentación o conferencia o, en el mundo de los conciertos, el llamado *soundcheck* o prueba de sonido suele ser un ritual muy arraigado. Cada individuo desarrolla sus propios rituales, que deben estar alineados con su personalidad, valores, objetivos e incluso temores. Estos pueden abarcar desde técnicas de relajación y visualización, sesiones de yoga o ensayos hasta aspectos relacionados con la alimentación, entre otros.

Medicación

El propanolol, un tratamiento que no está oficialmente aprobado para este uso, se prescribe ocasionalmente para tratar la ansiedad de rendimiento. Como betabloqueante, el propanolol evita que la adrenalina liberada por la respuesta corporal de lucha o huida se adhiera al corazón, los pulmones y otras partes del cuerpo. Esto reduce o elimina los síntomas físicos de la ansiedad y el miedo, como el aumento de la frecuencia cardiaca (taquicardia), la respiración rápida (hiperventilación), la sequedad de boca, los temblores, la voz temblorosa y la sudoración. Este medicamento no es eficaz, en cambio, para los síntomas mentales de la ansiedad, incluida la sensación emocional de nerviosismo, ya que no altera la neuroquímica del cerebro, como sí hacen los antidepresivos.

¿QUÉ PUEDO HACER EL DÍA DE UNA PRUEBA IMPORTANTE?

Para empezar, vuelvo a recalcar que lo más importante es lo que hayamos hecho durante los días, semanas o meses previos para prepararnos adecuadamente, pues no hay nada más estresante y que genere más ansiedad que saber que llegamos a una prueba importante sin haber hecho nuestros deberes de manera apropiada. Ahora bien, además de la preparación previa, es imprescindible seguir las siguientes diez recomendaciones para asegurarse de que los nervios y la ansiedad no nos juegan una mala pasada. No obstante, debemos partir de una premisa muy importante: aceptar que el miedo y el estrés, bien controlados, no solo no son malos, sino que nos ayudarán a salir con seguridad de nuestra zona de confort.

1. Rituales

Crea tus propios rituales y, si aún no tienes ninguno, invéntalos; no los ignores en los momentos de mayor miedo; al contrario, intensifícalos.

2. Revisa los aspectos que pueden fallar

Si eres consciente del origen de tus miedos y conoces tus debilidades será mucho más sencillo encontrar una solución.

3. Conoce a tu audiencia y el lugar

Si vas a dar una conferencia o una presentación, a participar en un torneo, a presentarte a un examen o a asistir a un acto social, es fundamental que conozcas el lugar donde se llevará a cabo y la audiencia ante la que tendrás que hablar.

4. Aíslate o rodéate de la gente adecuada

Antes de un evento importante, es aconsejable aislarse o estar acompañado de personas en las que confíes, que te ayuden a sentirte tranquilo y eviten conversaciones o pensamientos negativos.

5. Activa tu cuerpo, libera endorfinas y BNDF

Habrás notado que Rafael Nadal, antes de entrar a un partido, realiza algunos ejercicios de activación, como saltos o pequeñas carreras. Después de una rutina de estiramientos y movilidad, hacer un poco de ejercicio aeróbico, idealmente combinado con entrenamiento de alta intensidad (HIIT), te ayudará a liberar endorfinas, BDNF y otros factores que contribuyen a relajarte y a combatir el miedo y la ansiedad.

6. Escucha música

La música no solo libera endorfinas, sino que también puede ayudar a que te aísles y te relajes o, por el contrario, darte energía si es lo que necesitas en ese momento.

7. Repasa mentalmente, visualiza

Reflexiona sobre la actividad que vas a llevar a cabo y visualiza tus acciones, pero siempre manteniendo una actitud positiva.

8. Autoconversación positiva

Habla contigo mismo acerca de tus metas y de las estrategias que puedes adoptar para lograrlas o, simplemente, inspírate manteniendo un diálogo, de viva voz o interior, que sea positivo y motivador.

9. Hidratación y alimentación

Ten presente que tanto tu cerebro como tu cuerpo necesitan los nutrientes correctos para funcionar al máximo. Crea hábitos alimentarios que se adapten a tu personalidad y necesidades, y no olvides mantenerte adecuadamente hidratado en todo momento.

10. Respiración o técnicas de relajación

Emplea técnicas de relajación con las que te sientas cómodo y no olvides prestar atención a la respiración, especialmente en situaciones de crisis, ya que puede ser de gran ayuda cuando sientas que el miedo o la ansiedad te superan y estás perdiendo la capacidad de autocontrol.

SALTO HALO: PARACAIDISMO Y MIEDO LLEVADOS AL EXTREMO

Para poner en práctica muchas de las estrategias y recomendaciones del método SMILE, decidí realizar un salto en paracaídas que se denomina HALO (High Altitude Low Opening), considerado el más arriesgado de este deporte. Tiene un origen militar, ya que fue diseñado para infiltrarse en las líneas enemigas, pues al saltar desde más de 7.000 metros y abrir el paracaídas a menos de 1.200 metros del suelo, los radares enemigos no podían detectar al paracaidista. En la actualidad, paracaidistas aficionados como yo también realizan este salto, aunque no se puede llevar a cabo en todos los países y requiere una preparación muy especial, como veremos.

Como ya he mencionado, el primer paso para impedir que el miedo nos paralice y afecte al desarrollo de nuestra actividad es aceptarlo. Desde que comencé a contemplar la posibilidad de realizar un salto HALO era consciente de que experimentar nerviosismo y cierto grado de temor era inevitable dada la naturaleza de los riesgos que asumía.

Durante un salto HALO, los paracaidistas debemos utilizar equipo de oxígeno para prevenir la hipoxia, ya que a esas altitudes la atmósfera tiene un contenido de oxígeno muy bajo. Además, nos movemos en temperaturas que pueden oscilar entre los treinta y los cuarenta grados bajo cero. Asimismo, al salir del avión el aire es mucho menos denso, lo que hace que se alcancen velocidades en caída libre cercanas a los 400 km/h. Por último, hay factores como la limitada visibilidad causada por el casco, las gafas de esquí y la máscara de oxígeno que dificultan la comunicación, mientras que el traje que hay que llevar para protegerse de la hipotermia puede generar problemas de movilidad.

El segundo paso consistió en prepararme de manera consciente, considerando tanto los factores a mi favor como los que podían jugar en mi contra. Entre los aspectos que me favorecían se hallaban mi buena condición física, mi amplia experiencia en situaciones complicadas y en la práctica de deportes extremos, mi fortaleza mental, mi disposición al trabajo y el sacrificio y la gran disciplina que logro imponerme cuando me enfrento a un desafío de tal magnitud. Estos elementos serían fundamentales para asegurar el éxito de mi salto, junto con mi experiencia en el manejo del equipo de oxígeno y en el buceo bajo el hielo con trajes diseñados para combatir el frío extremo, condiciones que podría encontrarme durante el salto.

Los aspectos en mi contra que debía considerar y tratar de superar o compensar eran, sobre todo, mis sesenta y dos años de edad. Aunque mi estado físico es muy bueno para mi edad, tengo una mayor propensión a las lesiones que una persona más joven. Además, aunque haya realizado doscientos cincuenta saltos, mi experiencia no es especialmente amplia en el ámbito del paracaidismo. Teniendo en cuenta estos factores, decidí diseñar una rutina de entrenamiento detallada. Como primer paso, contacté con HALO2 Skydiving, la empresa organizadora, y su fundador, Paul-Henry de Baère, conocido como P. H., para conocer todos los detalles técnicos y logísticos.

Este programa de preparación incluía tres partes esenciales: en primer lugar, debía entrenarme físicamente para afrontar el desafío con las mayores garantías posibles. Para ello conté con la ayuda de mi hijo Christian, que en 2024 se ha graduado como entrenador personal y nutricionista deportivo. Su apoyo y compañía también me brindaron el respaldo emocional y espiritual que necesitaba. Por último, debía mejorar cuanto fuera posible mis habilidades como paracaidista, por lo que visité con mayor frecuencia Skydive Spain, el lugar donde suelo entrenar, ubicado en Sevilla. Por último, me documenté todo lo que pude sobre este tipo de saltos.

Durante casi dos meses, llevé a cabo una meticulosa preparación, y el 13 de agosto Christian y yo volamos desde Málaga a Billund, Dinamarca. Nos acompañaban Sergio, nuestro cámara, y mi buen amigo José Arrieta, quienes nos ayudaron con todos los preparativos. A medida que se había ido acercando la fecha de nuestro viaje, había notado que la ansiedad y los nervios entre mis familiares, mi mujer y algunos amigos aumentaban, a pesar de que yo mantenía el control. No había previsto este factor, pero es cierto que cuando tus colaboradores están más nerviosos que tú, eso puede contagiarte. Por ello decidí viajar únicamente con mi hijo y con colaboradores que no eran familiares. Esta es una de las lecciones que aprendí durante este desafío: es importante rodearte de personas que te inspiren, que te ayuden a distraerte y relajarte, pero que no te transmitan su nerviosismo o ansiedad.

El 14 de agosto amaneció con lluvia y una intensa actividad eléctrica en el cielo, lo que me hizo pensar que no llevaríamos a cabo ningún salto de reconocimiento ni, mucho menos, saltos HALO. En cualquier caso, seguí con mis rutinas. Cuando viajo suelo despertarme muy temprano para darme una ducha caliente y salir a caminar solo, y esta no fue una excepción. Durante aproximadamente media hora, caminé por las calles de Herning, reflexionando sobre lo que estaba a punto de vivir y tratando de visualizar a lo que me enfrentaría. Al terminar mi paseo, me encontré con mi hijo en el vestíbulo del hotel para ir al gimnasio, donde hicimos una rutina de movilidad y estiramientos que duró unos treinta minutos. Luego nos unimos a Sergio y José para desayunar. Todo esto forma parte de los rituales que sigo cuando me enfrento a un desafío de este tipo.

Nada más terminar de desayunar, nos dirigimos a Dropzone Denmark, donde me encontré con los organizadores y otros paracaidistas. Realizamos sesiones teóricas para aprender a usar el equipo de oxígeno, conocer los riesgos a los que nos enfrentaríamos y familiarizarnos con el equipo, el traje y los protocolos de seguridad. La previsión meteorológica indicaba que después del mediodía quizá podríamos saltar, lo cual era muy importante, ya que, al ser mi primera vez en este centro de paracaidismo, era recomendable hacer al menos un par de saltos de reconocimiento para familiarizarnos con la zona donde debíamos aterrizar.

Efectivamente, la previsión meteorológica acertó de pleno, ya que alrededor de las dos de la tarde dejó de llover y las nubes estaban muy altas, por lo que no interferirían. Inmediatamente nos equipamos y subimos al avión para realizar nuestros saltos de reconocimiento, a solo 4.500 metros. Cuando salimos del avión había bastante viento, que continuaba soplando al comenzar el patrón de aterrizaje. Esto hizo que quienes íbamos en ese grupo aterrizáramos bastante lejos de las instalaciones, aunque, eso sí, dentro de la zona. En el segundo salto tuvimos en cuenta ese factor y aterrizamos mucho más cerca, lo que aumentó nuestra confianza.

Nada más aterrizar, me encontré con P. H., de HALO2,

y su mujer, Nadia, los organizadores de este desafío, quienes me propusieron realizar mi salto desde más de 7.000 metros en el siguiente vuelo disponible: «Pancho, estás perfectamente preparado, te vemos mentalmente muy centrado, y así no te arriesgas a que mañana no puedas saltar si el mal tiempo continúa». Su propuesta me tomó por sorpresa, porque estaba convencido de que el salto HALO sería al día siguiente. Le pedí unos minutos para reflexionar, pero también para hablar con mi hijo y el resto de mis acompañantes. Al consultar con Christian, su respuesta fue tajante: «*Daddy*, estás más que preparado». José añadió: «Lo más seguro es que esta noche no duermas nada y mañana estarás más cansado».

Con la decisión tomada, y antes de comenzar a equiparme, Christian me ayudó a realizar una pequeña rutina de movilidad y estiramientos mientras me hidrataba. Luego me puse una especie de pijama ajustado hecho de lana merina que ya había utilizado durante mis inmersiones bajo el hielo en Dinamarca para protegerme del frío. Sin embargo, como estábamos en verano, P. H. me sugirió que no me pusiera nada más: solo el traje de vuelo, los guantes adecuados para esa temperatura y un pañuelo al cuello. Después de comprobar mi altímetro audible dentro del casco y el digital en mi brazo izquierdo, Nadia, de HALO2, me ayudó a colocarme el equipo de oxígeno y a asegurarme de que la máscara para respirar se adaptara bien a mi cara, al igual que el casco y las gafas de esquí, para finalmente colocarme el paracaídas.

Antes de subir al avión, el equipo de HALO2 realiza numerosas comprobaciones para asegurarse de que todo está funcionando a la perfección, ya que el más mínimo fallo en el suministro de oxígeno podría tener consecuencias fatales. Me aparté a un lugar un poco más aislado de la zona de embarque para hacer mis ejercicios de respiración, relajarme y visualizar el salto. Me acompañó Christian, quien no dejaba de mirarme de reojo. No sé si era porque parecía un piloto de un caza de película norteamericana o porque quería saber qué pasaba por mi cabeza, pero recuerdo que en un momento determinado me preguntó si tenía miedo. A lo que yo le respondí que no lo tenía, pero sí mucho respeto por lo que iba a hacer, y que los nervios que sentía me mantenían alerta y muy motivado.

Llegó la hora de embarcar, y tanto Sergio como José se acercaron a mí para desearme buena suerte. Christian y yo nos fundimos en un gran abrazo, y le dije: «Va a ser increíble, Champi. Nos vemos en el aterrizaje». Di media vuelta y me dirigí hacia donde estaban el resto de los paracaidistas para realizar una última verificación antes de embarcar. Mientras caminaba hacia el avión seguía practicando mis ejercicios de respiración y trataba de mantener la mente en blanco, aunque me acordaba mucho de Melissa, mi esposa, y de mi hija, Andreah, que estaban siguiendo este desafío en directo por Instagram. Después de las últimas comprobaciones, subí al avión el primero, ya que, por el tamaño de mi paracaídas y el tipo de salto que iba a realizar, sería de los últimos en saltar.

Como fui el primero en subir al avión, tuve que esperar a que el resto del contingente estuviera a bordo y nos revisaran nuevamente a cada uno antes de emprender el vuelo. La espera se hizo algo incómoda, ya que pasaron casi veinte o treinta minutos. Lo peor era que, en tierra, había una temperatura de unos 20 grados, pero con el equipo que llevaba puesto tenía muchísimo calor, y, además, hasta que no conectan el oxígeno cuesta un poco respirar con la máscara. Aproveché para hacer ejercicios de respiración y visualizar el salto; así distraía mi mente de la espera y del calor, evitando que se fuera hacia pensamientos oscuros que podrían haberme puesto excesivamente nervioso.

Por fin emprendimos el vuelo, que nos tomó unos treinta minutos hasta alcanzar la altura prevista, unos 7.600 metros. Los aviones de paracaidismo son probablemente los más incómodos, ya que vamos como sardinas en lata. Por suerte, como yo era el último en saltar, me senté junto al piloto, que suele ser el único asiento medianamente confortable. Seguí realizando mis ejercicios de respiración mientras contemplaba por la ventana el paisaje verde del norte de Dinamarca, y luego, al atravesar una gruesa capa de nubes que cubría todo el cielo, una extensión que me recordó a las vastas superficies nevadas de Groenlandia. A medida que subíamos, intentaba mantener mi mente centrada, pero no podía evitar pensar en la gran suerte que tenía por la hazaña que iba a realizar. También me acordaba mucho de Melissa, Andreah y Christian, quienes, aunque estaban siguiendo el salto por Instagram en ese momento, no sabían dónde me encontraba porque yo no tenía conexión a internet. Me imaginé que estarían todos bastante nerviosos.

Al llegar a los 3.000 metros de altura, por fin conectaron el oxígeno, y la respiración con la máscara se hizo mucho más fácil. Cuando faltaban aproximadamente cuatro minutos para llegar a los 7.600 metros, P. H. y sus colaboradores realizaron una última comprobación de nuestro equipo de oxígeno y también se aseguraron de que nadie estuviese sufriendo signos de hipoxia mediante un test muy sencillo: si él te enseñaba tres dedos, debías mostrarle uno más, o sea, cuatro. Esto era un indicio de que seguías razonando adecuadamente y no sufrías una falta de oxígeno en tu cerebro. Solo uno de los paracaidistas se quejó de un leve dolor de cabeza, que se solucionó rápidamente al aumentar el flujo de oxígeno que entraba en su máscara. Finalmente, llegó la hora de saltar. Mis compañeros de vuelo comenzaron a salir según los turnos asignados, y yo fui el último en lanzarme antes de los instructores.

Decidí hacer este salto yo solo y desde mi posición favorita, que es colocándome con el cuerpo por fuera del avión. En cuanto me sentí preparado, me dejé caer al vacío. Los organizadores nos habían advertido que el aire a tanta altura es muy poco denso, lo cual propicia que uno se desestabilice, y también nos avisaron de que alcanzaríamos velocidades superiores a los 300 kilómetros por hora. Mi salida del avión no podría haber sido más ideal, ya que inmediatamente me estabilicé, así que me centré en disfrutar al máximo de la caída libre y de la increíble vista de nuestro planeta desde semejante altura. A medida que iba cayendo, solo veía un mar de nubes que, como mencioné antes, me recordaban a las interminables superficies de hielo de Groenlandia, pero con un sol totalmente anaranjado que creaba la sensación de estar en otro planeta.

Mientras contemplaba semejante paisaje, experimenté una sensación increíble y sumamente placentera. Por una parte, sentía que estaba logrando algo que muy pocas personas son capaces de hacer, pero al mismo tiempo pensaba en lo maravilloso que es nuestro planeta y deseaba que Melissa y mis hijos pudieran estar viendo lo mismo que yo. En ningún momento sentí miedo ni ansiedad; al contrario, estaba relajado y totalmente centrado en lo que hacía. Cuando estás a tanta altura es muy difícil apreciar la velocidad a la que caes, ya que no tenemos ningún punto de referencia cercano. No obstante, al atravesar la capa de nubes, que estaba aproximadamente a unos tres mil metros de altura, pude darme cuenta de la rapidez a la que descendía. Al salir de la capa de nubes me quedé maravillado con el paisaje de la campiña danesa.

Mi caída libre duró poco más de dos minutos porque decidí abrir mi paracaídas un poco más alto de lo normal.

De esta forma, si estaba lejos del aeropuerto, me daría tiempo para volar y acercarme al máximo a la zona de aterrizaje prevista. Generalmente, abro mi paracaídas a unos 1.300 metros de altura, pero esta vez lo hice a unos 1.700 o 1.800 metros. Ese fue el momento en el que liberé toda la adrenalina que quizá había acumulado desde que comenzó esta aventura, y grité tan alto que quedó grabado en la cámara que llevaba en la mano. No solo había realizado la primera parte del salto con éxito, sino que había sorteado uno de los miedos que tenía: sufrir una apertura dura del paracaídas, ya que en mi salto doscientos, por un fallo en el plegado, se había abierto con tanta violencia que me fracturé una costilla. Esta vez la apertura del paracaídas había sido absolutamente perfecta.

No te puedes imaginar la sensación de alivio y paz que experimenté después de abrir el paracaídas y dar semejantes gritos. Me dediqué a volar hacia la zona de aterrizaje disfrutando del paisaje, aunque sin ser todavía consciente de la hazaña que había conseguido. Había consumado las partes más importantes del salto, pero todavía quedaba el aterrizaje, que es donde suelen ocurrir la mayoría de las desgracias. Entré en el patrón de aterrizaje tal y como mandan las reglas y lo realicé a la perfección, aterrizando suavemente, lo cual me dio una nueva inyección de adrenalina y euforia. Pero lo único que se me pasaba por la cabeza era abrazar a mi hijo y compartir con él ese momento tan mágico. De repente, apareció Christian, que venía corriendo, y nos dimos un gran abrazo. Me separé de él, le miré fijamente y grité: «¡Lo hemos conseguido! Joder, ¡sí lo hemos conseguido!», y luego abracé a mi querido amigo José Arrieta y a los demás miembros del equipo de HALO2.

¿QUÉ PUEDO APRENDER DEL MÉTODO SMILE CON ESTA HISTORIA?

- Este salto HALO es el ejemplo perfecto de cuándo y cómo podemos aplicar el método SMILE. Como hemos mencionado anteriormente, este método tiene como objetivo ayudarte a que te superes a ti mismo para enfrentarte a retos y salir airoso. No es un método concebido para solucionar problemas que puedan considerarse enfermedades, ya que esa es la función de médicos especialistas.
- Durante la fase de preparación y ejecución de este reto intenté poner en práctica todos los puntos que se detallan en este capítulo para la gestión del miedo y de situaciones difíciles.
- Diseñé un plan de entrenamiento físico, mental y técnico que seguí minuciosamente.
- También me autoimpuse una serie de rituales que mi equipo y yo seguimos a rajatabla.
- Seguí un plan riguroso de alimentación e hidratación.
- Llegamos a la ciudad donde tendría lugar mi reto con suficiente antelación para conocer bien la zona de paracaidismo, al personal y para realizar mi entrenamiento previo. Asimismo, estudiamos los aspectos que podían fallar, anticipando posibles soluciones o medidas de emergencia.
- Utilicé las técnicas de visualización y respiración que promovemos en el método SMILE con muy buenos resultados.
- Puse en práctica diferentes actividades para liberar endorfinas, como hacer ejercicio el día anterior al salto y ese mismo día por la mañana, disfrutando de la comi-

da durante los desayunos y cenas, además de echarnos unas risas con todo el equipo.

- Mi equipo y yo mantuvimos en todo momento un clima de total positividad y nos aseguramos de disfrutar del reto.
- Viajé acompañado de mi hijo y de uno de mis mejores amigos, quienes me brindaron el apoyo emocional y espiritual que necesitaba.

14

UNA HISTORIA PARA INSPIRARTE

De proscrito internacional a trabajar con el presidente Obama

En 2018, había asumido el compromiso de organizar nuevamente el Congreso Mundial de Cambio Climático y Vino. Las anteriores ediciones se habían celebrado en Marbella y Barcelona, y conseguimos atraer a destacados científicos, reconocidas figuras del sector vitivinícola a nivel internacional y a distinguidas personalidades como el exvicepresidente de Estados Unidos, Al Gore, y el secretario general de las Naciones Unidas, Kofi Annan. Sin embargo, para esta edición mi intención era trasladar el evento fuera de España, optando por un país de la Unión Europea.

Vi clara la oportunidad cuando en uno de mis viajes coincidí con Adrian Bridge, que me invitó a cenar y me comentó que por qué no celebrar el próximo Congreso Mundial de Cambio Climático y Vino en Oporto. Portugal es un país en el que he tenido la fortuna de trabajar organizando eventos y cursos a lo largo de quince maravillosos años. Los portugueses son personas encantadoras y formales, y Adrian venía de una empresa con más de trescientos años de historia en el sector del vino. Posee una de las bodegas más prestigiosas del mundo, entre otros negocios que rodean este campo, como el complejo turístico The World of Wine (WOW). WOW es un innovador centro cultural dedicado al vino que incluye diversos museos temáticos, una escuela de vino, varios restaurantes y experiencias que sumergen a los visitantes en el fascinante mundo vitivinícola. Como te puedes imaginar, esta propuesta encajaba perfectamente con mis planes, y, con el respaldo de una empresa tan prestigiosa, las perspectivas de éxito estaban garantizadas. Parecía que el viento volvía a soplar a mi favor.

Durante varias semanas intercambiamos correos y llamadas compartiendo información sobre la planificación del congreso, posibles ponentes, patrocinadores, aspectos financieros y otros detalles, hasta que finalmente acordamos colaborar. Durante el proceso, Adrian expresó su interés en que nos reuniéramos con el alcalde de Oporto para obtener su respaldo institucional y financiero, así que viajé a Oporto y, una semana más tarde, mantuve un encuentro de trabajo con el alcalde de la ciudad, Rui Moreira, Adrian Bridge, el presidente del Instituto de la Viña y el Vino de Portugal, mi amigo Frederico Falcão y el presidente de la Cámara de Comercio de Oporto, Nuno Botelho. Tras la reunión, que se celebró en uno de los salones privados de Taylor's, la empresa de Adrian, disfrutamos de un almuerzo bastante sofisticado con una selección de grandes vinos, y poco a poco me fui dando cuenta de que todos los presentes estaban decididos a llevar a cabo el congreso, aunque a una escala muy superior de la que yo tenía en mente.

El alcalde Moreira me solicitó una explicación detallada sobre la naturaleza del congreso, abordando aspectos como su estructura, duración, temas que se iban a tratar y posibles ponentes. A medida que la conversación transcurría naturalmente, empezó a mostrar un notable interés por el conferenciante principal. Pusimos sobre la mesa diversos nombres relevantes de la política, el compromiso con el medio ambiente, la música y el cine. Mientras tanto, disfrutamos de los excelentes vinos seleccionados por

Adrian, que complementaban de forma perfecta el menú que nos servían.

En un momento dado, el alcalde dirigió su mirada hacia mí y planteó la posibilidad de traer al presidente Barack Obama. Si bien el nombre de Obama rondaba ya mi cabeza, lo veía como una meta considerablemente ambiciosa. Sin embargo, debido a mi experiencia previa en el trato con oradores destacados y a mi sólida relación con la agencia que representa al presidente Obama en este tipo de ocasiones, no lo dudé: «Alcalde, si recibimos su respaldo institucional y, especialmente, financiero, me comprometo a asegurar la participación del presidente Obama».

Una vez concluido ese almuerzo tan productivo, de los más interesantes de mi vida, Adrian me preguntó si estaba seguro de poder lograr la participación de Obama. Me quedé pensativo un momento, y respondí que mientras tuviésemos la financiación necesaria las posibilidades de conseguirlo eran muy altas. Como he dicho, por aquel entonces tenía muy buena relación con la agencia que representa a Barack y a Michele Obama, aunque añadí que, no obstante, el reto resultaba importante por varios factores clave. Uno de ellos era que los protocolos de seguridad de estas figuras públicas son muy estrictos, por lo que solo se puede confirmar su participación en un acto poco tiempo antes. Además, este tipo de personalidades imponían muchas restricciones a la hora de promocionar el evento y en el pago por su participación, por no hablar de los gastos de traslado y seguridad, que podían ser exorbitantes. Aun así, me comprometí a conseguirlo.

Con semejante encargo emprendí mi regreso a Marbella, y ya en el aeropuerto comencé a redactar un correo electrónico dirigido a la persona encargada de gestionar las apariciones de Obama en actos como el nuestro. El primer anzuelo estaba echado. O no... Al llegar a casa, opté por no enviar el correo electrónico de inmediato. Decidí tomarme el tiempo necesario para reflexionar sobre su contenido y nuestra propuesta, y para discutir algunos aspectos con mi mujer, Melissa, y mi hermana Paulina, quien ha sido una de mis colaboradoras de confianza en la organización de eventos y en el manejo de las finanzas.

No me preocupaba tanto la carga de trabajo, la escala del evento o su potencial éxito de ventas, ya que me había enfrentado a desafíos mayores, como organizar el concierto de Pink Floyd en Dubái o el Pro Beach Soccer Tour, que incluyó dos actuaciones con Sting. Mi inquietud se centraba en el asunto de Interpol y Dubái, que podría salir a la luz en el momento en que el Servicio Secreto norteamericano, encargado de la seguridad del expresidente, llevara a cabo los controles de seguridad de quienes tendríamos contacto con Obama. Lo discutí con Melissa y con el resto del equipo, la mayoría de los cuales son como familia para mí, y decidí proceder una vez obtenida la aprobación de nuestros socios y de las autoridades portuguesas. En el peor de los casos, quizá no podría coincidir en el mismo lugar con el presidente Obama y conocerlo en persona, pero sí podría lograr que el evento se celebrara con éxito.

Fue entonces cuando envié a sus representantes un correo electrónico que contenía nuestra propuesta, incluida la solicitud para que el expresidente Barack Obama fuera el orador principal en la conferencia sobre cambio climático que estábamos planeando realizar en la ciudad de Oporto durante el primer semestre de 2018. La respuesta inicial fue positiva, y nos proporcionaron un detallado formulario con numerosas preguntas sobre varios aspectos, que incluían los organizadores, el perfil de la audiencia, las instalaciones, la financiación y otros detalles. Yo llevaba colaborando con esta agencia más de diez años, así que sabía que el simple hecho de recibir el formulario indicaba una posible viabilidad, de lo contrario habrían rechazado directamente la propuesta.

Después reinó el silencio. La ausencia de noticias de la oficina de Obama causó inquietud entre mis socios portugueses. Menos mal que, por otro lado, ya habíamos garantizado la presencia del profesor Mohan Munasinghe, laureado con el Premio Nobel de la Paz en 2007, y de mi amiga Irina Bokova, quien fuera directora general de la Unesco. Acordamos que en esta ocasión el congreso no se enfocaría en el sector vinícola como en las ediciones anteriores, sino que adoptaría una perspectiva más holística y contaría solo con dos o tres ponentes, además de la presencia de un distinguido líder internacional.

Hasta que llegó el 28 de diciembre, día de los Inocentes en los países de habla hispana. Un día que no olvidaré jamás. Tenía, precisamente, una cita para almorzar con mi abogado y revisar las acciones realizadas hasta el momento respecto a mi notificación roja de Interpol. Durante cuatro años, que se dice pronto, habíamos intentado todo lo que estaba en nuestras manos para resolver el entuerto y no había habido manera humana de salir del atolladero. Desde que Rodrigo Blanco había asumido el caso, había visto en sus ojos mucha frustración cada vez que hacía alguna gestión y no veíamos ningún avance. Confiaba en él plenamente, pero esta carrera de fondo se nos hacía a los dos cada vez más cuesta arriba. Parecía que, por mucho que subiéramos, nunca tocaríamos la cima.

Aquel día le mandé un mensaje por WhatsApp a las once y media de la mañana. Era jueves y quería confirmar nuestra cita. En vez de responder a mi mensaje, que era su costumbre, me llamó de inmediato, notablemente alterado y nervioso. Yo me había sobresaltado porque no esperaba la llamada entrante y estaba en medio de una gestión, así que me pilló a contrapié. Fue entonces cuando escuché como Rodrigo, al otro lado de la línea, decía: «Pancho, te la han quitado». No entendí nada, así que le respondí: «Rodrigo, no sé a qué te refieres, pero, por favor, dime si vamos a almorzar juntos o no». Antes de que pudiera terminar me interrumpió, con un grito emocionado, exclamando: «¡Pancho, te han retirado la notificación roja de Interpol, eres libre!». No me lo podía creer. Miré el reloj como en un acto reflejo y vi la fecha; creí entenderlo todo, así que le dije que me parecía de muy mal gusto si se trataba de una broma del día de los Inocentes, que suficiente tenía yo con sufrir un pico de cortisol cada vez que abría el buzón para mirar la correspondencia como para encima tener que aguantar sus bromitas. Rodrigo respondió: «Nunca haría una broma con algo así. Acabo de hablar con la oficina de Interpol en España, son ellos quienes me lo han confirmado».

Permanecí en silencio durante un tiempo sin saber qué hacer. Salí de mi oficina en The American College in Spain, una institución educativa dirigida por mi mujer. De repente, un grito brotó de lo más profundo de mi ser, causando conmoción entre los alumnos, el personal y, por supuesto, Melissa, quien acudió de inmediato para averiguar qué sucedía. Le pedí que me acompañara al patio, donde le revelé la impactante noticia que Rodrigo acababa de comunicarme.

En ese momento nos abrazamos, y rompí a llorar mientras revivía en mi mente los difíciles momentos que habíamos atravesado juntos durante la última década. La huida de Dubái, la notificación roja de Interpol, el acoso de la prensa, la separación de mi familia sin saber si acabaría en una cárcel, los miedos, la angustia y la soledad que produce esa incertidumbre extrema de no saber qué va a pasar con tu vida en el siguiente minuto. Mientras en mi cabeza se repetían un momento tras otro, Melissa me repetía, abrazándome con cariño: «Ha terminado, Pancho, ha terminado». Tuve la necesidad de llamar a mi hija, Andreah. En cuanto descolgó el teléfono le anuncié: «*Bugee*, se acabó lo de Interpol». Sorprendida, ella preguntó: «¿De verdad, *daddy*? ¿Por qué estás llorando entonces?». A lo que respondí, entre lágrimas: «Porque estoy muy muy feliz».

No lograba calmar mis emociones. El teléfono no dejaba de sonar conforme mi familia y mis amigos se iban enterando de la noticia. A pesar de ello, me era imposible hablar con nadie, ya que mi mente estaba abrumada por los recuerdos de los difíciles momentos que había atravesado a causa de una injusticia que finalmente acababa. Permanecí sentado en las escalinatas de entrada a The American College durante unos treinta o cuarenta minutos hasta que logré tranquilizarme. Solo atendí una llamada durante ese tiempo, la de la oficina de Interpol en España, desde donde me telefoneaban para confirmarlo y felicitarme. Recibiría por correo el informe del Centro de Control de Ficheros (CCF) de Interpol, aunque me advirtieron de que no debía hacerme ilusiones, ya que solían ser documentos breves, de una sola página y con apenas cuatro líneas, confirmando sencillamente que tu nombre ya no figura en los registros de Interpol, sin mayores detalles ni explicaciones. No me importaba, no había cosa que quisiera con más fuerza que pasar completamente desapercibido.

El 10 de enero, finalmente, recibí este informe. Llegó en un sobre notablemente grueso que contenía un extenso documento de diez páginas, y no de una sola, como Interpol España me había asegurado. Esto inicialmente me asustó. Me dediqué a leerlo minuciosamente, sobre todo para comprender el lenguaje técnico. Quedé sorprendido por su contenido, extenso y detallado. Dicho informe, de carácter vinculante, refrendaba todos los argumentos presentados por mi abogado, Rodrigo Blanco. Además, exponía de manera clara las injusticias que había experimentado. En resumen, indicaba que mi caso en Dubái debería haber sido tratado como una disputa estrictamente comercial en el ámbito civil, pero erróneamente se convirtió en un caso penal por el que fui acusado y procesado de forma inadecuada. No se me notificó la fecha del juicio ni se me ofreció asesoramiento legal. Como resultado, se emitió una sentencia *in absentia*, gracias a la cual mi exsocia, siguiendo un procedimiento poco convencional, solicitó a Interpol emitir una notificación roja. El informe de Interpol también resaltaba que, de acuerdo con el derecho internacional, no debería existir una condena *in absentia* en casos de índole exclusivamente económica. Fue un alivio sentirme entendido y apoyado por Interpol. Tanto esfuerzo había merecido la pena.

Mientras todo esto sucedía, seguía sin noticias del equipo de Obama. Tuvimos diferentes reuniones en las que establecimos planes de acción alternativos con otros ponentes, y cuando íbamos a cerrar un acuerdo con uno de ellos recibimos la confirmación de que el expresidente aceptaba nuestra invitación para participar en el congreso sobre cambio climático en Oporto el 7 de julio de 2018. Hasta ese momento había colaborado con reconocidos nombres del ámbito musical y deportivo, con varios premios Nobel y, en varias ocasiones, con el vicepresidente americano Al Gore, pero jamás con alguien de la categoría mediática internacional y política de Barack Obama.

La cantidad de protocolos y medidas de seguridad y gestión requeridos para la visita de un expresidente estadounidense es una auténtica locura digna de cualquier película de ciencia ficción. Por dar una pincelada, podría explicar que nos vimos obligados a proporcionar copias de los pasaportes de todos los miembros del equipo que trabajarían cerca de Obama durante el evento, además de los de cada uno de los aproximadamente tres mil espectadores que asistirían, para su aprobación por el Servicio Secreto. Tampoco olvidaré lo que supone coordinar a la policía, los bomberos, los servicios sanitarios y la embajada estadounidense en Portugal para garantizar la seguridad del expresidente. El aprendizaje fue salvaje y apasionante a partes iguales.

Dentro de las cláusulas que me impusieron a mí personalmente, como director del congreso, una era que debía llegar a Oporto al menos una semana antes para colaborar con el equipo de avanzadilla y con el Servicio Secreto. Yo temía que al enterarse su equipo de relaciones públicas y seguridad de lo ocurrido con Interpol pudieran reconsiderar la presencia del expresidente. Solo faltaba que un evento de tal categoría, y con tanta gente implicada, se fuera al traste por mi culpa. En cualquier caso, tal y como se nos solicitó, le envié al Servicio Secreto hasta el último documento que nos había requerido. Recuerdo que tenía la cabeza llena de temores mientras escaneaba los pasaportes, tanto el mío como los del resto. En menos de cinco días recibimos la confirmación de que todos habíamos superado el control de seguridad del Servicio Secreto: me esperaban en Oporto el día 1 de julio para coordinar la participación de Barack Obama. Experimenté una inmensa alegría al comprobar que las dificultades con Interpol quedaban finalmente atrás, dejando de interferir en mi vida profesional.

Tuve el privilegio de colaborar estrechamente con dos asesoras directas de Obama, quienes contaban con experiencia en la Casa Blanca durante los ocho años de su mandato, y mantuve una comunicación constante con el Servicio Secreto estadounidense. Revisábamos a diario cada aspecto de la visita, desde su llegada al aeropuerto hasta cuál sería el recorrido que realizaría al entrar al Coliseo de

Oporto. Además, teníamos que coordinar estas medidas también con la embajada de Estados Unidos, la policía, los bomberos y el ejército portugués.

El tan esperado 7 de julio finalmente llegó. Me desperté temprano, y estaba nervioso pero altamente motivado. El congreso debía comenzar puntualmente a las diez de la mañana con las conferencias del premio Nobel Mohan Munasinghe, el asesor político Juan Verde y la ex directora general de la Unesco, Irina Bokova. La intervención de Obama estaba programada inmediatamente después del almuerzo, a las tres de la tarde. La cola empezó a formarse alrededor de las ocho y media de la mañana, ya que el Servicio Secreto obligaba a que los casi tres mil asistentes pasaran por sus rigurosos controles de seguridad. Además, una vez dentro del teatro no se permitiría salir.

Jamás había asistido a un despliegue de seguridad como aquel en mis más de treinta años de experiencia organizando grandes acontecimientos. Casi setecientas personas se encargaban de velar por la seguridad del expresidente entre policía, militares, bomberos, personal sanitario, Servicio Secreto, etc. Obama esa mañana se encontraba en Madrid, donde impartía una conferencia sobre economía, y en cuanto concluyese subiría en el avión privado que le trasladaría a Oporto. Era muy interesante ver la coordinación y la eficacia con la que actuaba todo su equipo. Me sentí un privilegiado al poder vivirlo desde dentro y ver lo que nadie suele ver. En cuanto el expresidente tocase tierra en Oporto no nos referiríamos más a él ni como expresidente ni como Barack Obama, sino por su nombre clave: Renegade, sobre todo en comunicaciones por teléfono o *walkie-talkies*. Seguía sintiéndome como en una película de Hollywood.

El avión del presidente Obama aterrizó en Oporto alrededor de las dos de la tarde, según lo previsto. Posteriormente, se dirigió, en una caravana compuesta por seis vehículos y cuatro motocicletas, hacia el Coliseo, donde fue recibido por el alcalde de la ciudad y por nosotros, los organizadores del congreso. Tras una breve pausa en su camerino, se trasladó por los túneles del teatro hasta la sala donde le esperaba un grupo de quince dignatarios y empresarios. Entre ellos se encontraban mi esposa, Melissa, como fundadora de The American College in Spain, la institución que aportamos como organizadores del congreso. Además, estarían presentes el alcalde de Oporto; el ministro de Medio Ambiente, Adrian Bridge; el presidente de la Cámara de Comercio; el presidente del Instituto del Vino, y representantes de las multinacionales que habían patrocinado el congreso. El presidente Obama sostuvo una conversación con el grupo durante aproximadamente quince minutos y se tomó fotografías con cada uno de ellos. Seguidamente, y en la misma sala, se sacaría fotos individuales con cien asistentes al congreso que habíamos elegido cuidadosamente, pero que semanas antes habían tenido que pasar el control del Servicio Secreto.

Después de concluir el protocolo de reuniones y fotografías, escolté nuevamente al presidente Obama a través de los túneles hasta el *backstage*, desde donde saltaría al escenario para dirigirse a una audiencia compuesta por destacadas personalidades de la clase política, económica, empresarial, militar y social de Portugal, así como por numerosos invitados extranjeros. Teníamos unos veinte minutos de margen antes de su presentación, por lo que aproveché la oportunidad para conversar con él tras las bambalinas y plantearle la pregunta que acostumbro a hacer a todas las celebridades con las que he colaborado: cómo manejan el estrés y los momentos difíciles. Él me contaba que mantener una actitud positiva siempre ha sido fundamental para él.

Además, me explicó que seguía una serie de hábitos o rituales. Durante sus ocho años en la Casa Blanca, solía atravesar el ala oeste para llegar y salir del despacho oval, un breve trayecto al aire libre de un minuto. Al regresar a la residencia por las tardes, con su maletín lleno de papeles, aprovechaba para despejar su mente, anticipar la cena con Michelle y las niñas y recibir el cálido saludo de sus perros. Destacó la importancia de pasar tiempo de calidad con su familia, especialmente con sus hijas adolescentes, quienes, durante las cenas, le aportaban lecciones valiosas y su propia perspectiva de algunos asuntos. Obama también mencionó que mantenía una rutina de ejercicio matutino constante, que realizaba antes de revisar las noticias o las redes sociales.

Después de nuestra pequeña charla, el expresidente participó en una conversación con un moderador, quien le planteó preguntas relacionadas con el medio ambiente y el cambio climático seleccionadas por el comité organizador. Tras aproximadamente una hora cautivando a la audiencia, se despidió con una frase en portugués y se dirigió hacia el *backstage*. Fuimos directamente a la caravana que aguardaba fuera del escenario para que él pudiera volar de regreso a España. Durante ese trayecto, y justo antes de salir del edificio, pasó por delante de la oficina donde se encontraba mi equipo. Allí se detuvo brevemente, saludó a todos con la mano y luego se giró, dándome un apretón de manos y un breve abrazo, y diciéndome, con esa voz profunda y tan característica, «Pancho, muchas gracias por este gran trabajo. Felicita a tu equipo y a tu maravillosa familia».

Una anécdota graciosa que recuerdo es que después de lo que a mí me había parecido algo así como ganar los Juegos Olímpicos de la seguridad internacional, el jefe de seguridad, al despedirse, me dijo: «Pancho, has tenido suerte de haber invitado a un exjefe de Estado y no al presidente en ejercicio, ya que habría requerido una seguridad mucho más extrema». Colaborar con un expresidente de Estados Unidos tan carismático y popular como Barack Obama marcó un antes y un después en mi trayectoria profesional. Trabajar con un líder de esta magnitud no es común en la organización de eventos. Sin embargo, lo más significativo para mí fue superar los estrictos controles de seguridad del Servicio Secreto estadounidense, lo cual confirmó de manera concluyente mi inocencia.

Como mi abogado expresó a un periodista interesado en desatar controversias sobre mí: «Pancho no solo fue absuelto por un informe oficial de Interpol, sino que la autorización del Servicio Secreto para que coordinara la visita del presidente Obama, junto con la aceptación de su equipo de comunicación para aparecer juntos en fotos y medios, son pruebas suficientes de que los eventos en Dubái relacionados con la notificación roja fueron injustos y ya son cosa del pasado, demostrando la total inocencia de Pancho Campo». Al fin sentí que ese capítulo estaba definitivamente cerrado.

¿QUÉ PUEDO APRENDER DEL MÉTODO SMILE CON ESTA HISTORIA?

- La conversación que tuve con el presidente Obama vuelve a demostrar la importancia de tener rituales. Si no los tienes, deberías considerar seriamente incorporarlos a tu vida diaria, especialmente en momentos de gran estrés.
- Es fundamental que estos rituales sean actividades positivas, que se realicen de forma automática, y que, cuando una situación se complica o el nivel de estrés

aumenta, no solo no olvidemos practicarlos, sino que incluso los exageremos ligeramente.

- Este episodio vivido con el presidente Obama tuvo un gran impacto en mi equilibrio espiritual. Se disiparon las dudas sobre mí mismo, mi autoestima creció y la motivación que me dio para seguir adelante fue tremenda.
- Trabajar en un evento de tanta envergadura en equipo, junto con mi familia, también ayudó a mejorar el equilibrio emocional; no solo el mío, sino también el de todo mi grupo.
- En la vida siempre debemos permanecer fieles a nuestros principios y valores morales, sin permitir que nadie ni nada los cuestione.
- Cuando eres inocente y se realizan acusaciones injustificadas contra ti, no hay que sentir ni vergüenza ni miedo. Aunque requiera un esfuerzo sobrehumano, debemos permanecer fieles a nuestras creencias y luchar sin descanso para demostrar nuestra inocencia. Tarde o temprano lo conseguiremos.

AGRADECIMIENTOS

Como puedes imaginar, en mis sesenta y tres años de vida, llenos de grandes vivencias y experiencias, son docenas las personas a las que me gustaría dar las gracias por haber contribuido a que mi existencia sea plena, rica en emociones y llena de momentos inolvidables.

Debo agradecerles a mis padres haberme ofrecido una educación sólida y unos valores que siempre me han guiado en la búsqueda de mis objetivos. Y a mis hermanas, el hecho de haber estado siempre a mi lado, especialmente a Paulina, quien además ha sido mi *mano derecha* en estos últimos quince años.

Quiero extender mi agradecimiento a mi suegro, el doctor James Butler, por su generosidad y por habernos apoyado en los momentos más difíciles.

Deseo dedicar un agradecimiento especial a todo mi equipo, con quienes siempre hemos logrado llevar a cabo grandes eventos. En particular, agradezco a Patricia, Rony, Stefan y Daniel su dedicación y esfuerzo.

A mis amigos José Arrieta, Rodrigo Blanco y Radha Stirling, quienes jamás dudaron de mí, me ayudaron a salir de la lista de Interpol y lograron demostrar mi inocencia.

En el mundo del tenis, deseo expresar mi sincero agradecimiento a todos quienes me permitieron alcanzar logros más allá de lo que alguna vez imaginé, especialmente al gran Nick Bollettieri.

También quiero reconocer a mis profesores de submarinismo y amigos, José Villegas y Simon Bell, al igual que al equipo de Protec. Asimismo, a mis amigos e instructores de Skydive Spain y a HALO2, quienes me han ayudado a convertir mi sueño de volar en una maravillosa realidad al permitirme saltar desde más de 7.000 metros de altura.

En el sector del vino mi agradecimiento va a Robert Parker, Carlos Sampedro, Bodegas Neo, González Byass, Jay Miller, Siobhan Turner, Adrian Bridge, Frederico Falcão y mi buen amigo Javier Arauz, que en paz descanse.

Doy las gracias a mis hijos, Christian y Andreah, por su apoyo, por creer en mí y por haber asimilado tan bien los valores que les hemos inculcado. Sin embargo, a quien más quiero dar las gracias es a mi esposa, Melissa, por su apoyo incondicional, su capacidad de permitirme soñar y empujarme para que esos sueños se hagan realidad, su habilidad para bajarme a tierra cuando me he venido arriba y su firmeza para evitar que me caiga; sobre todo, por ser mi compañera, mi amiga, mi amante y la mejor madre para Christian y Andreah.

BIBLIOGRAFÍA

Agassi, A., *Open. Memorias*, Duomo Ediciones, Barcelona, 2019.

Atkins, R. C., *Dr. Atkins New Diet Revolution: The No-hunger, Luxurious Weight Loss Plan That Really Works!*, Ebury Publishing, Londres, 1992.

Banks, M., *Navigating the Airport: A Comprehensive Guide to Stress-Free Travel*, publicación independiente, 2024.

Baxter, R. A., *Wine And Health: Making Sense of the New Science and What It Means For Wine Lovers*, Wine Appreciation Guild, San Francisco, 2019.

Blanco, N., *Filosofía entre líneas o cómo todos llevamos un verano dentro*, Editorial Grijalbo, Barcelona, 2020.

Brown, B., *Atlas of the Heart: Mapping Meaningful Connection and the Language of Human Experience*, Ebury Publishing, Londres, 2021.

Chang, H. R., *Nitric Oxide, the Mighty Molecule*, Mind Society, Jacksonville, 2011.

Cleveland Clinic, «Endorphins», <https://my.clevelandclinic.org/health/body/23040-endorphins>.

Clínica Mayo, «Conceptos básicos sobre el estrés», disponible en: <https://www.mayoclinic.org/es/healthy-lifestyle/stress-management/basics/stress-basics/hlv-20049495>.

—, «El ejercicio y el estrés: ponte en movimiento para controlar el estrés», disponible en: <https://www.mayoclinic.org/es/healthy-lifestyle/stress-management/in-depth/exercise-and-stress/art-20044469>.

Colebrooke, L., *Special Operations Mental Toughness: The Invincible Mindset of Delta Force Operators, Navy SEALs, Army Rangers & Other Elite Warriors*, publicación independiente, 2015.

Connor, E. S., *The Hangover Bible: A Comprehensive Guide to Understanding and Overcoming Hangovers*, publicación independiente, 2023.

Covey, S. R., *The 7 Habits of Highly Effective People: Powerful Lessons in Personal Change*, Simon & Schuster, Nueva York, 2020.

Dadkhah, M., Saadat, M., Ghorbanpour, A. M., Moradikor, N., «Experimental and clinical evidence of physical exercise on BDNF and cognitive function: A comprehensive review from molecular basis to therapy», *Brain Behavior and Immunity Integrative*, 2023.

Dalai Lama, *La meditación paso a paso*, Random House Mondadori, Barcelona, 2008.

Dooley, R., *Brainfluence: 100 Ways to Persuade and Convince Consumers with Neuromarketing*, Wiley and Sons, Hoboken, Nueva Jersey, 2012. Versión castellana: *Brainfluence. 100 formas de convencer y persuadir a través del neuromarketing*, Ediciones Urano, Barcelona, 2015.

East, C., *The Hangover: Overcoming Emotional Addiction: 12-Steps for Emotional Sobriety*, SheEO Publishing, 2017.

Estupinyà, P., *S=EX²: La ciencia del sexo*, Debate, Barcelona, 2019.

Finaud, J., Lac, G. y Filaire É., «Oxidative stress: Relationship with exercise and training», *Sports Medicine*, 36 (2006), pp. 327-358.

Germain, B., *The Parachute And Its Pilot. The Ultimate Guide for The Ram-Air Aviator*, Adventure Wisdom LLC, Rockville, 2013.

Goleman, D., Markman, A., y McKee, A., *Inteligencia emocional*, Editorial Kairós, Barcelona, 2010.

Gray, J., *The Psychology of Fear and Stress*, McGraw-Hill, Nueva York, 1971.

Groppel, J. y Loehr, J. E., *The Corporate Athlete*, Wiley and Sons, Hoboken, Nueva Jersey, 2000.

Harwell, J. C., *Ayuno intermitente. Desafío de 30 días. Pierda 22 libras, aumente su energía y viva saludablemente*, Createspace Independent Publishing Platform, 2018.

Holmberg, H. y Linder-Aronson, S., «Cephalometric radiographs as a means of evaluating the capacity of the nasal and nasopharyngeal airway», *American Journal of Orthodontics and Dentofacial Orthopedics*, 76 (5) (1979), pp. 479-490.

Jeukendrup, A. y Gleeson, M., *Sport Nutrition*, Wiley and Sons, Hoboken, Nueva Jersey, 2024. Versión castellana: *Nutrición deportiva*, Ediciones Tutor, Boadilla del Monte, Madrid, 2019.

Kenney, W. L., Wilmore, J. H. y Costill, D. L., *Physiology of Sport and Exercise*, Human Kinetics Publishers, Champaign, Illinois, 2015.

King, P., *Beat Fear: The Science of Overcoming, Managing, and Using Fear to Live on Your Own Terms and Break Free of your Mental Prison*, Pkcs Media, 2019.

Kirkwood, T., *Time of Our Lives: The Science of Human Aging*, Oxford University Press, Nueva York, 1999.

Klarić, J., *Estamos ciegos*, Alienta Editorial, Barcelona 2023.

Kleitman, N., *Sleep and Wakefulness*, University of Chicago Press, Chicago, 1987.

Lambertsen, C., *Navy SEAL Mental Toughness: A Guide to Developing an Unbeatable Mind*, publicación independiente, 2016.

Lee, J., *Better Living Through Neurochemistry. A guide to the optimization of serotonin, dopamine and the neurotransmitters that color your world*, publicación independiente, 2014.

Linden-Carmichael, A. N. y Wardell, J. D., «Combined use of alcohol and cannabis», *Psychology of Addictive Behaviors*, 35 (6) (2021), pp. 621-627.

Loehr, J. E. y McLaughlin, P., *Mentally Tough. The Principles of Winning at Sports Applied to Winning in Business*, M. Evans & Company, Nueva York, 1986.

Loehr, J. E. y Schwartz, T., *The Power of Full Engagement: Managing Energy, Not Time, is the Key to High Performance and Personal Renewal*, Free Press, Simon & Schuster, Nueva York, 2003.

—, *On Form: Managing Energy, Not Time, is the Key to High Performance, Health and Happiness*, Nicholas Brealey Publishing, Boston, 2011.

Lundberg, J. O., «Airborne nitric oxide: inflammatory marker and aerocrine messenger in man», *Acta Physiologica Scandinavica*, 157 (633) (1996), pp. 4-27.

Mandela, N., *El largo camino hacia la libertad. La autobiografía de Nelson Mandela*, Aguilar, Barcelona, 2017.

McEnroe, J., *You Cannot Be Serious*, Putnam, Nueva York, 2002.

McKeown, P., *The Oxygen Advantage: The Simple, Scientifically Proven Breathing Technique That Will Revolutionize Your Health and Fitness*, Little, Brown Book Group, Boston, Massachusetts, 2015. Versión castellana: *El poder del oxígeno. Técnicas de respiración sencillas y científicamente probadas que revolucionarán tu salud y tu forma física*, Gaia Ediciones, Madrid, 2018.

Morente Montero, Á. y Llorente Cantarero, F. J., *Hidratación y deshidratación en la actividad física y el deporte*, Wanceulen Editorial, Sevilla, 2020.

Obama, B., *A Promised Land. The powerful political memoir from the former US President*, Penguin Books Ltd., Londres, 2020. Versión castellana: *Una tierra prometida*, Debate, Madrid, 2020.

Olsson, A., *Conscious Breathing. The Power of Your Breath*, Sorena AB, 2014.

OMS, «No level of alcohol consumption is safe for our health», disponible en: <https://www.who.int/europe/news/item/04-01-2023-no-level-of-alcohol-consumption-is-safe-for-our-health>.

Pittler, M. H., Verster, J. C. y Ernst, E., «Interventions for preventing or treating alcohol hangover: systematic review of randomized controlled trials», *British Medical Journal*, 331 (2005), pp. 1515-1517.

Ratey, J. J., Hagerman, E., *Spark! How exercise will improve the performance of your brain*, Editorial Quercus, 2010.

—, y Loehr, J. E., «The positive impact of physical activity on cognition during adulthood: a review of underlying mechanisms, evidence and recommendations», *Reviews in the Neurosciences*, 2011.

Rossi, E. L., *The 20-minute Break: Reduce Stress, Maximize Performance, Improve Health and Emotional Well-being Using the New Science of Ultradian Rhythms*, Tarcher, Los Ángeles, 1991.

Samuels, M. y Samuels, N., *Seeing with the Mind's Eye*, Random House, Nueva York, 1975.

Seligman, M. E. P., Schwartz, T., Bennis, W. G. y Thomas, R. J., *HBR's 10 Must Reads on Mental Toughness (with bonus interview «Post-Traumatic Growth and Building Resilience», with Martin Seligman)*, Harvard Business Review Press, Cambridge, Massachusetts, 2017.

Sinatra, S. y Bowden, J., *The Great Cholesterol Myth: Why Lowering Your Cholesterol Won't Prevent Heart Disease-and the Statin-Free Plan That Will*, Creative Publishing International, Chanhassen, Minnesota, 2012.

Sood, A., *The Mayo Clinic Guide to Stress-Free Living*, Hachette Books, Nueva York, 2013.

Stern, F., *The Endorphin Conspiracy*, publicación independiente, 2013.

Sunzi, *El arte de la guerra*, Trotta Editorial, Madrid, 2023.

Turner, M. y Barker, J., *What Business Can Learn from Sport Psychology. Ten Lessons for Peak Professional Performance*, Bennion Kearny, Oakamoor, 2014.

Vázquez, M. I., *Técnicas de relajación y respiración*, Editorial Síntesis, Madrid, 1999.

VV. AA., *Diagnostic and Statistical Manual of Mental Disorders*, American Psychiatric Publishing, Washington, 2013.

VV. AA., *The Oxford Companion to Wine* (ed. J. Robinson), Oxford University Press, Oxford, 2023.

Walker, M., *Why We Sleep*, Penguin Books Ltd., Londres, 2018. Versión castellana: *Por qué dormimos. La nueva ciencia del sueño*, Capitán Swing Libros, Madrid, 2020.

Weisinger, H. y Pawliw-Fry, J. P., *How to Perform Under Pressure: The Science of Doing Your Best When It Matters Most*, John Murray Press, Londres, 2015.

La recaudación de los beneficios derivados de este libro se destinará exclusivamente a The Planet Future Foundation, una ONG establecida en Estados Unidos con dos objetivos distintos, que son esenciales para el futuro de nuestro planeta y nuestra sociedad. Por un lado, busca crear conciencia sobre la importancia de conservar el medio ambiente. Por otro lado, se esfuerza por empoderar a las generaciones futuras y proteger su salud mental.

PLANET
FUTURE
FOUNDATION